DER UNMORALISCHE VERTRAG

INSBESONDERE NACH GEMEINEM RECHT.

DER

UNMORALISCHE VERTRAG

INSBESONDERE NACH GEMEINEM RECHT.

VON

PHILIPP LOTMAR,

PROFESSOR IN BERN.

LEIPZIG,

VERLAG VON DUNCKER & HUMBLOT.

1896.

MEINEM FREUNDE

THEODOR LOEWENFELD.

Vorwort.

Die vorliegende Abhandlung ist aus einem Vortrag entstanden, den ich im Frühjahr vor der Wiener Juristischen Gesellschaft über den nämlichen Gegenstand gehalten habe. Diesem Gegenstand ist meines Wissens noch keine ihm allein geltende litterarische Behandlung gewidmet worden. Er verdient eine solche wegen seiner praktischen Wichtigkeit und weil er durch seine Lage im Grenzgebiet des Rechts die Aufmerksamkeit der Rechtsphilosophie in Anspruch nehmen darf; auch das Interesse der Moralisten sollte er dadurch erwecken, daſs er die Moral im Zusammentreffen mit dem Recht und in der Gefahr zeigt, von ihrem Bundesgenossen verleugnet zu werden. Die gegenwärtige Veröffentlichung wünscht diesem ergiebigen und nicht von Einem zu erschöpfenden Thema die Teilnahme der Juristen zu gewinnen und zur weiteren Verfolgung der Probleme, die es enthält, anzuregen. Indem ferner das neue bürgerliche Gesetzbuch das gegen die guten Sitten verstoſsende Rechtsgeschäft für nichtig erklärt, sieht sich die civilistische Wissenschaft vor die Aufgabe gestellt, einen Satz von so groſser Tragweite möglichst befriedigend auszulegen. Diese Aufgabe befaſst hauptsächlich unseren unmoralischen Vertrag. In seiner nachfolgenden Erörterung ist daher auch ein Versuch gemacht, zur Auslegung des bürgerlichen Gesetzbuchs beizutragen.

Bern, am 26. Oktober 1896.

Der Verfasser.

Inhaltsverzeichnis.

I.

Es ist eine immer noch verbreitete Meinung, daſs das Recht und die Moral, welche beide aus Geboten des Thuns oder Lassens bestehen[1], sich auch durch den Inhalt ihrer Gebote unterscheiden. Und zwar soll dieser Unterschied nicht bloſs von einem gegebenen Recht und von einer gegebenen Moral gelten, indem jenes einen anderen Inhalt habe als diese, sondern es soll auch der mögliche Gebotsinhalt von Haus aus so verschiedenartig sein, daſs er nur den Inhalt von Rechtsgeboten, oder nur den Inhalt von Moralgeboten bilden könne. Recht und Moral, diese beiden Reiche der Sittlichkeit, hätten danach ein für alle Mal gesonderte Materien, wären begrifflich im Stoff verschieden, wären materiell bestimmte Begriffe.

Von dieser Meinung her kann man dazu kommen, zu sagen, daſs bei einem gewissen Volke oder zu einer gewissen Zeit oder auf einer gewissen Kulturstufe die beiden angeblich von vornherein im Inhalt verschiedenen Dinge miteinander verquickt oder vermengt seien, indem namentlich was seiner Natur nach dem Moralzwang unterfalle, sich contra naturam dem Rechtszwang unterstellt finde und umgekehrt. Man erblickt dann in solcher Verquickung oder Vermengung einen niederen Grad der Ausbildung.

Und wiederum sagt man es einer Gesellschaft, z. B. dem römischen Volke der Kaiserzeit zum Lobe nach, daſs es Recht und Moral im angegebenen Sinne geschieden und die moralische Beurteilung von der rechtlichen Entscheidung fern gehalten habe.

Die erwähnte Meinung mit ihrem Gefolge ist dermafsen verbreitet, dafs hier auf eine Diskussion ihrer litterarischen Vertretung nicht eingegangen zu werden braucht[2].

Auch kann man jene Ansicht nicht etwa dadurch widerlegen, dafs man (erstens) auf das Wesen des Rechts verweist. Denn über das Wesen des Rechts ist noch kein volles Einverständnis erzielt. Nicht einmal auf einen allenthalben und jederzeit anwendbaren Formalbegriff hat man sich zu einigen vermocht, der als solcher auch mit dem Naturrecht nichts zu schaffen hat, weil ja diesem ein gewisser freilich nicht unbedingter Inhalt eigen ist. Namentlich glauben noch manche bei der Rechtsdefinition vom Inhalt des Rechts nicht absehen, es nicht bei einer blofs formalen Inhaltsbestimmung bewenden lassen zu dürfen[3]. Es ist allerdings befremdlich, dafs Juristen, die doch mit so vielen Formalbegriffen, als Vertrag, Servitut, Vermächtnis, Verbrechen, Strafe, umzugehen haben, ihren obersten Begriff, den des Rechts im objektiven Sinn, nur als substanziellen, nicht als formalen gelten lassen wollen. Aber so lange dies geschieht, geht es nicht an mit dem Hinweis auf das Wesen des Rechts die Meinung zu bekämpfen, dafs Recht und Moral durch ihren Inhalt von vornherein unterschieden seien.

Mit mehr Aussicht auf Erfolg kann man dieser Meinung (zweitens) entgegenhalten, dafs es nicht wenige Rechtsnormen giebt, welche zugleich Moralnormen sind — man denke z. B. an das Gebot, eine zur Aufbewahrung übernommene fremde Sache zurückzuerstatten[4].

Allein einmal könnten die Anhänger der stofflichen

Geschiedenheit von Recht und Moral erwidern, daſs es sich bei diesen Fällen inhaltlicher Koincidenz von Recht und Moral nur um einzelne Vorkommnisse, um Ausnahmen von der Regel der stofflichen Getrenntheit handle. Denn, mögen sie sagen, es giebt andererseits auch nicht wenige Gebote, die bloſse Moralgebote sind, wie z. B. das der Freundestreue[5], und nicht wenige Gebote, die bloſse Rechtsgebote sind, wie z. B. das der Erbeinsetzung von Kindern, die sich groſser Pietätlosigkeit, aber nicht eines gesetzlichen Enterbungsgrundes schuldig gemacht haben[6].

Und ferner könnten die Gegner replizieren, daſs die Fälle der erwähnten Koincidenz der zweierlei Gebote zum Teil gerade solche sind, in welchen die von ihnen angenommene prinzipielle Stoffgrenze von Recht und Moral überschritten werde, nämlich ein Moral- bezw. Rechtssatz fälschlich über sein angestammtes Reich ausgedehnt, in ein ihm inhaltlich fremdes hineingezogen werde, wie etwa beim Rechtszwang zur Alimentation in manchen Familienverhältnissen.

Endlich (drittens) dürfte man den Anhängern der stofflichen Sonderung von Recht und Moral auch nicht entgegenhalten, daſs hinter jedem Rechtsgebot ein Moralgebot stehe, zwar nicht das besondere Moralgebot, das den Inhalt mit der Rechtsvorschrift gemein hat, wohl aber das allgemeine Moralgebot, das den ersten Teil bildet der Maxime: Thue recht und scheue niemand. „Thue recht“, d. h. thue das Rechte, das vom Recht Gebotene.

Wer dieses allgemeine Moralgebot als solches annimmt, macht eigentlich alles Recht zu einer Provinz der Moral, deren Gebiet somit das Recht einschlieſst und auſserdem noch ein eigenes Territorium hat. Indem aber nach dieser gar einfachen Ansicht das Rechtthun schon als Verwirklichung des Rechten moralisch ist, ist der Moral die Möglichkeit benommen, ein rechtmäſsiges Verhalten und eine Rechtsordnung als unmoralisch oder gewissenlos zu tadeln.

Diese Sachlage wird aber gewiſs nur von wenigen gutgeheiſsen. Die meisten werden nicht darauf verzichten wollen, das Rechtthun wie die Rechtsvorschriften noch moralisch zu kritisieren, und sie werden sich dabei auf das Eingeständnis des römischen Rechts berufen können, daſs non omne quod licet honestum est[7].

Nichts würde mehr für diese Auffassung der meisten sprechen, als wenn das Recht selber, das gewiſs nicht prätendiert darum, weil es Recht ist, auch Moral zu sein, umgekehrt sich vor der Moral verneigen, ihre Anerkennung zur Bedingung seiner Wirksamkeit machen würde. Ist nicht alles Rechtmäſsige darum moralisch, so könnte dagegen alles Unmoralische darum unrechtmäſsig sein.

Nun weiſs man zwar sofort, wenn man nur an ein modernes Strafrecht denkt, daſs dem nicht so ist, daſs z. B. der Verrat des Freundes, oder die Verleugnung der Überzeugung moralwidrig ist, ohne darum zugleich rechtswidrig zu sein.

Wohl aber stoſsen wir in vielen Privatrechten auf den Satz, daſs ein Geschäft, insonderheit ein Vertrag, der wider die guten Sitten und damit wider die Moral verstöſst, auch vom Recht nicht anerkannt, sondern zurückgewiesen wird.

Diesem Satz von groſser und vielleicht noch nicht ermessener Tragweite[8] kommt nach dem Vorgetragenen eine doppelte Bedeutung zu.

Er stellt nämlich erstens eine Unterordnung des Privatrechts unter die Moral insofern her, als er das gültige

Zustandekommen von Geschäften, namentlich Verträgen, verhindert, welche der Moral widerstreiten. In gewissem Mafse wird damit der Förderung des Unmoralischen der Rechtsschutz versagt, und die Immoralität, die sich der Rechtsform des Vertrags als Mittels bedient, dadurch bekämpft, dafs die gewählte Vertragsform nicht als Rechtsform respektiert wird.

Damit ist freilich nicht erreicht, dafs alles vertragsmäfsige Geschehen im Einklang mit der Moral verläuft, geschweige denn ihre volle Herrschaft auf dem Gebiet des Privatrechts gewährleistet.

Denn einmal kann der unmoralische Vertrag freiwillig erfüllt werden, und die damit vollbrachte Moralwidrigkeit entweder thatsächlich nicht mehr redressierbar, oder aus später anzuführenden Gründen rechtlich nicht mehr rescindierbar sein. In solchen Fällen verläuft das vertragsmäfsige rechtliche Geschehen im Gegensatz zur Moral, ohne dafs das Recht dawider einschritte.

Und des Ferneren kann ein Vertrag bei seiner Abschliefsung den guten Sitten entsprechen und die Anerkennung des Rechts finden, während hinterher seine Vollziehung der Moral widerstrebt, sie verletzt[9]. Dafs überhaupt die Ausübung eines durch Vertrag erworbenen Rechts eine unmoralische Handlung des Berechtigten sein kann, läfst sich ohne viel Phantasie vorstellen[10]; man denke nur an die Abforderung des Darlehens von der bedrängten Witwe, oder an die Lohnverkürzung des armen Arbeiters, dem ein Fehler an der Arbeit passiert ist[11]. Von manchen wird sogar der Rechtssatz anerkannt, dafs die Rechtsausübung, die dem Berechtigten keinen Vorteil bringt, nur einen anderen benachteiligt und benachteiligen soll, rechtlich unstatthaft ist [12].

Zweitens enthält der Satz von der Ungültigkeit der gegen die Moral verstofsenden Geschäfte eine Widerlegung der Meinung, von der wir ausgegangen sind, der Meinung nämlich, dafs Recht und Moral inhaltlich nichts miteinander zu schaffen haben, und die Einmischung moralischer Gründe in die rechtliche Beurteilung eine Verrückung der Grenzsteine, eine Trübung der lauteren Begriffe sei [13].

Die weitaus überwiegende Mehrzahl der Privatrechte, die zur Ausübung und, wo diese Widerstand findet, zur gerichtlichen Beurteilung, Anerkennung und Durchsetzung kommen, entspringt Rechtsgeschäften, besonders Verträgen. An der Gültigkeit dieser Thatbestände hängt Sein und Nichtsein jener Privatrechte. Schreibt aber ein Recht die Versagung jener Gültigkeit vor, falls das Geschäft den guten Sitten zuwider ist, so mufs neben der rechtlichen Beurteilung auch eine moralische Platz greifen, und jene rechtliche von dieser moralischen beeinflufst werden. Das Recht läfst diese nicht blofs zu, es fordert sie vielmehr. Das Recht macht hiermit die Moralgebote zu den seinigen, nicht in dem Sinne, dafs es seine Machtmittel behufs Ausbreitung der Moral zur Verfügung stellt, wohl aber in dem Sinne, dafs es das Aufgebot seiner Machtmittel verweigert, wo dasselbe auf Grund eines Vorgangs beansprucht wird, den die Moral mifsbilligt. Insofern kann man sagen, dafs sich ein solches Recht den Stoff oder Inhalt der Moral zu eigen mache. Denn eben nach ihren Geboten mufs sich der juristische Richter eines Vertrags von Rechts wegen richten. Ohne solche Rechtsvorschrift hätte er im gegebenen Rechtsfall der Moral nicht zu achten. Er müfste zur Realisiernng der von den Parteien bei der Vertragschliefsung intendierten Rechtswirkungen beitragen, auch wenn solche Obmacht des Rechts über das Unrecht nur unter Beugung der Moral zustande kommen würde.

II.

Indem wir nun versuchen die Moralschranke, die das Recht sich selbst setzt, an positivem Privatrecht zu erweisen, zu erläutern und näher zu bestimmen, richten wir das Augenmerk zunächst auf das römische Recht. Denn einmal hat dieses den internationalen Charakter, zu dem es sich vor anderthalb Jahrtausenden am Mittelmeer entwickelt und dann im Mittelalter wieder erhoben hat, noch bis zur Stunde wenigstens in Schule und Litteratur bewahrt, so dafs es als gemeinsame geistige Heimat aller Rechtsgelehrten gelten kann und zu einem juristischen Anschauungs- und Verständigungsmittel besonders geeignet ist.

Sodann bietet es die ausführlichste mafsgebende Behandlung des Problems dar, indem es — worauf ja auch der gröfste Teil seiner Anziehungskraft beruht — sich nicht damit begnügt, die Rechtssätze in der solchen zukommenden Abstraktion vorzutragen, vielmehr die Rechtssätze auch in der Anwendung zeigt. Damit werden sie nicht blofs nach Sinn und Leistungsfähigkeit verdeutlicht, es liefert überdem diese Kasuistik die Anhaltspunkte für die Gewinnung der richtigen Abstraktion mittels Einschränkung oder Ausdehnung, wenn die gegebene Formulierung die Anwendung überschreitet oder nicht erreicht.

Endlich hat dieses Mutterrecht neben so vielen anderen Zügen, die es auf seine Tochterrechte vererbt hat, diesen auch die Perhorreszierung des unmoralischen Geschäfts überliefert. So sagt das „Allgemeine Landrecht für die preufsischen Staaten“: „Zu Handlungen, welche die Gesetze verbieten, kann durch Willenserklärungen niemand verpflichtet oder berechtigt werden. Auch nicht zu Handlungen, welche die Ehrbarkeit beleidigen.“ Der französische Code civil bestimmt: L'obligation sans cause, ou sur une fausse cause, ou sur une cause illicite ne peut avoir aucun effet. La cause est illicite, quand elle est prohibée par la loi, quand elle est contraire aux bonnes moeurs ou à l'ordre public. Das allgemeine bürgerliche Gesetzbuch für das Kaisertum Österreich setzt fest: „Was nicht geleistet werden kann; was geradezu unmöglich oder unerlaubt ist, kann kein Gegenstand eines gültigen Vertrages werden.“ Das schweizerische Obligationenrecht verfügt: „Gegenstand des Vertrages kann nur eine Leistung sein, welche möglich und nicht widerrechtlich oder unsittlich ist.“ Endlich findet sich im deutschen bürgerlichen Gesetzbuch die Satzung: „Ein Rechtsgeschäft, das gegen die guten Sitten verstöfst, ist nichtig[14].“

Statt uns auf die offenbaren Unterschiede dieser Fassungen und die praktischen Folgen dieser Differenzen hier einzulassen, wollen wir uns vorläufig dem römischen Recht selbst, also dem Stamm, nicht seinen Ablegern zuwenden, zumal die Erkenntnis auch des jüngsten, des B.G.B., wegen jener Abstammung durch die Erkenntnis des römischen Rechts bedingt ist[15]. Man macht sich gewöhnlich keine Vorstellung von der ungeheuren Rolle, welche Ehrbarkeit und Unehrbarkeit im römischen Recht spielen, von dem grofsen Raum, den der immer wiederholte Hinweis auf die Moralität und das beständige Trachten, mit der Moral im Einklang zu bleiben, in den Erörterungen und Entscheidungen der

Schöpfer und Pfleger des römischen Rechts spielen. Man mag sich daher gefallen lassen, dafs im folgenden wenigstens die Mehrzahl der einschlagenden Quellenaussprüche zusammengestellt wird, obwohl ein Teil mit dem unmoralischen Vertrag nur in mittelbarem Zusammenhang steht. Von dieser Übersicht bleiben aber füglich die Zeugnisse ausgeschlossen, welche dem öffentlichen, namentlich dem Strafrecht angehören, und auch die privatrechtlichen bedürfen noch einer Sichtung.

Denn da nicht die Moral im Recht unser Thema bildet, wir nicht alle Wirksamkeit der Moral im Gebiet des Rechts zu verfolgen haben, so stellt sich das Bedürfnis nach der folgenden Schranke ein, die, obwohl durch die Betrachtung der Einzelheiten gewonnen, im ganzen leichter zu begreifen und zu billigen, als im einzelnen einzuhalten ist. Es sucht sich nämlich die nächstfolgende Darlegung auf die Fälle zu beschränken, in denen sich ein Einflufs der Moral in dem zur Geltung gelangten römischen Recht zu erkennen giebt, und eine Abwehr der Immoralität in der Reduktion oder Reprobation der normalen Rechtsfolgen zum Vorschein kommt. Es handelt sich also hier nur um die Vorkommnisse, bei denen die lex lata mit der Moral in eine Kollision gerät, in der, wenn das Recht auf seiner Bahn verharrte, die Moral zu Schaden kommen würde, daher es sich gegen die Immoralität zur Wehr setzt, sie mit diesem oder jenem Mittel bekämpft — was alles man den negativen Einflufs der Moral im Recht nennen darf.

Ausgeschlossen bleibe dagegen die historische Betrachtung der Herkunft des Rechts aus der Moral, d. h. der Nachweis von ursprünglich blofs moralischen Bestandteilen des Rechts, die Untersuchung, wann und in welchem

Maſs zunächst als Moralforderungen anerkannte Postulate unter den Schutz des Rechts gestellt worden sind — was man Reception von Moral durch das Recht oder besser den positiven Einfluſs der Moral im Recht nennen darf[16]. Es wäre dabei vornehmlich zu zeigen, inwiefern gewisse als Moralansprüche geltende und fortgeltende positive Ansprüche, wie der Treue, der Aufrichtigkeit, der Ehrlichkeit und des Worthaltens zur privatrechtlichen Sanktion gelangt, d. h. zu Rechtsansprüchen erhoben, insbesondere im römischen Recht der amtlichen Beachtung durch den Geschworenen unterstellt worden sind. Für das römische Recht würde es sich hier handeln um die Herrschaft der fides, um die Richtungen, in denen die fides bona, und die Sphären, in denen die bona fides zur Geltung gelangt ist; man denke namentlich an die reiche Geschichte der bonae fidei negotia bis zur Anerkennung des Satzes „bona fides exigit, ut quod convenit fiat“ (21 D 19, 2) und darüber hinaus, ferner an die Ausstattung schon vorhandener Klagformeln mit der Klausel ex fide bona, welche dem Richter die Berücksichtigung der Moral im Verhältnis der Parteien zur Pflicht macht, weiter an das Maſs, in dem bei den Ersitzungen u. dgl. die bona fides, „ein moralischer Begriff“, durchdringt, und etwa noch an die Geschichte der Fideikommisse, welche gleichfalls einen historischen Beleg giebt für die Ausrüstung einer Moralforderung mit dem Rechtszwang, indem, was anfänglich der Gewissenhaftigkeit anheimgestellt war, immer mehr dem rechtlich garantirten Legat gleichgestellt wurde[17].

Scheiden so von der nachfolgenden Quellenübersicht die zahllosen Stellen aus, welche das Walten des römisch-ethischen Centralbegriffs der fides mit seinen Postulaten, Folgen und Ausläufern im Privatrecht kund geben, so empfiehlt es sich auch noch eine dritte Schranke — neben Privatrecht und negativem Moraleinflufs — anzubringen, nämlich nur auf solche Stellen zu reflektieren, die der Moral d. h. hier der Immoralität als ablenkender Kraft ausdrücklich erwähnen. Es mag nicht wenige Fälle rechtlicher Reprobation, Reaktion oder Reduktion geben, welche durch die anderenfalls durchdringende Immoralität motiviert sind, wie z. B. die Versagung oder Vernichtung einer Forderung wegen concursus duarum causarum lucrativarum; aber wo diese Begründung von den Römern selbst nicht angegeben ist, da kann sie nur vermutungsweise unterstellt werden[18]. Und solcher Vermutungen wollen wir uns enthalten.

Das Unmoralische, dessen wirkliche Angabe ein zuverlässiges und das im folgenden mafsgebende Kriterium ist, wird in den römischen Rechtsquellen abwechselnd und gleichbedeutend durch turpe, contra bonos mores, inhonestum und ihre Verwandten (turpiter, turpitudo, malo more etc.) ausgedrückt, sowie z. B. durch probrum, improbus und für einzelne Arten durch contra bonam fidem, dolus, ingratus etc., was aus der späteren Anführung hervorgehen wird.

Durch den ethischen Sprachgebrauch erfährt auch unsere vorläufige Annahme von der rechtlichen Reprobation des Unmoralischen eine bemerkenswerte Bestätigung. Dafs ein Recht das ihm selber unmittelbar Widerstreitende, nämlich das Rechtswidrige irgendwie bekämpfe, darf als selbstverständlich bezeichnet werden. Nicht ebenso nahe liegt es, und nicht als unumgänglich erscheint es, dafs Moralwidriges auf gleichem Fufs behandelt wird, dafs daher in der Sprache Rechtswidrigkeit und Moralwidrigkeit zur Unsittlichkeit vereint[19], und Bezeichnungen, die gewöhnlich nur dem einen Verhältnis gelten, auf beiderlei Verstöfse angewandt werden. So umfassen delictum, maleficium und flagitium bisweilen auch die nur unmoralische Handlung[20], und umgekehrt werden von Übertretungen der Rechtsordnung, d. h. Vergehen im Rechtssinn, Wörter gebraucht, welche Übertretungen der Moralordnung zu bezeichnen pflegen. So sind Anstiftung zu einem Verbrechen, Mord, Bestechung, Ehebruch, Menschenraub gewifs Einbrüche in die römische Rechtsordnung, aber sie werden auch nicht selten mit den Ausdrücken der Moralwidrigkeit belegt[21]. Das rechtlich Unerlaubte, beispielsweise das vom Senat oder Kaiser Verbotene, tritt uns als ein contra bonos mores entgegen[22].

Es wäre voreilig, aus dieser Indifferenz der ethischen Terminologie den Schlufs zu ziehen, dafs die Römer die Gebiete des Rechts und der Moral allgemein und im einzelnen nicht zu scheiden vermocht und nicht unterschieden hätten[23]. Es war in den Fällen, die die erwähnte Ausdrucksweise zeigen, einerlei ob die gegebene Übertretung gerade als rechtliche oder gerade als moralische qualifiziert wurde. Überdies finden sich viele Stellen, in denen der Verstofs wider das Recht von dem wider die Moral sprachlich unterschieden wird, wobei sie entweder koordiniert, oder gar einander entgegengesetzt werden. Während die Stellen der letzteren Art beweisen, dafs sich die Römer des Dualismus in der Sittlichkeit wohl bewufst waren, zeigen die anderen Stellen, nämlich die, welche Rechtswidrigkeit und Moralwidrigkeit gleichordnen, dafs das römische Recht in grofsem Mafs sich gegen die Moralwidrigkeit so ablehnend verhält wie gegen die Rechtswidrigkeit.

Die erwähnte Entgegensetzung bieten diejenigen Stellen,

die das Erlaubte vom Ehrbaren unterscheiden oder rechtliche Unzulässigkeit im Gegensatz zur Immoralität aussprechen, oder jemandem nachsagen, er habe zwar schimpflich gehandelt, aber keine Unterschlagung begangen[24]. Noch viel häufiger finden sich das rechtlich Verbotene und das moralisch Verworfene als zwar Verschiedenes aber rechtlich Gleichwertiges zusammengestellt[25], indem z. B. von turpiter, oder durch Verbrechen gemachtem Gewinn gesprochen wird, oder von Bedingungen, die wider kaiserliche Verordnungen, wider Gesetze, oder wider die guten Sitten gehen, von testamentarischen Verfügungen contra jus vel contra bonos mores, von Verträgen contra leges und contra bonos mores — welche Vorkommnisse dabei gleichbehandelt werden.

III.

Wenn eines der Häupter der römischen Jurisprudenz, Ulpian in 10 § 1 D 1, 1 den Ausspruch that: Juris praecepta sunt haec: honeste vivere, alterum non laedere, suum cuique tribuere, so waren dies nicht etwa nur Postulate, die er aufstellte, sondern Abstraktionen, die er auf das ihm bekannte, von ihm gelehrte und geförderte vorhandene Recht gründete. Und an konkreten Daten zur Bildung der Abstraktion, daſs honeste vivere ein Gebot des römischen Rechts sei, konnte es dem damaligen Beobachter nicht fehlen und hat es auch in der Folge nicht gefehlt. In der That — mögen immerhin die Römer in der Höhe der Moral oder im Maſs ihrer Bethätigung hinter anderen Völkern zurückstehen[25a] — es haben sich die Römer, wohl im Bewuſstsein einer gewissen Einheit von Recht und Moral, wenigstens theoretisch gehütet, zwei auseinander gehende, disharmonierende Sittlichkeiten zu pflegen. Sie waren darauf bedacht, ihr Recht nicht nur nicht auf Kosten ihrer Moral zu gestalten, sondern es auch nicht in den Dienst dessen zu stellen, was in ihren Augen Immoralität war[26].

Wie zahlreich, ja massenhaft sind vorab die Fälle, in denen die Immoralität einer Person privatrechtlich in Betracht kommt, ihre Rechtsstellung beeinflufst, die normale Rechts- oder Handlungsfähigkeit herabsetzt, oder auf andere, mit ihr verbundene Personen rechtlich nachteilig zurückwirkt. Man erinnert sich, wie weitgreifend und empfindlich die rechtliche Zurücksetzung der infames ist. Da werden ein für allemal und im voraus gewisse Frevler an der Moral mit dem rechtlichen Brandmal der infamia gezeichnet und damit bei der Rechtsverfolgung als Bürger zweiter Klasse behandelt[27].

Es beruht ferner das alte Institut der Prodigalitätserklärung oder Interdizierung des Verschwenders darauf, dafs dieser Mann sich durch seinen Lebenswandel von den boni mores entfernt, durch seine Nichtsnutzigkeit das Erbgut verschleudert und seine Kinder der wirtschaftlichen Not aussetzt[28].

Nach einer konstantinischen Verordnung wird die venia aetatis Jünglingen und Mädchen nur erteilt, wenn sie unbescholten sind, wovon die Jünglinge den Beweis durch Zeugen zu erbringen haben[29].

Im Prozefs, wann die Glaubwürdigkeit von Zeugen in Frage kommt, soll wenigstens in zweiter Linie mafsgebend sein, ob der Zeuge ehrbar und vorwurfsfrei, oder anrüchig und tadelnswert ist[30].

Eine turpis persona kann als Vater nicht das väterliche Recht der Dosrückforderung ausüben, wenn zu befürchten ist, dafs dann die Mitgift durchgebracht werde[31], und als testamentarischer Vormund nicht vor den Kollegen trotz Kautionsanerbietens die Vormundschaftsführung übertragen bekommen[32].

Die morum improbitas kann die obrigkeitliche Bestätigung eines ungültig im Testament ernannten Vormundes hintanhalten, und suspectus ist ein Tutor, also dafs er dem Entlassungsverfahren ausgesetzt wird, von wegen seiner mores[33].

Beim Streit um die Heimführung eines Kindes auf Grund der väterlichen Gewalt ist die Moralität der Parteien von gröfstem Einflufs auf die Zeit der Entscheidung, und im Konflikt mit der Mutter kann selbst die väterliche Gewalt nicht durchdringen, wenn ihr Inhaber schlecht ist[34].

Wenn der Vater die dem Sohne angethane Injurie unverfolgt läfst, sie dem Thäter erläfst, so mag der Sohn selber klagen, wenn er ehrenhaft, und der Vater es nicht ist; denn ein solcher Vater, heifst es, soll die Unbill des Sohnes nicht nach dem Tiefstand seiner Moral bemessen[35]. Überhaupt steigt und fällt bei der privaten Injurienklage die Schätzung der Injurie und damit der Bufse auch nach der Moralität des Beleidigten[36].

Im Erbrecht zeigt sich die negative Wirksamkeit der Immoralität einer Person an folgenden Punkten. Eine turpis persona kann sich nicht im Testament halten, wenn sie Geschwistern des Erblassers oder dessen parens manumissor vorgezogen ist[37]. Kinder, Eltern, Geschwister und Patrone des Erblassers können enterbt werden, oder ihres Anspruchs auf den Pflichtteil gänzlich oder teilweise verlustig gehen durch ein unmoralisches Verhalten sei es überhaupt, sei es gegenüber dem Erblasser[38]. Einem jeden kann wegen seiner Unwürdigkeit ein zugefallener Erbvorteil wieder entzogen werden (Ereption), und diese Indignität wird wenigstens in einigen Fällen ausdrücklich als moralischer Verstoss gekennzeichnet[39].

Eine hervorragende Rolle spielt die Moralität der Person bei der Eheschliefsung. Ja schon bei der Verlobung tritt sie hervor, indem die Haustochter, wann sie von ihrem Vater wider ihren Willen verlobt wird, mit ihrem Widerspruch nur durchdringt, wenn die Wahl auf eine unehrenhafte Person gefallen ist[40]. Heiratet der emancipirte Sohn ohne den Willen des Vaters eine so unehrenhafte Frau dafs dies nicht blofs dem Sohne, sondern auch dem Vater Schande macht, so kann dieser moralische Verstofs selbst dem Enkel im Wege stehen, wann er des Grofsvaters Testament als pflichtwidrig anficht[41].

Ist unter der Bedingung vermacht, dafs die Bedachte den Titius heiratet, so braucht sie diese Bedingung nur zu erfüllen, wenn sie den Titius ehrbarerweise heiraten kann. Anderenfalls ist es so, wie wenn ihr das Nichtheiraten auferlegt wäre; denn alle anderen soll sie nicht heiraten, und den Titius zu heiraten kann ihr nicht zugemutet werden. Daher wird um der moralischen Beschaffenheit des Titius willen jene Bedingung vom Recht abgelehnt[42]. Diese Entscheidung beruht auf der lex Julia et Papia Poppaea. Es ist wohlbekannt, dafs die augustische Ehegesetzgebung nicht blofs auf die Beförderung der Heirat, sondern auch auf die Gewinnung moralisch reiner Ehebündnisse bedacht war, dafs sie namentlich gegenseitige erbrechtliche Inkapacität verhängte, falls der eine Ehegatte bescholten war[43].

Die Immoralität, die sich während der Ehe durch

Ehebruch geltend macht, gehört nicht allein ins römische Strafrecht. Die ehelichen mores beider Gatten kommen nach der Ehescheidung privatrechtlich zur Sprache, indem um ihretwillen die Rückgabe der dos zum Nachteil der Frau verkürzt oder zum Nachteil des Mannes erschwert wird [44].

Da auch bei den Römern Rechtsbildung und Rechtspflege in der Hand der Männer lagen, so mufste, wo im Privatrecht auf die Moralität der Person reflektiert wurde, die der Frauen besondere Beachtung finden. Sind doch seit dem Bestehen der monogamischen Ehe — und im Zusammenhang mit ihrer ökonomischen Grundlage — die Gebote, welche die Sittlichkeit im engsten Sinn, nämlich die geschlechtliche Moral ausmachen, vornehmlich an die Frauen und von den Männern an die Frauen gerichtet worden.

Den Ehrentitel einer materfamilias führt zur Zeit der klassischen Juristen nur die Frau, die non inhoneste gelebt hat; nicht verleihen ihn Heirat und Geburt, sondern die boni mores: das sind hier die, welche gerade von den Frauen zu beobachten sind [45]. Selbst die concubina scheint nicht von jenem Titel ausgeschlossen gewesen zu sein, wohl aber die Freigelassene, die eines anderen als ihres Patrons Konkubine wird [46].

Eine Frau, die mit der Personalservitut des Usus an einem Hause bedacht ist, kann als Gast nur den Mann aufnehmen, der honeste mit ihr zusammen im Hause wohnen könnte: es versteht sich, dafs das Recht hier auf die sexuelle Moral abstellt [47]. Die privatrechtliche Bekämpfung des unter Verletzung eben dieser Moral gemachten Erwerbes soll zur Aufstellung der praesumtio Muciana geführt haben:

denn ehrbar ist der Erwerb vom Manne her, wie er hier vermutet wird[48].

Eine Frau, auf welche auch nur ein schimpflicher Verdacht geworfen werden kann, vermag selbst aus einem Soldatentestament nicht zu erwerben, also dafs vor den Anforderungen der Moral auch das Soldatentestament zurückstehen mufs[49].

Der Tochter, die einen schändlichen Lebenswandel geführt hat, entzieht das Recht den Pflichtteilsanspruch[50], und der Frau, die das gefangene Mädchen frei gekauft, dann aber verkuppelt hat, bis es schutzsuchend zum Vater entfloh, versagt das Recht den Anspruch auf Rückerstattung des Kaufpreises, wie es die Freiheit der Flüchtigen aufrecht erhält[51].

Gewifs die stärkste privatrechtliche Exklusion wegen unmoralischen Verhaltens einer Person stellt die Entziehung der Rechtsfähigkeit dar, die dem Freigelassenen widerfährt, der gegen seinen Patron gröblich undankbar ist[52]. In der Hinfälligkeit anderer Schenkungen wegen der Undankbarkeit des Empfängers kommt die rechtliche Abwehr der persönlichen Immoralität nur in kleinerem Mafsstab zum Vorschein[53].

IV.

Die honestatis ratio[54], die Rücksicht auf die Ehrbarkeit oder Moral zeigt ihren negativen Einflufs im römischen Privatrecht nicht blofs darin — wovon unter III. die Rede war — dafs die Immoralität einer Person zu einer Änderung der Rechtsordnung führt, welche unter vorwurfsfreien Personen Geltung hat. Von solcher Änderung im Sinne der Ablehnung, Einschränkung, Ausschliefsung um der Moral willen zeugen auch die folgenden Vorkommnisse.

Die Diebstahlsklage (furti actio) steht dem Interessenten zu, aber doch nur dem, dessen Interesse moralisch zu billigen ist. Daher wird sie dem bestohlenen unredlichen Besitzer versagt: denn niemand soll aus seiner Schlechtigkeit eine Klage gewinnen[55].

Hat der Bürge gegenüber dem Gläubiger von einer nur ihm zustehenden Einrede keinen Gebrauch gemacht, die weniger ehrbar ist, so kann er dennoch nach der Zahlung auf den Hauptschuldner zurückgreifen. Das Recht mutet ihm nicht zu, etwas Unehrbares zu thun, d. h. des Schuldners Verlangen, dafs solche Einrede gebraucht werde, wird vom Recht reprobiert[56].

Wenn jemand dem Nachbarn cautio damni infecti zu leisten verweigert und infolgedessen das schadendrohende Haus an diesen Nachbar eingebüfst hat, so handelt er moralisch verwerflich, wenn er von eben diesem Nachbarn die Kaution (für das baufällige Haus) verlangt zu gunsten eines anderen ihm selbst gehörigen Hauses. Das Recht versagt solchem unmoralischen Anspruch die Anerkennung[57]. Im gleichen Sinne wird sie verweigert dem Anspruch des Kommodatars auf Ersatz der Nahrungsmittel, die er dem geliehenen Sklaven gereicht hat, im Gegensatz zum Depositar. Dieser erweist, jener empfängt eine Wohlthat, es ist daher ein moralischer Verstofs, wenn jener Erstattung der gewöhnlichen Unterhaltskosten begehrt[58]. Eine Eigennützigkeit anderer Art legt der Gläubiger an den Tag, der so viel als er zu fordern hat, wenn auch nicht vom Schuldner, erhalten hat und es dann noch einmal erlangen will. Indem der Jurist ihn darob moralisch tadelt, versagt er ihm rechtlich die erneute Forderung[59].

Wenn der Verkäufer die Sache, die er selber verkauft hat, vindiziert, so handelt er nicht rechtswidrig und mufs auf dem Rechtsweg Erfolg haben, vorausgesetzt, dafs ihm nun das Eigentum an der Sache zusteht, das ihm fehlte, als er sie verkaufte und übergab. Aber vom moralischen Standpunkt ist sein Vorgehen tadelnswert. Man kann sagen, er handle schlecht, indem er die von ihm selbst verkaufte Sache dem Käufer abzustreiten suche. Und wegen dieser Immoralität wird seinem Rechtsbegehren die Spitze abgebrochen, indem dem Beklagten eine Einrede verliehen wird. So abdiziert das Recht um der Moral willen, die anderenfalls Schaden leiden würde; sie äufsert damit einen negativen Einflufs auf das Recht[60].

Der Universalfideikommissar kann den Fiduziarerben zum Erbschaftsantritt zwingen. Wenn aber der Fiduziarerbe vom Vater instituiert und dem enterbten unmündigen Sohne pupillariter substituiert ist mit der Auflage, die Pupillenerbschaft zu restituieren, so wird dem Universalfideikommissar der Antrittszwang versagt so lange der Sohn lebt, weil es unmoralisch ist, ein solches Interesse an der Erbschaft eines noch Lebenden zu bekunden. Das Recht zieht sich hier zurück, wo die Moral reprobiert[61]. Das Gleiche ist der Fall, wenn der Pfandgläubiger eine ihm verpfändete Sklavin prostituiert oder sonst etwas Schlechtes zu thun zwingt: er geht des Pfandrechts verlustig[62].

Bei Erwerb, Gewinn und Aufwand, die nicht selten rechtlicher Beurteilung unterfallen, verschlägt es oft sehr, ob Quelle und Zweck der Moral genug thun oder widerstreben[63].

Dienste (operae), die der Freigelassene seinem Patron zu leisten schuldig ist, dürfen niemals schimpflich sein[64], und wenn ein Arzt, der Freigelassene gleichen Berufs hat, sie aus eigenem Interesse der Praxis sich enthalten und ihm folgen heifst, so mufs er doch für ihre Mittagsruhe sorgen und dafür, dafs sie ihrer Gesundheit und Ehrbarkeit pflegen können[65]. Hier wiederum macht das Recht seine Anerkennung davon abhängig, dafs die Moral nicht verletzt wird.

Dem selbstgewählten Schiedsrichter brauchen, ja dürfen die Parteien nicht gehorchen, wenn er etwas non honestum befohlen hat, und obwohl sie bei Konventionalstrafe sich ihm unterworfen haben, so dürfen sie doch straflos ungehorsam sein, wenn er sie an unehrbarem Ort zu erscheinen geheifsen hat[66].

Da die operarum obligatio des Freigelassenen, insofern sie klagbar, und beim Kompromifs auf einen Schiedsrichter das Verhältnis der Parteien zu einander und zum Arbiter durch Rechtsgeschäft begründet ist, so haben wir mit den letzten Beispielen das Gebiet wieder betreten, dem unser Thema unmittelbar angehört.

Es hat sich gezeigt — und dazu war der Hinweis auf die benachbarten Vorkommnisse bestimmt — dafs der S. 4 erwähnte römische Rechtssatz von der Ungültigkeit des unmoralischen Rechtsgeschäfts, besonders des unmoralischen Vertrags nichts für sich allein Stehendes, keine isolierte Hereinziehung der Moral ins Rechtsgebiet ist (Anm. 13), dafs er vielmehr nur eine einzelne Erscheinung des auf hundert Punkten wahrnehmbaren negativen Einflusses der Moral aufs Recht darstellt. Der normale Rechtszwang wird ausgeschaltet, wo ohne solche Suspension die Moralität leiden würde; damit gewährt das Recht der Moral den Verteidigungsschutz wie aus einem Defensivbündnis.

Der Betrachtung der Verträge dürfen wir die der einseitigen Rechtsakte vorausschicken.

Der Eid, mit dem jemand etwas Unerlaubtes auszuführen verspricht, braucht nicht gehalten zu werden, da er, wie Justinian sagt, selber etwas Unmoralisches, Unerlaubtes und zum Verderben Führendes ist[67].

Ein viel weiteres Feld für Moralwidrigkeit liefert die letztwillige Verfügung, namentlich das Testament. Und zwar zeigen sich von vornherein hier zweierlei Moralverstöſse als möglich. Der Erblasser kann einmal durch Nichtbedenkung gewisser ihm nahestehender Personen eine moralische Pflicht, die er gegen sie hat, verletzen. Und der Erblasser kann ferner durch den Inhalt, den seine wem immer geltende Verfügung hat, den Moralgeboten entgegen handeln. Sprechen wir zunächst von der ersteren Art von Immoralität.

Sie umfaſst sowohl den Fall, da der Erblasser den Angehörigen völlig unberücksichtigt läſst, ihn präterirt, als den Fall, da er ihn ausdrücklich von seinem Nachlaſs ausschlieſst, ihn exherediert.

Man denkt hier ohne weiteres an das testamentum inofficiosum. Wenn hier der Erblasser, wo es rechtlich statthaft war, präterirt oder exherediert hat, da ist von ihm, der von seiner grundgesetzlich garantierten Testierfreiheit Gebrauch gemacht hat, zu sagen: recte quidem fecit testamentum, sed non ex officio pietatis[68]. Indem ein naher Verwandter, der es um den Erblasser nicht verdient hat, stillschweigend oder ausdrücklich von dessen Nachlaſs ausgeschlossen wird, ist das officium pietatis unerfüllt geblieben. Damit ist aber eine altehrwürdige Moralpflicht gröblich verletzt worden. Der Betroffene muſs dies als eine ihm angethane Kränkung empfinden, die ihn entrüsten darf[69]. Mag immerhin schon in älterer republikanischer Zeit eine solche Kollision der Moralforderung mit der Rechtsforderung dann und wann vorgekommen sein, so scheint es doch damals noch kein Mittel gegeben zu haben, welches der Moralität gegenüber der Legalität zum Durchbruch verhalf; die ersten Spuren der später sogenannten querela inofficiosi testamenti pflegt man erst im Zeitalter Ciceros zu erkennen[70]. Nun erst kann sich vollziehen, was wir an vielen Beispielen bewährt gefunden haben und an mehreren noch bewährt finden werden, daſs sich das römische Privatrecht der Moral wegen zurückzieht, d. h. hier dem Testament soweit seinen Rechtsschutz versagt, als ohnedies die Moralwidrigkeit Bestand haben würde.

Allein dieser negative Einfluſs der Moral aufs Privatrecht geht hier keineswegs so vor sich, daſs dem moralpflichtwidrigen Testament um dieser Immoralität willen von selbst oder vornherein die rechtliche Anerkennung versagt gewesen wäre. Immer bedurfte es richterlicher Prüfung der Inofficiosität und immer eines Eingreifens dessen, an dem der Moralverstoſs begangen worden war. Des weiteren hat anfänglich — wir folgen hier und im Nächsten den Spuren fremder scharfsinniger Forschung[71] — das römische Recht es nicht vermocht einfach vor der Moral die Segel zu streichen, d. h. es hat die Geltung des Testaments nicht um seiner Moralwidrigkeit willen fallen lassen. Vielmehr hat die Jurisprudenz einen Umweg gemacht. In der älteren der beiden von Eisele unterschiedenen Formen der Inofficiositätsquerel, in der sog.

Centumviralquerel wird das Testament nicht seiner Lieblosigkeit oder Pflichtwidrigkeit, d. h. seiner Immoralität wegen reprobiert, und da den Römern die moral insanity unbekannt war, so unterstellten sie geradezu die insania des Erblassers[72]. Der Sache nach war dies immerhin eine Reaktion des Rechts gegen die Immoralität; damit das unmoralische Testament nicht gelte, liefs man es für die Erbfolge gar nicht gelten und die Intestaterbfolge eintreten. Der Form nach drang nicht die Moral durch, war es nicht die Immoralität, welche diese Wirkung hatte, sondern ein Mangel an den rechtlichen Voraussetzungen jeder Testamentserrichtung, die fehlende geistige Gesundheit des Erblassers.

Als dann, praktischen Bedürfnissen zu genügen, die von Eisele sog. Cognitionsquerel aufkam[73], da wurde zwar das testamentum inofficiosum unumwunden als inofficiosum und ohne den hier nicht passenden Notbehelf des color insaniae rescindiert, aber dafs dieses gerichtlich für inofficiosum und damit für moralisch unhaltbar erklärte Testament nunmehr auch rechtlich als ungültig behandelt wurde, das geschah wahrscheinlich kraft gesetzlichen Eingriffs[74], so dafs auch nach diesem neueren Recht jenes moralwidrige Testament nicht allein wegen seiner Moralwidrigkeit, sondern erst wegen der gesetzlichen Sanktion der moralischen Verwerflichkeit zu Fall kam. Im justinianischen Recht, das nur eine Ordnung der Querel und ein festes Pflichtteilsrecht hat, ist das testamentum inofficiosum einfach ein rechtswidriges Testament, die Inofficiosität ist zur Illegalität geworden.

Die zweite Art testamentarischer Moralwidrigkeit, die im Inhalt der Verfügung begangene, erscheint zunächst als moralwidrige Erbeinsetzung. Als turpis institutio wird angesehen und ist darum ungültig die Einsetzung eines künftigen Kindes, das dem Testator von einer Frau geboren werden wird, die zur Zeit noch mit einem andern vermählt ist[75].

Turpia legata, die nämlich nur zur Beschimpfung des Bedachten verordnet sind, werden als nicht geschrieben behandelt[76]. Überhaupt ist allen testamentarischen Verfügungen, welche wider die Moral gehen, darum die Geltung abgesprochen[77]. Demgemäfs kann namentlich der Erbe, den der Testator mit einem Nachteil bedroht hat für den Fall er etwas Unmoralisches unterlasse, das der Testator vorgenommen wünscht — dieser Erbe kann sich solcher Immoralität enthalten, ohne dafs das Recht die Drohung ausführt[78].

Einen weiter greifenden Fall rechtlicher Hinfälligkeit einer moralwidrigen Verfügung von Todes wegen liefert die wohl bekannte und oft verhandelte, darum hier bald zu verlassende condicio turpis[79]. Auch bei ihr erweist sich das Privileg des Soldatentestaments nicht stärker als das Moralverbot, und es verweigert selbst das jus singulare seinen Zwang, wo er nur zu Gunsten der Immoralität ausgeübt werden würde[80].

Gerade in der Lehre von der condicio turpis hat Papinian den zu seinem Ruhm oft angeführten Ausspruch gethan: „Handlungen, die den frommen Sinn, den guten Namen, unser Zartgefühl verletzen und überhaupt wider die guten Sitten verstofsen, müssen als uns nicht mögliche betrachtet werden“[81]. Nach dem Zusammenhang hat der Jurist damit nur sagen wollen, dafs die unsittliche Bedingung nicht für eine potestative zu erachten sei. Der

Haussohn nämlich, den sein Vater unter einer Bedingung zum Erben eingesetzt hatte, ohne ihn für den entgegengesetzten Fall zu enterben, war rite instituiert nur wenn ihre Erfüllung in seiner Macht stand, sonst galt er als präterirt, und das Testament war nichtig[82]. Ist nun die Bedingung unsittlich, d. h. hier nur durch eine unsittliche Handlung zu erfüllen, so ist sie nicht eine Potestativbedingung, da man von solchen Handlungen glauben mufs, dafs sie nicht in unserem Belieben stehen. Denn ihre Erfüllung erfordert ein Opfer der Sittlichkeit wie es dem Honorierten nicht zuzumuten ist. Danach ist freilich die Erbeinsetzung des Haussohnes unter condicio turpis eine ungültige, Papinian war aber bei seinen angeführten Worten nicht gemeint das Unsittliche dem Unmöglichen rechtlich gleichzustellen, d. h. einen solchen Rechtssatz aufzustellen, noch war er gemeint das Unsittliche moralisch für Unmögliches zu erklären, d. h. einen Moralsatz aufzustellen. Gegenüber der täglichen Erfahrung, welche die unsittlichen Handlungen als wirklich und damit gewifs als möglich zeigt, hätte er anderenfalls doch nur mit seiner eigenen Gewissenhaftigkeit geprahlt, oder von den Menschen postuliert, dafs sie gegenüber dem Unsittlichen ein non possumus empfinden sollen. Damit würde er, mit Dirksen zu reden, „als Apostel des leeren Sentenzenkrams“ erscheinen[83]. Hiervor bewahrt ihn die Interpretation, welche seine Worte im Zusammenhang nimmt und als Deutung der Potestativbedingung auffafst, eine Interpretation, welche schon von Savigny gegeben, von Brinz und Ravit ausgeführt worden ist[84]. Weder er noch das römische Recht büfsen dabei ein.

Zu den einseitigen Rechtsakten müssen wir auch die

unbeauftragte Geschäftsführung (negotiorum gestio) zählen, obwohl die durch sie begründeten Obligationen von den Römern an die kontraktlichen angelehnt werden. Sie kann daher hier den Übergang zu den Verträgen vermitteln. Wer freiwillig eines anderen Geschäfte führt, aber dies nur zu eigenem Gewinn thut, um Beute zu machen, nicht um Hülfe zu leisten, begeht in den Augen der Römer eine unmoralische Handlung. Dafs er ebenso wie ein redlicher negotiorum gestor belangbar ist, versteht sich von selbst. Dagegen gewährt ihm, wegen seines unredlichen Eingriffs, das Recht keinen Anspruch auf Ersatz seiner Einbufsen und Auslagen, es sei denn soweit dadurch der Geschäftsherr bereichert worden ist[85]. Ihn weiter klagen zu lassen würde eine Unterstützung seines unmoralischen Verhaltens durch das Recht bedeuten; indem es sie versagt, kehrt es sich gegen die Moralwidrigkeit.

V.

Bei den Verträgen sodann und zunächst denen des Familienrechts geben die Römer dem negativen Einflufs der Moral auf die Rechtsordnung in folgenden Fällen Ausdruck.

Ist die Adoption mit der Mafsgabe erfolgt, dafs das Adoptivkind nach einer gewissen Frist wiederum in Adoption gegeben werde, so kann hierauf nicht geklagt werden: denn, sagt der Römer, es entspricht nicht unseren Sitten, einen Sohn auf Zeit zu haben[86].

Für die Eheschliefsung stellt ein Jurist die Forderung, bei diesen Bündnissen nicht nur das Erlaubte, sondern auch das Ehrbare in Betracht zu ziehen[87], und letzteres hängt vornehmlich von der Ehrbarkeit der Personen ab, wovon oben S. 16 die Rede gewesen ist[88]. Demgemäſs werden gewisse Miſsheiraten gar nicht als Ehen anerkannt; freilich gründet sich diese rechtliche Versagung auf das julisch-papische Gesetz und seine Annexe, so daſs die Ungültigkeit zuoberst von einem rechtlichen Verbot herrührt[89]. Eine rechtliche Bekämpfung moralisch miſsbilligter Eheschlieſsung zeigt sich bei der Wiederverheiratung; dies gilt von der Wiederverheiratung einer Witwe, wenn sie innerhalb der Trauerzeit stattfindet[90], und gilt von der Wiederverheiratung vor Auflösung einer bestehenden Ehe[91]. Rechtliche Reprobation einer dem Motiv nach unmoralischen Eheschlieſsung kommt darin zum Ausdruck, daſs das Recht dem auf die Weigerung des Ehekonsenses gestellten Strafversprechen die Gültigkeit versagt. Die von der Moral geforderte Freiheit der Ehewahl soll nicht durch die Furcht vor der Buſse aufgehoben werden[92].

Auch das eheliche Güterrecht der Römer, das Dotalrecht liefert Proben des in Rede stehenden Moraleinflusses. Die Frau ist nicht rechtlich verpflichtet, ihrem Manne eine dos zu bestellen; wenn sie jedoch in der Meinung, es zu sein, eine dos gegeben hat, so versagt ihr das Recht die Rückforderung. Denn diese Rückforderung würde unmoralisch sein, da die Frau mit der Bestellung eine moralische Pflicht erfüllt hat[93]. Hat ein Vater für seine Tochter eine dos versprochen „wann es ihm am passendsten sein würde“, so soll das, wie schon ein republikanischer Jurist respondierte, so viel bedeuten, als „wann ohne Schimpf und Schande geleistet werden könne“, d. h. das Recht drängt nicht zur Zahlung, wo dies der Ehrbarkeit widerstrebt, die Moralität ist maſsgebend für die Zahlungspflicht[94]. Die dos kann der Frau während der Ehe nicht herausgegeben werden.

Ausnahmsweise ist solcher Vertrag statthaft, namentlich wenn die Frau mit der dos ihre nächsten Angehörigen unterstützen will, indem dies iusta et honesta causa ist. Das Recht muſs diese Rückgabe anerkennen, d. h. die Dotalklage versagen, will es nicht die Immoralität fördern, nämlich die Frau an der Erfüllung einer moralischen Pflicht hindern[95]. Eine moralwidrige Dosbestellung endlich, die darum rechtlicher Anfechtung ausgesetzt ist, haben wir an derjenigen, die das Pflichtteilsrecht verletzt und die querela inofficiosae dotis begründet.

Betrachten wir nunmehr die Verträge des reinen Vermögensrechts. Hier kann der Verstoſs wider die Moral einmal darin liegen, daſs der Inhalt des Vertrags, d. h. was die Parteien vereinbaren, unmoralisch ist. Und es kann zweitens der Inhalt für sich zwar moralisch unverfänglich, hingegen der durch den Vertrag erstrebte Zweck, oder das zur Vertragschlieſsung angewandte Mittel moralisch verwerflich sein.

Zu den Verträgen, die durch ihren moralwidrigen Zweck zu unmoralischen werden, gehören die Veräuſserungen in fraudem der Gläubiger und des Patrons, d. h. die Veräuſserungen, welche der Gemeinschuldner wissentlich zum Nachteil seiner Gläubiger, oder welche der Freigelassene wissentlich zum Schaden seines pflichtteilsberechtigten Patrons vorgenommen hat[96].

Zu den Verträgen sodann, die dadurch unmoralisch werden, daſs zu ihrer Schlieſsung moralisch verwerfliche Mittel angewandt werden, gehören die durch dolus[97] und die durch vis ac metus[98] zustande gebrachten. Natürlich können diese moralwidrigen Mittel der Arglist oder des

Betrugs, der Drohung oder Erpressung auch bei einseitigen Geschäften und bei Verträgen des Familienrechts vorkommen.

Fraus, dolus und metus sind Umstände, die sozusagen von aufsen her einen Vertrag mit Immoralität infizieren. Diese moralische Schadhaftigkeit kann aber ein Vertrag auch in sich selbst tragen, nämlich durch seinen Inhalt haben, einerlei wie er zustande gekommen, und einerlei, welchem Zweck er zu dienen bestimmt ist.

Der Wettvertrag, im Gegensatz zum Glücksspielvertrag[99], war gültig; allein wenn inhonesta causa sponsionis, d. h. wenn der Wettgegenstand unmoralisch war, so war die Wette nicht klagbar[100].

Was das Darlehen anlangt, so kommt ein dem Inhalt nach unmoralischer und darum als turpe, inhonestum, improbum mutuum oder foenus bezeichneter Darlehensvertrag in den Rechtsquellen, wie es scheint, nicht vor, wie sich auch keiner erwähnt findet, der gerade wegen solcher Immoralität ungültig wäre. Man denkt zunächst an das wucherische Darlehen, von dem einmal generell improbum foenus gesagt wird[101]. Es kann wohl sein, dafs der Zinswucher schon viel früher zu den Gründen der infamia zählte, als er von Diocletian mit diesem Flecken belegt wurde. Man dürfte dann annehmen, dafs das einzelne der wucherischen Ausbeutung dienende Darlehen für unmoralisch gegolten habe, da die wiederholte Vornahme oder der Betrieb schändete[102]. Wenn, soweit zu sehen ist, das römische Recht nicht dazu kam, „sich mit dem einfachen Satze zu begnügen, das wucherliche Geschäft sei contra bonos mores und daher ungültig“[103], so kam das schwerlich von dogmatischen oder konstruktionellen Hindernissen, die der Darlehensthatbestand bot, sondern wird seine historischen Gründe gehabt haben. Die wirtschaftliche Not, welche der Zinswucher erzeugt oder steigert, und der moralische Abscheu, welcher der so erzeugten oder gesteigerten Not folgen mufs, haben schon in der ältesten, d. h. der Zwölftafelzeit die Gesetzgebung zur Bekämpfung des Wuchers in Bewegung gesetzt, zur Aufrichtung von Zinsschranken geführt. Und diese Bewegung oder ihr Ergebnis hat mit manchem Wechsel durch ein Jahrtausend sich erhalten. War solchergestalt die moralische Reprobation des Zinswuchers fast immer schon rechtlich, mitunter selbst strafrechtlich sanktioniert, so bot sich all die Zeit kein Anlafs innerhalb der Jurisprudenz auch noch die Stimme der Moral ertönen zu lassen. Der wucherische Zinsvertrag war, soweit er das war, traditionell ungültig unmittelbar nach dem Gesetz [104].

Inhaltlich unmoralisch könnte ein Darlehen ferner sein nach seinem Zweck; allein auch davon ist in den römischen Rechtsquellen nicht die Rede [105]. Verschieden und nicht hergehörig ist der Fall, da das Bezweckte zum Gegenstand einer Verbindlichkeit des Darlehensnehmers gemacht ist, die durch Nebenvertrag begründet worden ist; solchenfalls steht die Moralität des pactum adiectum in Frage.

Dagegen in die Schenkung sehen wir die moralische Beurteilung eintreten. Aus Affektion gemacht, sagt Ulpian, sind weder ehrbare noch unehrbare Schenkungen verboten. Unehrbar sind die an meretrices gemachten [106]. Ihre Unverbotenheit ist Gültigkeit im Gegensatz zu den unter Ehegatten gemachten, welche verboten und ungültig sind. Zwar sollen bei der Ausbildung des diese Ungültigkeit setzenden Gewohnheitsrechts moralische Motive mitgewirkt haben [107], so dafs einstmals diese oder jene donatio inter virum et uxorem als contra bonos mores verstofsend für widerruflich oder unhaltbar gegolten haben mag. Nachdem sich aber der Rechtssatz von der Interdiktion der Ehegattenschenkung festgesetzt hatte, ward die einzelne ohne Rücksicht auf ihr Verhältnis zur Moral ungültig, ebenso wie die mit dem Tod des schenkenden Ehegatten eintretende Konvalescenz eine generelle ist. — Persönlich weitergreifend ist die durch Pflichtwidrigkeit gegen die Moral verstofsende und daher anfechtbare Schenkung, die vom Noterben mit der querela inofficiosae donationis angegriffen werden kann[108]. Hat ferner ein Erbanwärter das Vermögen seines nächsten noch lebenden Verwandten verschenkt, so hat er sich damit adversus bonos mores geeilt, die Schenkung ist darum nichtig, ja das Recht versagt ihm als Unwürdigem sogar die Erbfolge[109]. Dem Kaiser Prozesse oder einen Teil des Vermögens zu schenken, galt als unmoralische Machination und war ohne Rechtswirkung[110]. Mit solchen Schenkungen verfolgte der Schenker doch nur sein eigenes Interesse.

Auch an den Kaufvertrag finden wir hin und wieder den moralischen Mafsstab angelegt. So nennt die Veräufserung der eigenen Söhne durch die Mutter der Kaiser Caracalla eine unerlaubte und ehrlose Sache. Das römische Recht läfst ihn nicht gelten, weil er der römischen Moral widerspricht[111]. — Den Kauf schädlicher oder tötlicher Gifte haben manche römische Juristen für ungültig erklärt, weil auch das Mandat und die Sozietät, deren Gegenstand unsittlich ist, ungültig sei. Sie betrachteten die dem Verkäufer obliegende Leistung, nämlich die Giftlieferung, als etwas Unsittliches. Gaius war geneigt dies nur von den Giften gelten zu lassen, die unter keinen Umständen nützen, nicht von denen, welche durch Beimengung anderer Stoffe zu nützlichen oder heilsamen Mitteln werden[112]. — Die

Prozeſsprokuratur soll unentgeltlich übernommen werden, der Prozeſs kauf aber, in dem ein Teil des Prozeſsgewinns den Preis bildet, verstöſst contra bonos mores und ist so unzulässig und unehrbar wie die Zusicherung eines solchen Teils an den Prozeſsführer [113]. — Zwar moralwidrig, aber nicht wider die reine Moral, sondern wider die ins Recht recipierte Moral und insofern wider das Recht verstoſsend sind einige Kaufverträge, in denen, mit Bechmann zu reden, „der Abschluſs des Kaufgeschäfts als Verletzung oder doch Gefährdung von Privatinteressen erscheint, welche der eine Kontrahent gerade umgekehrt zu wahren verpflichtet ist“ [114], indem z. B. der Vormund Mündelsachen wohlfeil verkauft, die er für seine Rechnung durch einen vorgeschobenen Dritten kaufen läſst. Insofern hier durch den Abschluſs eines Kaufs des gegebenen Inhalts eine Rechtspflicht (z. B. die Vormundspflicht) verletzt wird, ist die rechtliche Reprobation gegen die Rechtswidrigkeit gerichtet. Daſs ursprünglich moralische Gebote übertreten sind, giebt sich noch in der Ausdrucksweise (mala resp. bona fides) kund [115].

Was die Dienstmiete (locatio conductio operarum) anlangt, so ist wohlbekannt, daſs sie bei den Römern weitaus nicht die Bedeutung hatte und haben konnte, die ihr heutzutage zukommt, da bei ihnen sehr viele Dienste durch gegenwärtige oder ehemalige Sklaven des Empfängers geleistet wurden. So wird es sich erklären, daſs die moralische Kritik der Dienstverträge, die in einer durch Lohnarbeit erhaltenen bürgerlichen Gesellschaft, wie der unsrigen, so reichen Stoff findet, in den römischen Rechtsquellen fast gar nicht anzutreffen ist. Hier sei daran erinnert (oben zu Anm. 64. 65), daſs für die Dienste, welche vom Patron den Freigelassenen auferlegt werden können, die Moralität mafsgebend ist. Sie müssen für sich ehrbar sein, wenn eine Pflicht sie zu leisten begründet werden soll. Zudem mufs die Belastung des Freigelassenen derart sein, dafs er seiner Ehrbarkeit pflegen kann. Man darf annehmen, dafs die Römer diese Regeln auch befolgt haben, wo es sich um eine Dienstpflicht handelte, die durch den gemeinen Dienstvertrag begründet war[116]. Hat einer seine Dienste vermietet zum öffentlichen Kampf mit wilden Thieren, so zieht er sich zwar durch solchen Kontrakt einen Schandfleck zu und wird auch in seiner Prozefsfähigkeit beschränkt (Anm. 27), dafs aber der Kontrakt selbst ungültig war, finden wir nicht gesagt[117]. Das öffentliche und entgeltliche Auftreten als Schauspieler brachte Infamie mit sich. Aber, sagt Gaius, wenn einer seine Dienste vermietet hat, um Mimens halber aufzutreten und nicht auftritt, so fügt das ihm nicht Infamie zu, denn so schimpflich ist jenes Thun nicht, dafs auch die Absicht, d. h. die Vertragschliefsung, bestraft werden soll[118]. Über die Gültigkeit des Mietkontrakts ist damit nicht entschieden: man sollte denken, sie müsse wenigstens insoweit gefehlt haben, dafs der conductor keine Klage auf eine Leistung erwarb, deren Vornahme den locator zum infamis machte. Wer dies schon war infolge früheren Auftretens, würde wohl der Klage ausgesetzt gewesen sein[119]. Schauspielerinnen hat Justinian vom Zwang zur Erfüllung eines Engagements befreit und ebenso jeden Zwang verboten, der sie am Verlassen ihres Berufs hindern soll[120].

Auch auf den Gesellschaftsvertrag (societas) ist nach römischem Recht die Moral von entscheidendem Einflufs, indem die Immoralität die Gültigkeit dieses Vertrags hintanhält. Eine Societät mit unsittlichem Gegenstand kann nicht aufkommen, der Vertrag ist nichtig. Diese Nichtigkeit bezieht sich zunächst auf den Fall, da die Gesellschaft zum Zweck der Begehung und Ausbeutung von Unsittlichkeiten eingegangen worden ist[121]. Allein die Versagung des Societätsrechts wegen Unsittlichkeit greift noch weiter. Wenn nämlich eine Gesellschaft regelrecht begründet und dann aus einem Verbrechen ein Erwerb gemacht worden ist: so braucht dieser Gewinn nicht beigesteuert zu werden, indem sich hierauf die Societät nicht erstrecken kann[122], wie andererseits der Urheber des Delikts den ihm daraus entstehenden Nachteil nicht auf die Genossen teilweise abwälzen kann[123].

Sodann versichern auch vom Mandat die römischen Quellen wiederholt, dafs es nicht obligierend, nicht klagbar sei, wenn sein Gegenstand unsittlich, d. h. wenn eine unsittliche Handlung aufgetragen worden ist. Es kann daher der Mandatar nicht auf Ersatz seiner Auslagen klagen, wenn er etwas Unerlaubtes auszuführen übernommen hat[124]. In einer Pandektenstelle giebt ein schwelgerischer Jüngling jemandem den Auftrag einer meretrix Geld zu leihen, einen Kreditauftrag. Hier wird seine Haftung verneint, weil dieses Mandat wider die bona fides gehe[125]. Man sollte erwarten: wider die boni mores. In der That hängen diese beiden Begriffe, nämlich die guten Sitten und Treu und Glauben, nahe zusammen. Daher erklärt Papinian, in einem sich nach bona fides richtenden Prozefs könne keine Leistung Berücksichtigung finden, die contra bonos mores begehrt werde[126].

Des Weiteren finden wir die stipulatio durchaus davon abhängig, dafs sie der Moral nicht widerstreitet.

Danach ist aber ungültig nicht bloſs diejenige Stipulation, in der eine unsittliche Leistung versprochen worden ist[127]. Ungültig ist auch diejenige, deren Leistung für sich nicht unsittlich ist (wie das Versprechen einer Geldzahlung), deren Leistung aber aus unsittlichem Grunde oder zu unsittlichem Zwecke versprochen worden ist[128]. Das trifft einmal die Stipulation, die wegen einer begangenen oder wegen einer zu begehenden Unsittlichkeit — also zur Belohnung dafür — gemacht worden ist[129]. Es trifft ferner die Stipulation, die dazu bestimmt ist, den Promittenten oder Schuldner durch die Rücksicht auf das ihm drohende Vermögensopfer zu einer Handlung zu bewegen, die moralischerweise nicht unter solcher Pression stehen kann (eine Art der Konventionalstrafe, der Poenalstipulation)[130]. Und es gilt drittens auch von der Stipulation, die eine gelinde Erpressung darstellt, indem der Stipulator sich für sein Unterlassen einer dem Promittenten gefährlichen Handlung ein Entgelt versprechen läſst[131]. Auch die Stipulation ist unmoralisch und darum ungültig, durch welche Geld versprochen wird für die Vornahme einer (nicht unsittlichen und auch nicht sittlich gebotenen) Handlung des Stipulators, die moralgemäſs unabhängig von solchem ökonomischem Motiv erfolgen muſs[132]. Dahingegen ist moralisch unverfänglich und rechtlich gültig die Stipulation, in der wegen einer zu begehenden Unsittlichkeit Geld versprochen worden ist, wenn es eine vom Promittenten zu begehende Unsittlichkeit ist: diese soll durch den drohenden Verlust hintangehalten werden (eine Art der Konventionalstrafe, der Poenalstipulation)[133].

Der stipulatio folgt ihr Gegenstück, das pactum, der ganz formlose Vertrag. Kann schon die stipulatio nicht wider die Moral aufkommen, so wird man solches von dem schwächeren Gebilde erst recht nicht erwarten. Als zuerst der römische Prätor die pacta unter seinen Schutz nahm, da machte er zur Bedingung, dafs sie nicht mit Arglist gemacht seien und nicht wider eine Rechtssatzung direkt oder indirekt verstofsen. Des Verstofses wider die Moral hat er nicht eigens gedacht[134]. Allein es fehlt in den römischen Rechtsquellen weder an mehrmaliger genereller Verwerfung der moralwidrigen pacta[135], noch an zahlreichen Anwendungen solcher Regel. Aufser schon aus anderem Anlafs erwähnten[136] kommen folgende vor:

Wenn der Ehemann gegenüber der Frau auf die Rechtswohlthat des Notbedarfs verzichtet, so ist dieses Gedinge nicht zu halten, denn es geht contra bonos mores, nämlich wider die dem Ehemanne von der Frau nach der Moral zu erweisende Ehrerbietung[137].

Bei einer mit Kindern gesegneten Ehe hat die Frau in ehelichem Zwist den Mann und die Kinder vorübergehend verlassen, was iurgium, nicht divortium war und das Dotalverhältnis nicht änderte (31 D 23, 3. 3 D 24, 2). Zurückgekehrt (wohl der Kinder wegen, die, wie Cujaz bei dieser Gelegenheit und mit Hinweis auf Arist. Eth. Nicomach. VIII, 12 sagt, das Eheband fester knüpfen und die gegenseitige Liebe der Gatten vergröfsern) und sich das Vorgefallene nicht ferner zu Herzen nehmend (per dissimulationem, cf. 11 § 1 D 47, 10), schlofs sie einen Vertrag, indem sie sich das eheliche Einvernehmen dadurch gleichsam erkaufte (veluti venali concordio), dafs sie ihrem Manne gegenüber auf ihre dos verzichtete. Dieser Vertrag nach solchem Hergang ist, wie Papinian sagt, moralisch verwerflich (moribus improbanda est), womit er meint, daſs der Vertrag darum rechtlich ungültig sei[138].

Justinian hat alle pacta, welche die künftige, d. h. noch nicht angefallene[139] Erbschaft eines bestimmten[140] noch lebenden Dritten betreffen und hinter dessen Rücken abgeschlossen worden sind, als contra bonos mores eingegangen für ungültig erklärt. Er traf darin mit altüberlieferter Moralansicht zusammen, die wohl vom Glauben an die Gefährlichkeit von derlei Verträgen für den Dritten geleitet war[141].

Es ist, wie von Löwenfeld gezeigt worden ist[142], die Inästimabilität oder Unentgeltbarkeit der Wissenschaft ein Grundsatz der antiken Ethik. Aus ihm folgt aber nicht, daſs der Spender einer liberalen Berufsleistung, die eine Bethätigung der Wissenschaft ist, zu seinem Unterhalt nicht honoriert werden und nicht aus einem Honorarversprechen klagen könne. Daher war es eine specielle, von der römischen Moral der Kaiserzeit geforderte Ungültigkeit, mit der gerade die Honorarverträge geschlagen waren, die zwischen den iuris civilis professores im römischen Reich und ihren Schülern zu stande kamen. Diese Verträge gelten zwar nicht für schimpflich, werden nicht für contra bonos mores gehend erklärt. Aber es soll daraus diesen Lehrern nicht Recht gesprochen werden, so daſs eigentlich nur die Rechtsverfolgung mit einem moralischen Makel belegt und daher ausgeschlossen ist. „Es ist zwar,“ wie Ulpian, der selbst einmal ein solcher Lehrer gewesen sein wird, zur Begründung ausführt, „es ist zwar die Rechtswissenschaft ein hochheiliger Gegenstand, aber einer, der nicht durch Geldpreis geschätzt und entehrt werden soll, indem das Honorar gerichtlich eingefordert wird, das beim Beginn des Unterrichts hätte dargeboten werden sollen. Manches nämlich kann zwar ehrbar angenommen, aber nur unehrbar eingefordert werden." Dazu gehört eben dieses juristische Unterrichtshonorar [143]. Ebenso unklagbar sind die Honorarverträge der Philosophen, indem, wie Loewenfeld dargethan hat [144], die Geldverachtung, zu der sie sich nach ihrer Philosophie bekannten, ihnen ihrem eigenen Bekenntnis entsprechend vom Recht zugemutet wurde. Mit der Rechtsverfolgung eines Honoraranspruchs würden sie sich selber Lügen strafen, und solch unmoralischer Zwiespalt von Lehre und Leben findet im römischen Recht keinen Beistand.

Wieder eine andere Bewandtnis hat es endlich mit folgenden pactis, die sich auf Privatdelikte beziehen. Vereinbare ich mit einem andern, dafs ich ihn wegen Diebstahls oder Injurie oder Dolus nicht verklagen werde, falls er ein solches Delikt begangen haben wird, so ist solches pactum wegen seiner Moralwidrigkeit ungültig. Es ist unmoralisch, den Zwang, den das Recht zur Hintanhaltung solcher Rechtsbrüche androht, im Voraus auszuschliefsen, einen Freibrief zur Verwirklichung der Immoralität auszustellen und sie damit zu befördern [145].

Anders verhält es sich mit dem pactum, das **nach** der Begehung solcher Privatdelikte abgeschlossen wird. Zwar hatte der Prätor bestimmt, dafs wer wegen Diebstahls, Raubs, Injurie oder Betrugs paktiert d. h. sich mit dem Verletzten abgefunden hat, infamis werde, wie wenn er deswegen verurteilt worden wäre, da solche Paktierung als Geständnis anzusehen ist, das seinerseits dem Urteil gleichsteht [146]. Es gilt das nicht von der unentgeltlichen Verzeihung, sondern nur von der Geldabfindung [147]. Auch trifft die Infamia nicht die Paktierung wegen der anderen infamierenden Klagen (z. B. pro socio, tutelae); denn hier ist die pactio nicht so schimpflich (turpis) wie bei den zuvor genannten aus Diebstahl u. s. w.[148]. Der Geldabfindungsvertrag wegen dieser vorgenannten Vergehen ist also zwar auch turpis und zur Infamia führend, aber er ist darum doch nicht ungültig, eben weil er nach ihrer Begehung geschlossen wird[149].

VI.

Alle bisher (unter V) nach den römischen Quellen angeführten Verträge und Vertragsgattungen vermochten den unsittlichen Neigungen, die innerhalb der römischen Gesellschaft in Verträgen ihren rechtlichen Ausdruck suchten, noch nicht Genüge zu leisten.

Denn einmal hatten diese Verträge wie Wette, Schenkung, Kauf, Dienstmiete, Societät, Mandat, ihre ein für allemal definierten Thatbestände, ihre generell fixierten Leistungen. Keinem dieser Typen unterfiel z. B. der Vertrag zwischen A und B dahin, daſs A dem B Geld geben und dafür B einen vorhabenden Diebstahl unterlassen solle. Der Vertrag ferner, daſs der Depositar für Geld das Hinterlegte dem Deponenten zurückgeben solle, konnte unter keines der eben angeführten Vertragsschemata gebracht werden und entsprach auch nicht einem andern von den benannten Kontrakten, z. B. depositum oder commodatum[150].

Zweitens vermochten hier auch die vielumfassenden Vertragsgattungen des pactum und der stipulatio nicht auszuhelfen. Denn die pacta waren als pacta fast ausnahmslos unklagbar; aus einem solchen hätte in dem ersten Beispiel der B den A nicht verklagen können, daſs A ihm das zugesagte Geld für die Unterlassung des Diebstahls zahle[151]. Die stipulatio dagegen, die ihrer Form nach klagbare stipulatio, war bei unsittlichen Abreden wie die erwähnten — also wenn sich der Depositar Geld hätte stipulationsweise promittieren lassen für die Rückgabe des Deponierten — war darum unklagbar, weil sie contra bonos mores ging[152] (s. unten S. 44. 45).

Es ist danach wohl begreiflich, dafs sehr viele, wenn nicht die Mehrzahl von einzelnen unsittlichen Verträgen, welche die römischen Rechtsquellen bieten, keiner der bisher besprochenen Arten und Gattungen, sondern den unbenannten Verträgen, den Innominatkontrakten angehören. Dafs es sich dabei nicht um unbenannte Konsensualkontrakte handeln könne, ist nach dem Gesagten einleuchtend, indem ja die blofse Abrede um ihrer Formlosigkeit willen nicht gerichtshoffähig war, daher man es, ganz abgesehen von der Moralität des Geschäfts, bei ihr nicht bewenden lassen konnte.

So sehen wir denn bei allen den civilistisch unbenannten unsittlichen Verträgen, die noch übrig sind, immer Realkontrakte vor uns[153]. Es erfolgt nicht blofs eine Abrede über die beiderseitigen Leistungen, woran es nicht leicht gefehlt haben kann, sondern der eine Paciscent erscheint stets als einer, der giebt oder zahlt, damit eine Realleistung macht[154]. Und zwar handelt es sich bei dieser Hingabe meist um Sündenlohn, Liebessold, oder Bestechungsgeld, das vom rechten Wege ablenken, oder zu ihm zurückführen soll (pecuniae corruptela: 1 C. 7, 49), mitunter um Thatbestände, die wie calumnia, concussio, repetundarum crimen, stuprum, adulterium, lenocinium Moral- und Rechtswidrigkeiten zugleich sind.

Möglicherweise wird mit jener Realleistung oder Hingabe die Vertragschließsung ins Werk gesetzt, und erst hierbei die Gegenleistung ausbedungen. Diese hierbei oder schon vorher ausbedungene Gegenleistung wäre auf Grund der bloßsen Abrede nicht einklagbar und soll eben durch die Realleistung hervorgerufen werden. Dem Urheber jener Realleistung kann es aber nicht genügen damit einen Versuch zu dieser Hervorrufung gemacht zu haben, einen Versuch, der auch fehlschlagen kann, indem die Gegenleistung wider Erwarten und Zusage ausbleibt. Er mufs vielmehr wünschen, des Rechtszwanges für die Vornahme dieser Gegenleistung teilhaftig zu werden, nachdem er mit der Hingabe vorangegangen ist[155]. Allein dieser Rechtsschutz kann ihm nicht gewährt, mufs vom römischen Recht getreu seinem bisher geschilderten Verhalten versagt werden, wo der ganze Handel sittenwidrig ist, mag er beiden Parteien, oder nur einer zur Schande gereichen.

Man versteht danach sehr wohl, dafs, wie viele Fälle von unbenannten Realkontrakten, die contra bonos mores gehen, in den römischen Rechtsquellen auch vorkommen (Anm. 153), doch nirgends von einer Klage auf Vornahme der Gegenleistung die Rede ist, auch da nicht, wo der Kontrakt nicht strafbar, sondern nur moralwidrig ist. Diese Unklagbarkeit solchen Kontrakts ist für die Römer selbstverständlich, sie wird gar nicht erst ausgesprochen, auch nur theoretisch berührt, mag sie gleich wegen freiwilliger Vornahme der Gegenleistung[156] nie praktisch in Frage gekommen sein. Es ist vielmehr nur ein anderes privatrechtliches Interesse, mit dem sich die Quellen anläfslich dieser unsittlichen Innominatkontrakte beschäftigen.

Hat nämlich der eine Kontrahent, der Zahler, geleistet,

so kann er zwar nicht auf die Gegenleistung klagen, aber um so dringender wird für ihn die Frage, ob er nicht wenigstens, was er gegeben hat, zurückfordern könne. Diese Rückforderungsklage ist nicht bloſs für ihn und den Empfänger [157] bedeutungsvoll, sie erregt auch in hohem Maſse das Interesse der römischen Jurisprudenz und Rechtspflege, wovon die Litteraturreste zeugen. Es ist in der That anziehend zu entscheiden oder entschieden zu sehen, wie weit hier die negative Einwirkung der Moral aufs Recht geht: ob das Recht den begonnenen unsittlichen Handel auf sich beruhen läſst, oder ob es den status quo ante wiederherstellt.

Wir müssen sogar noch einen Schritt weiter gehen. Es hat die Frage der Rückforderbarkeit Relevanz nicht bloſs darum, weil die Rückforderung, namentlich die durch condictio ob turpem causam erfolgende, ein Notbehelf oder Surrogat für den Leistenden ist, der nicht auf Vornahme der Gegenleistung klagen kann. Auch nachdem diese Gegenleistung gemacht worden ist (res oder causa secuta est: Anm. 156), und es daher nicht mehr eines Ersatzes für die Klagbarkeit der Gegenleistung bedarf, hat die Frage nach der Rückforderbarkeit der Leistung, wann die Rückforderung auf die Unsittlichkeit des Geschäfts gegründet wird, noch vollen Raum und guten Sinn [158].

Ja es kommt der Rückforderung wegen Immoralität des Vertrags noch eine über den Innominatkontrakt hinausgehende Bedeutung zu, die des Zusammenhanges wegen schon hier erwähnt werden darf. Die Rückforderung kann auch beim benannten unmoralischen Vertrag in Frage kommen. Freilich entbehrt ein solcher, z. B. ein moralwidriges Mandat (Anm. 124) oder eine moralwidrige stipulatio (in dem S. 36 angegebenen Umfang), der Klagbarkeit. Wie aber, wenn der nicht verklagbare Kontrahent freiwillig oder auf aufsergerichtliche Beitreibung geleistet hat — könnte sich dann die Moralwidrigkeit des Kontrakts nicht noch darin äufsern, dafs die Rückforderung des Geleisteten vom Recht zugelassen wird? Gewifs ist mit der Leistung ein Indebitum entrichtet worden, wegen dessen, wenn der Leistende nicht schuldig zu sein sich bewufst war, nicht mit condictio indebiti auf Rückerstattung geklagt werden kann. Allein das Recht könnte in der Verwerfung jenes unmoralischen Vertrags auch so weit gehen, dafs es sie auf seine aufsergerichtliche Vollziehung ausdehnt; es könnte dem Zahler die Rückforderung wegen der Immoralität des Zahlungsgeschäfts vorbehalten, indem sich die Moralwidrigkeit des Kontrakts auch dem mitteilt, was zu seiner Realisierung vorgenommen wird[159].

Es kann ferner nicht blofs die Rückforderbarkeit der Leistung aus der Unsittlichkeit des Vertrags folgen, wovon bisher die Rede gewesen ist. Es kann auch umgekehrt die Zulässigkeit der Rückforderung einer Leistung wegen der mit ihrer Annahme vom Empfänger begangenen Unsittlichkeit den Schlufs begründen, dafs ein Vertrag, in dem jene Leistung blofs zugesagt wird, als unsittlich ungültig ist. So ist uns durch die römischen Quellen nicht bezeugt, dafs ein Versprechen als moralwidrig ungültig sei, das dafür gegeben worden ist, dafs der Empfänger etwas rechtlich Verbotenes (ein Delikt) unterlasse (vgl. Anm. 151), oder eine Rechtspflicht erfülle. Wohl aber ist mehrmals durch die römischen Quellen bezeugt, dafs wer Geld hingegeben hat dafür, dafs vom Empfänger etwas rechtlich Verbotenes unterlassen, oder etwas rechtlich Gebotenes gethan werde, das Gezahlte zurückfordern kann mit einer condictio ob turpem causam, da hier auf seiten des Empfängers und bloſs auf seiner Seite eine Immoralität vorhanden ist[160]. „Daraus aber folgt von selbst“ — wie schon Savigny bemerkt hat[161] — „das geringere Recht, ein bloſses Versprechen der Zahlung als ungültig zu behandeln.“ Dabei ist jedoch vorauszusetzen, daſs zwischen der Unterlassung des Rechtswidrigen oder der Vornahme des rechtlich Gebotenen und der zugesagten pekuniären Leistung eine Kausalbeziehung bestehe, die eben durch den Vertrag hergestellt worden ist, so daſs erst wegen dieses pekuniären Versprechens auf jene Unterlassung oder Vornahme zu rechnen ist. Unter dieser Voraussetzung erledigen sich wohl die Bedenken, welche Wächter dagegen äuſsert, „daſs bei jeder Zusage eines Vorteils an jemanden unter der Bedingung, daſs er etwas Pflichtmäſsiges thue oder Pflichtwidriges unterlasse, die Bedingung eine unzulässige sei; denn durch eine solche Bedingung wird ja pflichtmäſsiges Thun gefördert und dies kann doch von dem Gesetze nicht miſsbilligt werden. Auch ist es nicht unsittlich, für pflichtmäſsiges Verhalten eine Belohnung anzunehmen oder zuzusagen oder zu erteilen, und letzteres thut ja der Staat selbst häufig. Wenn ich daher z. B. meinem Diener hundert Mark verspreche als besondere Belohnung unter der Bedingung, daſs er mir fünf Jahre treu und redlich diene: so ist dies eine durchaus zulässige, wahre Bedingung“[162]. Man nimmt aber auch nicht an, daſs der Diener wegen der versprochenen Belohnung die fünf Jahre treu und redlich diene, oder daſs, wer den entlaufenen Hund gefangen oder die verlorene Sache gefunden hat, Hund oder Sache wegen der ausgesetzten Belohnung nicht unterschlagen habe[163]. Auch kann der Finderlohn für die mit dem Fangen, Finden, Aufbewahren oder Zurückbringen verbundene Mühe gegeben werden[164]. Wo hingegen durch einen Vertrag der angegebene Kausalverband zwischen dem ökonomischen Versprechen und der Unterlassung des Delikts oder der Erfüllung der Rechtspflicht hergestellt worden ist, da ist nach römischem Recht ein unmoralischer Vertrag vorhanden, der ungültig ist.

Für dieses römische Recht erhebt sich letztlich die Frage, ob es auch die Verträge als unmoralisch ansieht und als ungültig behandelt, in denen für die Unterlassung nicht des rechtlich, sondern des nur moralisch Verbotenen, oder in denen für das Thun nicht des rechtlich, sondern des nur moralisch Gebotenen ein Entgelt versprochen worden ist. Vorab der spekulativen Betrachtung bietet sich folgender wesentlicher Unterschied der beiden Fälle dar. Wenn das Recht dem Geldversprechen für Unterlassung eines Delikts (z. B. eines Diebstahls) oder für Erfüllung einer Rechtspflicht (z. B. der Rückgabe des Deponierten) seinen Schutz versagt, weil solches Versprechen unmoralisch ist, so ist das Recht ja auch ohne dieses Versprechen, dem es die Anerkennung weigert, gegen das Verbrechen, wie für die Herbeiführung des von ihm selbst Gebotenen völlig gerüstet, indem es z. B. die Diebstahlsklage, oder die Hinterlegungsklage bereithält. Wenn hingegen ein Versprechen vorliegt, etwas nur moralisch Verbotenes zu unterlassen oder eine bloſse Moralpflicht zu erfüllen, und das Recht würde solchem Versprechen seinen Schutz versagen, so würde für die Realisierung der Moralität allein die Moral aufzukommen haben, von einer im Hintergrund stehenden

Hülfe des Rechts wie in den beiden erstgenannten Fällen nicht die Rede sein. Und dann kann man wohl fragen, ob es im Ergebnis der Moral zum Vorteil gereicht, wenn das Recht um der Moral willen jenem Versprechen seinen Schutz versagt und es der Moral überläfst, das moralisch Verbotene hintanzuhalten und das moralisch Gebotene herbeizuführen. Man begreift allerdings, dafs ein Recht nicht geneigt sein mag, diese moralischen Erfolge durch unmoralische Mittel erreichen zu helfen. Aber es fragt sich eben fürs römische Recht, ob man es hier (beim besagten Versprechen) mit unmoralischen Mitteln zu thun hat.

Mit allem Nachdruck und mit der Prägnanz seiner Muttersprache lehrt Seneca[165], dafs wer um ökonomischen Vorteils willen tugendhaft handelt, nicht moralisch handelt: honestum per se expetendum est. Keineswegs aber lehrt er, dafs Einer schon durch Annahme eines Lohnversprechens für sein tugendhaftes Handeln eine Immoralität begehe. Auch die römischen Rechtsquellen haben meines Wissens keinen oder doch keinen sicheren Fall, in dem condictio ob turpem causam gegeben wäre, weil der Empfänger einer Leistung sie für Unterlassung einer blofsen Moralwidrigkeit oder für Erfüllung einer blofsen Moralpflicht empfangen hat[166]. Der oben (S. 44. 45) gezogene Schlufs ist daher hier unstatthaft und seine analoge Ausdehnung nach dem a priori Bemerkten (S. 46) unzulässig. Fürs römische Recht haben wir daher bis auf weiteres anzunehmen, dafs es das Versprechen für Unterlassung einer blofsen Moralwidrigkeit oder für Erfüllung einer blofsen Moralpflicht nicht als unmoralisch behandelt.

Zu dieser Frage sind wir von der Rückforderbarkeit und zu dieser von den Innominatkontrakten her gekommen.

Mit ihnen gelangt die (S. 14 begonnene) Quellenübersicht zum Abschlufs, die die gewaltige Rolle zeigen sollte, welche Ehrbarkeit und Unehrbarkeit im römischen Privatrecht spielen, den grofsen Raum, den der Hinweis auf die Moralität und das Trachten, mit der Moral im Einklang zu bleiben im römischen Privatrecht einnehmen. Legen, wie wir sahen, zahlreiche generelle Aussprüche und specielle Entscheide Zeugnis dafür ab, wie sehr die Römer darauf bedacht waren, ihr Recht nicht auf Kosten ihrer Moral auszubilden und es auch nicht der Immoralität, wie sie sie verstanden, dienstbar zu machen, so begreift man, wie Goldschmidt dieses Recht überschwänglich „ein von den höchsten ethischen Prinzipien beherrschtes“ nennen konnte[167]. Dieser Superlativ ist annehmbar nur mit dem Vorbehalt, dafs die Höhe der ethischen Prinzipien innerhalb einer Gesellschaft nicht einfach Sache des Beliebens, der Einsicht, oder des guten Willens, vielmehr von der ökonomischen Verfassung dieser Gesellschaft abhängig ist, von ihr die Maximalgrenze empfängt. Es war gewifs nicht denkbar höchstes ethisches Prinzip, das für den Kauf, ihren häufigsten Vertrag und die Hauptbahn ihres bürgerlichen Verkehrs, die Römer aufstellten in den Worten: in emendo et vendendo naturaliter concessum est quod pluris sit minoris emere, quod minoris sit pluris vendere et ita invicem se circumscribere[168]. Vielmehr ist ein solcher Grundsatz nur möglich, angemessen, ja notwendig in einer Gesellschaft, welche privatwirtschaftlich mit Privateigentum produziert und danach distribuiert. Hier kann es im wirtschaftlichen Verkehr, beim Warenumsatz (nicht unter Brüdern) niemals Moralgebot sein, das eigene Interesse nicht auf Kosten des fremden wahrzunehmen, oder gar das fremde dem eigenen vorzuziehen[169]. Zwar nicht die Höhe der Ethik, aber die naive Aufrichtigkeit, die das „Natürliche“ nicht moralisch zu drapieren sucht, ist an jenem Ausspruch bewundernswert, eine Aufrichtigkeit, wie sie der antiken Kultur geläufig, in der modernen selten anzutreffen ist.

Daſs aber eine Moral denkbar sei, die, statt das invicem se circumscribere zu konzedieren, es reprobiert und dem Verkäufer die vollste geschäftliche Aufklärung des Käufers zur Pflicht macht, ist den Alten keineswegs verschlossen geblieben. Wohl nirgends deutlicher kommt dies zum Vorschein als in der Kontroverse der beiden Stoiker, Diogenes und Antipater, die Cicero (de officiis III, 12) vorlegt; nur lassen diese Wortführer nicht erkennen und haben wohl auch selbst nicht erkannt, daſs die Postulate, die sie vertreten, nicht Zeugnisse und Erzeugnisse subjektiv wechselnder Gewissenhaftigkeit sein können, sondern einen objektiven Boden haben müssen, dem sie entsprieſsen.

Ein redlicher Mann, das ist der Fall, um den sich der Streit dreht, hat eine groſse Partie Getreide zum Verkauf von Alexandria nach Rhodus geführt, wo zur Zeit Mangel und groſse Teuerung herrschen. Er weiſs aber, daſs noch mehrere Kaufleute mit Kornladungen nach Rhodus unterwegs sind. Soll er das nun den Rhodiern sagen, oder soll er die Konjunktur für sich ausnutzen? Antipater ist dafür, daſs er alles offenbare, Diogenes gestattet ihm so gut als möglich zu verkaufen. „Ich habe,“ läſst er ihn sagen, „das Korn hergeführt, zu Markt gebracht und verkaufe meines nicht teurer als die anderen, vielleicht auch billiger, wann ein gröſserer Vorrat da ist, wem geschieht damit Unrecht?“ Hierauf nun erwidert Antipater: „Quid ais? tu cum hominibus consulere debeas et servire humanae societati eaque lege natus sis et ea habeas principia naturae, quibus parere et quae sequi debeas, ut utilitas tua communis sit utilitas vicissimque communis utilitas tua sit, celabis homines quid iis adsit commoditatis et copiae"? Den Vorwurf, daſs er verheimliche, läſst aber Diogenes nicht gelten, nicht alles, was dem andern zu hören nützlich sei, sei zu sagen für ihn selbst notwendig. „Allerdings notwendig," wird ihm erwidert, „si quidem meministi esse inter homines natura coniunctam societatem". „Das weiſs ich wohl," schlieſst er, „sed num ista societas talis est, ut nihil suum cuiusque sit? Wenn das ist, so muſs man nicht verkaufen, sondern verschenken."

Man sieht, nicht Egoismus und Altruismus, vielmehr individualistische und socialistische Moral liegen hier im Streit, aber die Vertretung der letzteren ist eine bloſs ideologische, die sich nur auf apriorische Voraussetzungen und Sentiments zu berufen vermag[170].

VII.

Nachdem wir nun alle von den römischen Rechtsquellen gebotenen familienrechtlichen und vermögensrechtlichen Verträge kennen gelernt haben (V. und VI.), die einen rechtlich relevanten Verstoſs wider die Moral zeigen, auch hin und wieder beiläufig der vom Recht an diesen Sachverhalt geknüpften Folgen gedacht haben, wollen wir jetzt, im Besitz des Materials, die allgemeine Erörterung wieder aufnehmend, den unmoralischen Vertrag in genere ins Auge fassen und die rechtliche Reaktion betrachten, die er hervorruft. Läſst man nebensächliche Unterschiede und

Eigentümlichkeiten bei Seite (z. B. Anm. 109. 106), so kann man dreierlei Verhaltungsweisen unterscheiden[171].

In erster Linie sehen wir einige Verträge, die das römische Recht trotz ihrer moralischen Anstöſsigkeit bestehen läſst, indem es sich begnügt, gewisse Nachteile über die Urheber dieser Verträge zu verhängen. Dies gilt vielleicht ursprünglich von der Eheschlieſsung, die eine Miſsheirat im Sinne der augustischen Ehegesetze ist (Anm. 89), und gilt von der vorzeitigen Wiederverheiratung einer Witwe (Anm. 90). Es gilt weiter von der Selbstverdingung zum Kampf mit wilden Tieren (Anm. 117 nebst 27, vgl. 118 bis 120) und endlich vom Geldabfindungsvertrag, den der Urheber von Diebstahl, Raub, Betrug oder Injurie mit dem Verletzten abschlieſst (Anm. 146. 149).

Viel weitergreifend, nämlich alle anderen unmoralischen Verträge treffend, und viel eingreifender ist die zweite rechtliche Reaktion, diejenige, welche in der Ungültigkeitserklärung besteht. Nicht bloſs sind von dieser Ungültigkeit die oben einzeln angeführten Arten und Fälle moralwidriger Verträge betroffen, sie wird auch als Regel des römischen Rechts für den unmoralischen Vertrag überhaupt ausgesprochen[172], der gegenüber die paar eben erwähnten Ausnahmen nicht berücksichtigt werden und nicht ins Gewicht fallen. Dieselbe Regel hat auch das deutsche bürgerliche Gesetzbuch mit der hier gleichgültigen Abweichung, daſs es sie für die Rechtsgeschäfte überhaupt, nicht bloſs für die Verträge aufstellt (oben S. 8). Nach diesem Gesetzbuch ist der gegen die guten Sitten verstoſsende Vertrag nichtig. Soweit Nichtigkeit des unmoralischen Vertrags schon für das römische Recht anzunehmen ist, bezieht sich die folgende Erörterung nicht blofs auf dieses, sondern auch auf das deutsche bürgerliche Recht.

Ob die Ungültigkeit bei den Römern sich in Versagung der Klage oder in Gewährung einer Einrede äufsert, macht nicht einen Unterschied im Grad der Ungültigkeit, sondern nur in der Form ihrer Realisierung[173]; wo es sich um ein bonae fidei negotium, wie Kauf, Miete, Mandat, Societät handelte, bedurfte es — gemäfs Anm. 126 — nicht erst der Gewährung einer Einrede, d. h. nicht besonderer magistratischer Anweisung des Geschworenen zur gerichtlichen Realisierung der Ungültigkeit, denn zur Nichtanerkennung des Moralwidrigen verpflichtete ihn die Formel ex fide bona.

Dem Grad nach ist die Ungültigkeit des unmoralischen Vertrags regelmäfsig Nichtigkeit[174], nicht blofs Anfechtbarkeit. Anfechtbar sind nur die, wie wir S. 30 sagten, von aufsen her unmoralischen Verträge, wie die Veräufserung in fraudem und der durch Zwang oder Betrug erzielte Vertrag, ferner die pflichtwidrige Schenkung und die pflichtwidrige Dosbestellung (S. 32. 29). Die Anfechtung ist demjenigen versagt, den der Vorwurf der Immoralität trifft — denn nemo de inprobitate sua consequitur actionem (Anm. 55) — also bei dem durch Drohung oder Betrug zustande gebrachten Vertrag dem Urheber dieser Einwirkung, bei der Veräufserung in fraudem creditorum oder patroni dem Veräufserer oder dem Erwerber[175].

Die Nichtigkeit des unmoralischen Vertrags ist vor allem eine absolute, d. h. sie ist nicht vom Willen einer Partei abhängig und insbesondere nicht nur auf Parteiantrag, sondern von Amts wegen durch den Richter anzunehmen und auszusprechen[176]. Dem steht nicht entgegen, dafs bei stricti iuris Geschäften die die Immoralität einwendende exceptio doli oder in factum nur auf Antrag einer Partei in die Formel gelangen konnte, denn dies war ein Antrag gegenüber dem Magistrat (der die actio nicht denegiert hatte), nicht gegenüber dem Geschwornen. Daſs der iudex des Hinweises der Parteien auf die Immoralität bedurfte, um ihr Rechnung tragen zu können, wird nicht überliefert. Die Moralität, d. h. die Abwesenheit der Moralwidrigkeit, gehört zu den vom Recht gesetzten Bedingungen der Gültigkeit eines Vertrags so gut wie die Handlungsfähigkeit seiner Urheber und die Unverbotenheit durch lex perfecta [177]. Auf die Erfüllung solcher Gültigkeitsbedingungen hat der Richter von selbst zu achten. Eine andere, nämlich prozeſsrechtliche, Frage ist es, ob er sein Urteil über die Moralität nur auf die von den Parteien aus freien Stücken mitgeteilten Thatsachen zu gründen hat, oder ob er noch weitere Angaben zur Aufklärung des Moralpunktes sich verschaffen darf und benutzen muſs [178]. Der Richter, der die Immoralität des vor ihn gebrachten Vertrags, nach dem vorgetragenen Stoff auch ohne Rüge einer Partei zu berücksichtigen hat, kann hieran auch nicht durch die Parteien g e h i n d e r t werden, weder durch einen einseitigen, noch durch einen verabredeten Verzicht auf den sog. Einwand der turpis causa [179]. Von diesem Einwand ist vorzüglich da zu reden, wo der eingeklagte Vertrag ein Formalkontrakt ist, d. h. nur einen Teil des juristischen Thatbestandes, namentlich ein Summenversprechen, darstellt, diesen Teil aber in einer typischen Form. Die turpitudo eines s o l c h e n Kontrakts ist nur aus der causa ersichtlich; diese causa braucht dem Richter nicht angegeben zu werden, und er kann sie nur in Anschlag bringen, wenn sie von einer Partei zu seiner Kenntnis gebracht worden ist[180]. Da der Einwand der turpitudo den Vertrag nicht anfechten oder aufheben, sondern dem Richter die Nichtigkeit des Vertrags zum Bewuſstsein bringen soll, so kann er von jeder Partei erhoben werden, ohne Rücksicht auf ihren Anteil an der turpitudo (S. 61). Ist doch auch die Nichtigkeit des unmoralischen Vertrags nicht eine einseitige, auch wenn der Vertrag nur e i n e m Paciscenten Schande macht, sondern eine allseitige, d. h. beim zweiseitigen Vertrag dessen beide Seiten treffende[181].

Die Nichtigkeit des unmoralischen Vertrags ist unabhängig, nämlich in den römischen Quellen wie im deutschen bürgerlichen Gesetzbuch nicht abhängig gemacht davon, daſs die Kontrahenten die Moralwidrigkeit k e n n e n. Die Nichtigkeit soll keine Strafe für die Kontrahenten sein. Jene Rechte versagen einem Vertrag gewissen Inhalts um seines Inhalts willen ihren Schutz, einerlei ob den Urhebern das Verhältnis dieses Inhalts zur Moral bewuſst ist oder nicht[182].

Die Nichtigkeit des unmoralischen Vertrags ist unabhängig, nämlich in den römischen Quellen wie im deutschen bürgerlichen Gesetzbuch nicht abhängig gemacht von dem Grad der Moralwidrigkeit oder von der Gröſse des Verstoſses wider die guten Sitten. Der unmoralische Vertrag ist nichtig, ohne daſs es auf die Bedeutung des Moralgebotes ankäme, das übertreten worden, oder auf das Maſs, in dem dies geschehen ist. Es ist wohl bekannt, daſs unter den Moralpflichten eine, je nach der gegebenen Moral verschiedene, Rangordnung besteht, sei es nach den Personen, denen sie gelten, sei es nach den Gütern, zu deren Schutz sie bestimmt sind. So gab es bei den Römern „Pflichten, welche, in den von altersher katechetisch gehegten und rangmäſsig abgestuften Pietäts-, Reverenz- und Treuverhältnissen gewisser Personenkreise gelegen" waren[183] und damit selbst eine Reihenfolge empfingen. Ebenso weist antike wie moderne Moral nach der Wichtigkeit der Güter eine Stufenleiter der Pflichten auf. Solche Rangordnung läſst den Verstoſs wider die höhere Pflicht als den gröſseren erscheinen und sie bestimmt ferner für manchen Fall des Konflikts oder der Kollision von Pflichten, in dem nur eine erfüllt werden kann, welche von den kollidierenden vorgeht und darum vorzuziehen ist[184]. Beides ist für die rechtliche Reaktion, die in der Nichtigkeit besteht, gleichgültig: das Recht versagt dem unmoralischen Vertrag, der das geringere Moralgebot verletzt, die Anerkennung ebenso wie dem Vertrag, der gegen das vornehmere verstöſst, obwohl die moralische Kritik verschieden lautet. Durch jene Rangordnung kann das moralische Urteil über eine Person, einen Paciscenten, beeinfluſst werden, indem es der Person nicht zur Schande gereicht, daſs sie gethan oder gelassen hat, was ihr sonst als Immoralität anzurechnen wäre, falls sie es gethan oder gelassen hat, um eine dringendere oder vornehmere Moralpflicht erfüllen zu können. Dagegen ist jene Rangordnung ohne Einfluſs auf die moralische Beurteilung eines Vertrags, und der contra bonos mores geschlossene Vertrag ist nichtig, auch wenn ohne seinen Abschluſs eine noch gröſsere Moralwidrigkeit begangen worden wäre. Das römische und das neue deutsche Privatrecht machen keine Vorbehalte für Bedingtheit oder Relativität der Moralgebote. Das Ausbeutungsgeschäft des § 138 Abs. 2, das der Gesetzgeber als unmoralisches hinstellt, ist nichtig, auch wenn den Ausbeuter für seine Person kein moralischer Vorwurf trifft, weil er etwa des übermäſsigen Vermögensvorteils zur Erfüllung einer Kindespflicht bedurfte.

Aus Liebe zu seiner Schwester, um der Unglücklichen zu helfen, der ihr Mann die Ehe gebrochen hat, verspricht der Bruder für die Abgabe des Zeugnisses im Ehescheidungsprozeſs (d. h. für Nichtgebrauch des Rechts der Auskunftsweigerung) der mitschuldigen Frau eine groſse Geldsumme. Wie der Promittent aus reinstem Motiv, pietatis causa gehandelt hat, so sei auch, wie wir annehmen wollen, die Promissarin moralisch vorwurfsfrei, indem sie etwa aus Pflichtgefühl gegenüber einem Dritten, nicht aus Gewinnsucht die Scham der Selbstbezichtigung überwunden und das Entgeltsversprechen angenommen habe. Das Versprechen ist darum nicht minder als contra bonos mores nichtig[185].

Es bleibt der Moraltheorie überlassen, sich mit der Frage nach dem moralischen Notstand abzugeben. Die genannten Privatrechte versagen dem unmoralischen Vertrag den Vertragsschutz, ohne sich um moralische Schuld und Entschuldigung zu kümmern, wie sie ja auch dem Bewuſstsein der Immoralität nicht nachfragen; sie können die Schuld ignorieren, weil jene Versagung keine Strafe der Person ist, sondern Ablehnung der Sache, nämlich des Vertrags eines gewissen Inhalts. Wie die Notlage des Urhebers regelmäſsig kein Grund für die Ungültigkeit des von ihm geschlossenen Vertrags ist, so verschafft sie auch dem Vertrag nicht die Gültigkeit, wo er dieser nach seinem Inhalt entbehren muſs[186]. Die Motive zum Entwurf des B.G.B. I S. 211, im Einklang mit obersten Gerichten, wollen Nichtigkeit nur eintreten lassen, „wenn der Inhalt eines Rechtsgeschäfts unmittelbar, in objektiver Hinsicht und unter Ausschluſs der subjektiven Seite, die guten Sitten verletzt“, wollen somit die zum Vertrag führenden Motive ignoriert wissen. Das muſs aber nicht bloſs gelten gegen die Tendenz, Immoralität und Nichtigkeit durch Heranziehung der verwerflichen Triebfedern zu erweitern, sondern auch gegen das Streben, sie durch den Hinweis auf reine und lobenswerte Beweggründe zu verengern.

Die Nichtigkeit des unmoralischen Vertrags ist unheilbar. Sie kann nicht durch Bestätigung (B.G.B. § 141) gehoben werden, da sie nicht dem Bestätigenden anheimgestellt, nicht dispositiven Rechts ist, und der Nichtigkeitsgrund, der Verstoſs gegen die guten Sitten, durch die Bestätigung nicht weggeräumt wird. Die Nichtigkeit wird auch nicht, falls der Vertrag zweiseitig ist, durch freiwillige Leistung von einer Seite geheilt. Der, welcher geleistet hat, kann darum doch nicht auf die Gegenleistung, oder nur auf Schadloshaltung klagen (Anm. 124 und S. 42): er selbst hat mit seiner Leistung ein Indebitum entrichtet. Selbstverständlich ergreift die Nichtigkeit des unmoralischen Vertrags seine Accessionen (Konventionalstrafe [187], Pfandrecht und Bürgschaft [70 § 5 D 46, 1 in Anm. 129], Erfüllungsversprechen oder Constitutum und Schuldanerkenntnis), die Cession wie die Kompensation ist ausgeschlossen, dagegen die condictio indebiti begründet insofern mit der Leistung aus dem nichtigen Vertrag ein Indebitum unwissentlich entrichtet wird [188]. Dies trifft zu auch wenn den Zahler ein moralischer Vorwurf trifft. Da er aber solchenfalls nicht mit condictio ob turpem causam zurückfordern kann (5 C 4, 7. 8 D 12, 5: Anm. 159), so müssen wir ihm auch die condictio indebiti versagen, damit er nicht, was er wegen seiner turpitudo nicht haben soll, aus einem anderen rechtlichen Gesichtspunkt doch noch erlange. Im Resultat scheint das B.G.B. übereinzustimmen, indem es am Ende von § 817 sagt: „das zur Erfüllung einer solchen Verbindlichkeit Geleistete kann nicht zurückgefordert werden". Vgl. auch § 656 Abs. 1 Satz 2: „Das auf Grund des Versprechens (nämlich eines Ehemäklerlohnes) Geleistete kann nicht deshalb zurückgefordert werden, weil eine Verbindlichkeit nicht bestanden hat."

Die Nichtigkeit eines unmoralischen Vertrags muſs nicht eine totale, sie kann eine partielle sein. Sind mehrere Leistungen vereinbart worden, z. B. in einem Dienstvertrag, und eine oder die andere ist derart, daſs die sie festsetzende Abrede gegen die guten Sitten verstöſst, so kann diese Abrede nichtig, der Vertrag im übrigen gültig sein[189]. Ist der Gegenstand des Vertrags oder der vertragsmäſsigen Obligation nicht bis ins einzelne bestimmt, z. B. beim Kompromiſs auf einen Arbiter oder bei der allgemeinen Gütergemeinschaft, so ist der Vertrag insoweit nicht obligierend, d. h. partiell nichtig, als eine Leistung (z. B. eines Kompromittenten oder eines socius omnium bonorum) in Frage kommt, welche ohne Verstoſs wider die Moral nicht speciell hätte vereinbart werden können[190]. Demgemäſs kann auch bei einem solchen unbestimmten Vertrag die Leistung nicht als Erfüllung der Vertragsverbindlichkeit gelten, die mit unmoralischen Mitteln bewirkt worden ist und so, wie sie bewirkt worden ist, nicht zum Gegenstand eines Vertrags hätte gemacht werden können. Auf eine Leistung, wie diese unmoralische, die erfolgt ist, konnte keine Obligation zustande kommen[191].

Die dritte rechtliche Reaktion gegen den unmoralischen Vertrag besteht in der Rückgängigmachung der zu seiner Vollziehung vorgenommenen Leistung[192]. Diese stärkste Reaktion ist bei allen Verträgen möglich, die wegen Verstoſses gegen die Moral ungültig, sei es nichtig, sei es anfechtbar sind. Abseits stehen die Honorarabreden der Philosophie- und Rechtsprofessoren (S. 39); diese können zwar nicht auf das Honorar klagen, aber völlig ehrbar es annehmen und daher auch behalten. Die Rückforderung, die in allen anderen Fällen grundsätzlich statthaft ist, steigert sich bei den Verträgen, die durch Täuschung oder durch Vergewaltigung zustande gekommen und darum unmoralisch sind, möglicherweise zur Schadensersatz- und zur Strafforderung; von derlei Erweiterungen wird hier ganz abgesehen.

Bei den blofs anfechtbaren unmoralischen Verträgen kann die Anfechtung gerade in der Rückforderung bestehen (z. B. querela inofficiosae donationis, Anspruch auf Restitution des Kaufpreises, der aus einem durch dolus des Verkäufers zustande gebrachten Kauf bezahlt worden ist[193]); und andererseits kann die Leistung aus einem nur anfechtbaren unmoralischen Vertrag Verzicht auf das Anfechtungsrecht, Heilung der Ungültigkeit bedeuten und damit den Ausschlufs der Rückforderung begründen (z. B. die Leistung des Betrogenen, der des Betrugs inne geworden war).

Beim nichtigen unmoralischen Vertrag erfolgt die Rückforderung entweder durch eine specielle Kontraktsklage, wenn nämlich der Empfänger der Leistung ihrem Urheber schon vorher bonaefideikontraktlich haftbar war, z. B. der Depositar, der für Rückgabe des Depots Geld empfangen hat[194]; oder sie erfolgt durch die generelle condictio ob turpem causam, welche in den übrigen Fällen, aber auch in den vorigen anwendbar ist[195]. Diese Rückforderung ist statthaft auch wenn die Leistung wissentlich, d. h. in Kenntnis der Nichtigkeit des Vertrags gemacht worden ist, wo schon wegen der Wissentlichkeit von condictio indebiti nicht die Rede sein kann[196]. Die Erfüllung eines wegen Moralwidrigkeit nichtigen Versprechens (z. B. einer Geldsumme zur Wiedererlangung des Deponierten) kann nicht als Verzicht auf das Rückforderungsrecht gedeutet werden. Man wird sogar sagen müssen, daſs überhaupt der Verzicht auf die Rückforderung ungültig ist, mag er vor, bei oder nach der Leistung erfolgen; er kann nur faktisch geschehen.

Die Rückforderung wird niemals beiden Teilnehmern am unmoralischen Vertrag für ihre Leistungen gewährt[197], sondern bald nur dem einen, bald keinem von den Paciscenten und mitunter ist sie gänzlich ausgeschlossen. Daſs keiner von den Paciscenten wohl aber ein Dritter den Vollzug des unmoralischen Vertrags rückgängig machen kann, kommt vor bei der Veräuſserung in fraudem der Gläubiger, oder des Patrons, bei der inofficiosa donatio oder dotis constitutio und bei der calumnia[198]. Daſs aber nur ein Paciscent die Rückforderung hat, und ferner daſs sie gänzlich ausgeschlossen ist, also der durch den Vollzug des unmoralischen Vertrags begründete Zustand, der Statusquo aufrecht bleibt, hängt mit dem Anteil zusammen, den ein Paciscent an der Immoralität hat, die bei der Vertragschlieſsung im Werk ist.

Ausschlieſslich für diese Art rechtlicher Reaktion gegen den unmoralischen Vertrag, allein für die Rückforderung der Leistung ist es von Belang, ob beide Paciscenten, oder nur einer von ihnen und welcher sich durch die Vereinbarung in Widerstreit mit der Moral gesetzt hat, ohne daſs es auch hier auf das Bewuſstsein dieses Widerstreits ankäme[199]. Dagegen für die Nichtigkeit des unmoralischen Vertrags, wo es sich um Hintanhaltung, nicht um Herbeiführung einer Vermögensänderung handelt, ist der persönliche Anteil der Kontrahenten an der Immoralität belanglos, nach dem deutschen B.G.B. nicht minder als nach römischem Recht. Der unmoralische Vertrag ist selber etwas gegen die guten Sitten Verstoſsendes, ein pactum turpe und daher nichtig, einerlei, ob nur der eine Kontrahent und welcher, oder ob beide durch ihr Vorgehen die Moral verletzen. Auf die Nichtigkeit des Vertrags sich zu berufen, steht daher beiden Kontrahenten zu, und keinem darum weniger, weil die Schande auf seiner Seite gröſser, oder nur auf seiner Seite vorhanden ist[199a]. Damit, daſs jemand an der Abschlieſsung eines pactum turpe Teil nimmt, das wegen seiner Moralwidrigkeit nichtig ist, ist keineswegs gesagt, daſs er hierbei selber als ein Unmoralischer verfährt. So ist contra bonos mores der Vertrag, in dem ich meinem Mandatar, der sonst seine Rückerstattungspflicht nicht erfüllen will, Etwas für die Erfüllung verspreche; aber daſs ich selber damit die Moral verletze, ist von den Römern nicht angenommen worden und wird wohl auch heute nicht gelten.

Die Beziehung der Urheber eines unmoralischen Vertrags zur Moral kommt erst in Frage, wann der Vertrag gänzlich oder teilweise vollzogen worden ist, da dann erst die Frage nach der Rückforderbarkeit auftaucht: für diese allein ist jene Beziehung entscheidend, indem bei turpitudo solius accipientis die Rückforderung statthaft, dagegen ausgeschlossen ist, wo turpitudo dantis, oder utriusque vorliegt[200]. Wo wie im letzten Fall die Rückforderung ausgeschlossen ist, kann doch freiwillige Rückgabe erfolgen, und diese ist als unentgeltliche eine Schenkung. Auch das Versprechen der Rückgabe des Empfangenen ist im gleichen Sinne gültig. Ebenso ist zulässig ein Vertrag über Rückgängigmachung eines vollzogenen unmoralischen Vertrags[201].

Mit dem angegebenen römischen Recht der Rückforderung der in Vollziehung eines unmoralischen Vertrags gemachten Leistung stimmt das Recht des deutschen bürgerlichen Gesetzbuchs gröſstenteils überein. Denn es sagt zunächst der erste Satz seines § 817:

> „War der Zweck einer Leistung in der Art bestimmt, daſs der Empfänger durch die Annahme gegen ein gesetzliches Verbot oder gegen die guten Sitten verstoſsen hat, so ist der Empfänger zur Herausgabe verpflichtet."

Sodann ist auch der Anfang des zweiten Satzes der römischen Ordnung konform, indem er bestimmt:

> „Die Rückforderung ist ausgeschlossen, wenn dem Leistenden gleichfalls ein solcher Verstoſs zur Last fällt."

Hieran schlieſst sich nun aber mit den Worten „es sei denn" eine Ausnahme, d. h. ein Fall, in dem die wegen beiderseitiger turpitudo ausgeschlossene Rückforderung ausnahmsweise Platz greift, nämlich:

> „es sei denn, daſs die Leistung in der Eingehung einer Verbindlichkeit bestand; das zur Erfüllung einer solchen Verbindlichkeit Geleistete kann nicht zurückgefordert werden."

Der im letzten Satz wiederum verordnete Ausschluſs der Rückforderung ist — wie wir S. 57/58 gesehen haben — auch für das römische Recht anzunehmen. Dahingegen stimmt mit diesem die erwähnte Ausnahme nicht überein, wie sie auch gegenüber dem B.G.B. selber ein Bedenken erweckt.

Die Verbindlichkeit, in deren Eingehung die Leistung bestand, welche ausnahmsweise zurückgefordert werden darf, ist eine gegenüber demjenigen eingegangene, wider den die Rückforderung erteilt wird, trotzdem ihm und dem Leistenden ein Verstoſs gegen die guten Sitten zur Last fällt. Die Rückforderung der Leistung, die in der Eingehung einer Verbindlichkeit besteht, kann nur ein Liberationsanspruch sein, einschlieſslich des Anspruchs auf Rückgabe der zur Obligierung begebenen Schrift. Kann aber unter den vom Gesetz gemachten Voraussetzungen überhaupt eine Verbindlichkeit entstehen, und von Liberation die Rede sein? Die Eingehung einer Verbindlichkeit ist ein Rechtsgeschäft, gewöhnlich ein Versprechen. In unserem Falle hat der Empfänger durch dessen Annahme gegen die guten Sitten verstoſsen, und ebenso der Versprechende selbst durch die Abgabe des Versprechens. Dann ist es aber kaum anders denkbar, als daſs das Versprechen selber ein gegen die guten Sitten verstoſsendes war. Ein solches Versprechen ist, wie wir S. 52 gesehen haben, nichtig. Ist es nichtig, so erzeugt es keine Verbindlichkeit (vgl. auch Anm. 180), es wird seinem Empfänger Nichts geleistet, so daſs es nicht begreiflich scheint, wie so gegen ihn eine „Rückforderung“ gehen könnte; nur von einer Klage auf Feststellung der Nichtigkeit kann die Rede sein. Es ist daher anzunehmen, daſs das Gesetz mit der Zulassung der „Rückforderung“ gegenüber der „Verbindlichkeit“ eben deren Ungültigkeit ausdrücken wollte, die sich in der Rückforderung eines Schuldscheins äuſsern mag. Man kann wohl sagen, daſs diese Ausdrucksweise weder üblich noch glücklich ist.

VIII.

Aus der Betrachtung der Reaktionen des römischen und des deutschen Privatrechts gegen den unmoralischen Vertrag hat sich ergeben, dafs die Immoralität der Beteiligten nur von Belang ist, wann es sich um die Rückforderung handelt, also wann der Vertrag gänzlich oder teilweise vollzogen worden ist. Wenn und soweit hingegen der Vertrag noch unvollzogen ist, kommt es nur auf seine eigene Moralwidrigkeit an. Die Entscheidung über das Dasein dieser Moralwidrigkeit ist für das römische Recht mit nicht geringer Schwierigkeit verknüpft, mit viel gröfserer noch für das Recht des deutschen B.G.B.

Wie nämlich der unmoralische Vertrag vom römischen Recht behandelt, wie auf ihn reagiert wird, ist den Quellen leicht zu entnehmen und ist danach unter VII besprochen worden. Nicht deutlich und nicht generell ist hingegen in den römischen Quellen ausgedrückt, was ein unmoralischer Vertrag ist. Davon haben die Römer keine Definition gegeben, und sie haben damit, wie so oft, es uns überlassen, die Abstraktion aus den konkreten Daten oder Beispielen zu machen, die sie angeführt haben.

Eine noch schwierigere Aufgabe stellt hier das deutsche B.G.B. Es giebt nämlich zwar in § 138 Abs. 1 die Regel, dafs das gegen die guten Sitten verstofsende Rechtsgeschäft nichtig ist, aber es bestimmt nicht allgemein, wann ein Rechtsgeschäft ein gegen die guten Sitten verstofsendes sei, und giebt nur in Abs. 2 eine Anwendung der Regel („Nichtig ist insbesondere ein Rechtsgeschäft"). Man darf nun wohl fragen, ob nicht für die Regel des B.G.B. § 138

Abs. 1 der Begriff des unmoralischen Vertrags, wie ihn das römische Recht ergiebt, nicht angiebt, zu acceptieren oder zur Richtschnur zu nehmen sei, natürlich nur im Einklang mit § 138 Abs. 2. Eine Definition des gegen die guten Sitten verstofsenden Rechtsgeschäfts ist nämlich unerläfslich, weil praktisch unentbehrlich. Denn der Rechtssatz ist so, wie ihn das Gesetzbuch hinstellt, zu unbestimmt. Bis die fehlende Bestimmung durch Theorie nnd Praxis geliefert ist, mag es sich empfehlen, vom unmoralischen Vertrag des römischen Rechts auszugehen. Die folgende Ableitung seiner Definition möchte zur Specifikation des B.G.B. beitragen, welches in § 138 Abs. 1 gewissermafsen nur den Rohstoff liefert, der der Behauung und Gliederung harrt.

Indem wir nun unternehmen, das Wesen des unmoralischen Vertrags zu bestimmen, werden wir gut thun, seinen herkömmlichen Umfang beizuhalten. Es scheiden daher hier die drei Species unmoralischer Verträge aus, die es gewissermafsen nur von aufsen her sind (S. 30), nämlich die betrügerischen, die erprefsten und die in fraudem Dritter vorgenommenen. Fortan stehen nur die ihrem Inhalt nach, d. h. vermöge des in ihnen Vereinbarten unmoralischen Verträge zur Besprechung. Jene Ausscheidung ergiebt sich auch aus der folgenden Schranke.

Da das wissenschaftliche und praktische Interesse des Problems vom unmoralischen Vertrag im Prinzip seiner Nichtigkeit gipfelt, das dem römischen und vielen modernen Rechten angehört, so dürfen wir nunmehr die paar Arten unmoralischer Verträge aufser Acht lassen, die an diesem Prinzip nicht Teil haben (S. 51, 52).

Die deutsche juristische Litteratur hat sich bisher mit

der Kardinalfrage wenig abgegeben, was ein unmoralischer Vertrag ist; das will nicht heiſsen, welche Moralgebote übertreten sein müssen, oder welche Moral maſsgebend sei, sondern bedeutet: inwiefern muſs ein Vertrag wider die Moral (einerlei, welche oder was ihr Inhalt) verstoſsen, um als unmoralisch zu gelten und danach nichtig zu sein?

Nach Windscheid, der sich am meisten auf diese Frage eingelassen hat, ist der Verstoſs eines Vertrags gegen die Moral („Sittlichkeit") auf dreierlei Art möglich[202]. Es liegt nach Windscheid (Pand. II § 314 Anm. 4—6) ein solcher Verstoſs vor, „wenn der Vertrag auf Hervorrufung oder Beförderung des Verbotenen, oder auf Hinderung des Gebotenen gerichtet ist; ferner wenn durch ihn auf die Freiheit des Entschlusses in Dingen eingewirkt werden soll, in welchen der Mensch sich durch äuſsere Motive nicht soll bestimmen lassen; endlich kann der Vertrag auch wegen Verwerflichkeit der Gesinnung, welche sich in ihm verrät, ein unsittlicher sein".

Gegen diese Bestimmung und Einteilung erheben sich aber mehrere Bedenken[203]. Es wird nämlich damit nicht der Bau oder die Struktur des moralischen Vertrags angegeben, worauf es doch ankommt. Vielmehr sind damit die Gründe bezeichnet, aus denen ein Vertrag als gegen die Moral verstoſsend angesehen werden muſs, oder kann. Auch wird sich noch zeigen, daſs der erste Grund viel weiter gefaſst ist, als nach den Quellen angeht. Nach diesen ist nicht jeder auf Beförderung des Verbotenen gerichtete Vertrag ein pactum contra bonos mores und darum nichtig. Wenn sich jemand zur Bestechung eines Journalisten von einem Anderen, der den Zweck kennt, ein Darlehen geben läſst, so ist dieser Darlehnsvertrag auf

Beförderung des moralisch Verbotenen gerichtet (nämlich Unterdrückung der Wahrheit oder Verletzung der schriftstellerischen Berufspflicht), ohne ein unmoralischer Vertrag im Sinne der Quellen zu sein (oben Anm. 105). Das „Gerichtetsein" ist danach zu allgemein. Auch kann es nur im Sinne der Vertragschliefsenden gemeint sein, denn im Sinne des Rechts ist jedes pactum turpe auf solche Hervorrufung oder Beförderung des Verbotenen, oder auf Hinderung des Gebotenen gerichtet, so dafs in diesem letzteren Sinne Tautologie vorliegen würde. Endlich bleibt auch nach dem ersteren Sinne die Frage offen, wie oder wodurch ein Vertrag auf solche Hervorrufung, Beförderung oder Hinderung gerichtet sein könne.

Auch das zweite Glied der Einteilung — der unmoralische Vertrag, der dies ist, weil er Mittel zur Einwirkung auf die Freiheit gewisser Entschliefsungen ist — läfst unbestimmt, wie der Vertrag gestaltet sein müsse, um ein solches moralwidriges Einwirkungsmittel bilden zu können.

Ebenso leidet der dritte Grund in der Einteilung — ein Vertrag könne wegen der sich darin verratenden Verwerflichkeit der Gesinnung unsittlich sein — indem hier nur die Möglichkeit gesetzt ist, an Unbestimmtheit. Er ist ferner wenigstens teilweise schon im ersten enthalten. Denn ein Vertrag, der auf Hervorrufung oder Beförderung des Verbotenen oder auf Hinderung des Gebotenen gerichtet ist, ist doch wohl einer, in dem sich Verwerflichkeit der Gesinnung verrät. Auch haben wir oben (unter VII) gesehen, dafs die persönliche turpitudo eines Paciscenten nur für die Rückforderung in Frage kommt, erst nach Vollziehung des Vertrags relevant wird. Ein pactum ist nicht turpe (im Rechtssinne d. h. mit der Rechtsfolge der Nichtigkeit) wegen turpitudo personae[204]. Immer möchte man dann noch wissen, ob sich die Schlechtigkeit der Gesinnung wie vorhin die Begünstigung des Schlechten beliebig im Vertrag äufsern kann mit der Folge seiner Nichtigkeit. Man verlangt damit gerade nach der Erkenntnis von Bau oder Struktur der unmoralischen Verträge, sucht eine formale Grenzbestimmung.

Die Frage ist sonach: Welches Verhältnis des Vertragsinhalts zur Moral läfst einen Vertrag als unmoralisch und folgeweise als nichtig erscheinen? Wenn wir nun in Anwendung der allein zuverlässigen wissenschaftlichen Methode von den unter V und VI betrachteten römischen Fällen ausgehen, so gelangen wir mittelst Abstraktion, Generalisierung und Analogie zu nachstehender Antwort: Ein Vertrag ist contra bonos mores nur wenn eines der drei folgenden Verhältnisse seines Inhalts zur Moral gegeben ist, nämlich

1) wenn er eine Handlung, Duldung oder Unterlassung vereinbart, die unmoralisch ist.

Dahin gehört aus den römischen Quellen (indem wir mit ihnen hier vom blofs Moralwidrigen das zugleich Rechtswidrige nicht trennen) der wucherische Zinsvertrag d. h. die Zusage enormer Zinszahlung (Anm. 101—104), die Prozefs- oder Vermögensschenkung an den Kaiser, als welche zur Schuldnerbedrückung führt (Anm. 110), die Veräufserung d. h. Versklavung eigener Kinder (Anm. 111), der Verkauf tödlicher Gifte (Anm. 112), societas und mandatum turpis rei (Anm. 121—125), stipulatio turpis im engsten Sinn (Anm. 127), Vereinbarung von stuprum, Bestechung des Richters zu ungerechtem Urteil, calumnia als Vertrag auf ungerechte Prozefsverfolgung eines Dritten (Anm. 153), Verzicht des Ehemannes auf das beneficium competentiae gegenüber der Frau (Anm. 137), womit eine unmoralische Duldung vereinbart wird.

Aus der deutschen Praxis gehören hierher — wobei die Richtigkeit der Entscheidung und namentlich der moralischen Beurteilung dahin gestellt bleibt — die Vereinbarung lügnerischer Angabe der Vaterschaft[205], von Zolldefraudation oder Schmuggel gegenüber dem Ausland[206], wucherischen Darlehensentgelts[207], unter Ehegatten der Vertrag auf thatsächliches Getrenntbleiben[208] und der Erlafs der ehelichen Treue (indem die damit zugesagte Duldung selbst als unmoralisch angesehen wird)[209].

Eine Handlung, die unmoralisch ist, wäre ferner vereinbart mit einer Person, die eine unmoralische Vorstellung oder Schaustellung geben oder hieran mitwirken soll. Dies würde zwar nicht zutreffen auf das Modellstehen gegenüber dem bildenden Künstler oder Kunstschüler, wohl aber auf manche dramatische, mimische oder pantomimische Darbietungen. Das Engagement eines Bühnenkünstlers für ein Fach und damit für eine mehr oder weniger bestimmte Reihe von Dienstleistungen gegenüber dem Unternehmer ist insoweit nicht bindend (oben bei Anm. 190) als die Ausführung einer Rolle den Darsteller zu einer in Wirklichkeit unmoralischen Handlung nötigen würde[210].

Das heute gewöhnliche Bühnenengagement enthält, wie in letzter Zeit weiteren Kreisen bekannt gemacht worden ist, nicht wenige Vertragsbestimmungen, die unter die in Rede stehende erste Kategorie unmoralischer Verträge fallen, indem es sich dabei um unmoralische Duldungen handelt;

so die Abrede, die ausschliefslich dem Direktor (also einer Partei, nicht einem Unparteiischen) den Entscheid über die Verwirkung einer Konventionalstrafe anheimstellt, oder demselben die Sistierung der Gagenzahlung für die Dauer des Processes gestattet, den der Schauspieler aus dem Engagement erhoben hat, oder dem Direktor allein, nicht auch der Gegenpartei, die Rücktrittsfreiheit einräumt[211].

Der Verzicht des Arbeiters auf die Befolgung der gesetzlichen Schutzvorschriften durch den Unternehmer konnte früher als ein gegen die guten Sitten gehender und darum ungültiger Erlafsvertrag betrachtet werden[212], indem damit eine unmoralische Duldung vereinbart war. Nach B.G.B. § 619 sind derartige Verträge unzulässig unmittelbar nach dem Gesetz.

Von gröfserer praktischer Wichtigkeit ist der Vertrag, den B.G.B. § 138 Abs. 2 als unmoralischen hinstellt und beschreibt. Danach ist als gegen die guten Sitten verstofsend nichtig ein Rechtsgeschäft, „durch das jemand unter Ausbeutung der Notlage, des Leichtsinns oder der Unerfahrenheit eines anderen sich oder einem dritten für eine Leistung Vermögensvorteile versprechen oder gewähren läfst, welche den Wert der Leistung dergestalt übersteigen, dafs den Umständen nach die Vermögensvorteile in auffälligem Mifsverhältnisse zu der Leistung stehen“. Die unmoralische Handlung, durch deren Vereinbarung der Vertrag hier zu einem unmoralischen wird, ist die unverhältnismäfsig k l e i n e Leistung, die unter den obwaltenden Voraussetzungen — Notlage, Leichtsinn oder Unerfahrenheit des Mitkontrahenten — diesem zu seinem Nachteil gewissermafsen a u f g e n ö t i g t wird. Indem der Gesetzgeber unbestimmt gelassen hat, wann die „Ausbeutung der Notlage“ und das

„auffällige Mifsverhältnis“ der Leistung und der Gegenleistung vorhanden sind, hat er seinem Gesetz eine Tragweite verliehen, die kaum absehbar ist, wenn man seine Anwendung auf den Dienstvertrag ins Auge fafst[213].

Ein wichtiger Fall des unmoralischen Vertrags der ersten Form, der nicht häufig an die Öffentlichkeit kommt, weil die Heimlichkeit eine Bedingung seiner faktischen Wirksamkeit bildet, ist der mit Journalisten oder Herausgebern periodischer Druckschriften oder Büreaus für telegraphische Benachrichtigung u. dgl. geschlossene Vertrag, der diese Personen zu unmoralischer Verletzung publizistischer Pflichten obligieren soll. Auf die Art des Entgelts, ob er in Baarzahlung, Aktienüberweisung, Annoncenzuwendung, Ordensverleihung u. s. w. besteht, kommt es dabei nicht an. Auch ist es civilrechtlich gleichgültig ob die Vertragschliefsung vom Bestecher oder vom Empfänger des Entgelts ausgeht. Gleichgültig ferner, ob erkauft wird das Schweigen gegenüber Vorkommnissen, die sonst besprochen und getadelt werden würden (z. B. Mafsnahmen der Politik, sociale Mifsstände, wie Wirkungen einer Spielbank), oder die Entfaltung einer anerkennenden Kritik ohne Überzeugung oder wider bessere Überzeugung, wie die Anpreisung von Kunstleistungen oder Fabrikaten oder finanzieller Unternehmungen, oder wieder politischer Mafsnahmen. Gleichgültig endlich ob der Bestochene selber das zu Publizierende abfassen, oder nur das ihm fertig gelieferte unter seiner Firma veröffentlichen soll[214].

2) ist der Vertrag contra bonos mores, wenn er zum Gegenstand einer Vereinbarung macht eine Handlung, Duldung oder Unterlassung, die zwar nicht unmoralisch

ist, aber von Moralwegen nicht vertraglich vorgenommen oder zugesichert und damit dem Rechtszwang unterstellt werden darf.

Dahin gehört aus den römischen Quellen die bei der Annahme an Kindesstatt getroffene Abrede, das Kind nach gewisser Frist wieder in Adoption zu geben (Anm. 86); die Abrede der Straflosigkeit für ein zu begehendes Delikt, insbesondere Unverantwortlichkeit für Dolus (Anm. 145)[215]; die Abrede über künftige Erbsuccession und die Zusage der Erbschaft eines lebenden dritten ohne seinen Konsens (Anm. 130, 141). Hier ist unmoralisch gerade die vorgreifliche Paktierung, ebenso wie nicht die Nichtverfolgung von Diebstahl oder Dolus unmoralisch ist, wohl aber die Vereinbarung der Unverantwortlichkeit.

Aus der deutschen Praxis gehört hierher das Adoptionsversprechen[216]; der Vertrag zur Übertragung der Erfüllung der Elternpflicht[217]; der Vertrag des Mannes mit der Frau über den gemeinsamen ehelichen Wohnsitz[218]; die Einwilligung der Legatarin zu der ihr vom Erblasser gestellten Bedingung der Ehelosigkeit[219], überhaupt die Zusage nicht zu heiraten; Verlöbnis mit einem Ehegatten auf den Fall der Auflösung seiner Ehe, wenn die Ehegatteneigenschaft der anderen Partei bekannt ist[220]; Ausschliefsung der Einrede des Irrtums oder des Betrugs[221]; die Cession eines erst erwarteten Vermächtnisses[222]; das pactum de non licitando oder der Abstandsvertrag d. h. die Abrede an einer öffentlichen Versteigerung nicht mitzubieten[223]; der Vertrag auf Unterlassung geschäftlicher Konkurrenz[224]; namentlich die sog. Konkurrenzklausel in den Dienstverträgen von Gewerbs- oder Handlungsgehülfen, wodurch diesen auferlegt wird nach Austritt aus dem

Geschäft sei es nie und nirgends, sei es nicht in gewisser Zeit oder Gegend ein gleiches Geschäft zu betreiben oder zu unterstützen[225].

Hierher gehört wohl auch die Vereinbarung, dafs jemand, besonders die Partei eines Dienstvertrags, namentlich der Arbeiter, gewissen Vereinen, die seine Berufsinteressen vertreten (Fachvereinen, Gewerkschaften) oder bestimmten politischen, oder religiösen Vereinen nicht beitrete oder angehöre[226].

3) ist der Vertrag contra bonos mores, wenn er eine ökonomische Leistung in Kausalbeziehung zu einer Handlung, Duldung oder Unterlassung setzt, welche — mag sie moralisch oder unmoralisch sein — von Moralwegen nicht in solcher Kausalbeziehung zu Geld oder Geldeswert stehen soll[227].

In den römischen Quellen treffen wir dieses Verhältnis beim Lehrvertrag der Philosophie- und Rechtsprofessoren, indem er der Klagbarkeit ermangelt (Anm. 143, 144), beim Prozefskauf des Prokurators (Anm. 113), bei der Belohnung des Prokurators, der sich dafür verurteilen lassen (Anm. 153), oder des Richters, der gerecht urteilen soll (Anm. 153, 160), bei dem der sich Fürsprache zur Erlangung eines Amtes erkauft hat (Anm. 153), bei dem der für Geld ein Geliehenes, Deponiertes, Mandiertes, Verkauftes, Vermietetes, Gestohlenes, oder Unterschlagenes zurückerstatten, aus Testament oder Stipulation Geschuldetes leisten (Anm. 153, 160), ein Verbrechen unterlassen oder ein begangenes nicht anzeigen und verfolgen, Anklage erheben oder nicht erheben, Zeugnis leisten, oder verweigern, eine Rekrutenaushebung unterlassen soll (Anm. 131, 153, 160, 166, siehe jedoch auch Anm. 149); ferner bei dem, dem Geld gewährt oder versprochen wird wegen einer von ihm begangenen oder zu begehenden Schandthat (Anm. 129, 153) und bei dem, der sich Geld ausbedingt für den Fall, dafs ihn der andere nicht zu seinem Erben macht (Anm. 130). Endlich gehören hierher die zahlreichen Fälle, in denen die Geschlechtsliebe und das Gattenverhältnis in solche Beziehung zu Geld gesetzt werden, dafs von Kauf oder Käuflichkeit gesprochen werden kann. Das gilt nicht blos von der Gabe an die meretrix, selbst von der Schenkung an sie (Anm. 153, 200, 106), vom Kreditauftrag für eine solche (Anm. 125) und von Kuppeleiverträgen (Anm. 153, 200); es gilt auch vom Verzicht der Ehefrau auf die dos, wenn sie sich damit die eheliche Eintracht erkauft (Anm. 138) und vom Vertrag, in dem sich eine Frau Geld ausbedingt für den Fall sie den Promittenten heiratet. Umgekehrt gilt es vom gleichen Versprechen der Frau an den Mann, falls es nicht ein Dosversprechen ist (Anm. 132) Auch das Strafversprechen für die Vereitelung, Nichtschliefsung oder Auflösung einer Ehe setzt die Heirat moralwidrig in Beziehung zu einer Geldleistung (Anm. 130).

Aus der deutschen Praxis gehören folgende Fälle hierher: Kauf der Stimmen eines Gläubigers im Accordverfahren durch den insolventen Schuldner, um die anderen Gläubiger zur Nachfolge zu bestimmen[228]; Vereinbarung einer Belohnung für wahrheitsgemäfse Zeugnisablegung, oder für Zeugnisverweigerung: der Weigerungsberechtigte macht sein Verhalten vor Gericht zum Gegenstand eines Geldgeschäfts[229]; Zusage von Vermögensvorteilen für Verschweigung unsittlicher Angriffe, die der Promittent auf die Promissarin gemacht hat[230]; Zusage von Geld durch die Frau an den Mann für dessen Einwilligung zur Ehescheidung[231]; Zusicherung oder Ausbedingung eines Vermögensvorteils für den Fall der vom Promissar verschuldeten Ehescheidung[232]; Versprechen an eine unterhaltene Frauensperson auch für die Zeit nach Aufhebung des Geschlechtsverkehrs[233]; Zusage einen Dritten zu einer dem anderen Kontrahenten günstigen Testierung zu bestimmen, wo diese Bestimmung wegen des vom anderen Kontrahenten dafür versprochenen Lohnes erfolgen soll[234].

Eine moralwidrige Kausalverbindung von Geld mit der Eheschliefsung ist nicht selten auch in dem Vertrag erblickt worden, in dem für die Vermittlung einer Heirat eine Mäklergebühr zugesagt wird[235], mag mit der Vermittlung nur eine erfolgreiche, oder schon die Bemühung zur Herbeiführung des Erfolgs gemeint sein. Hält man schon den Vertrag auf entgeltliche Mühewaltung zur Vermittlung einer Ehe für moralwidrig, so mufs hierher auch die Zeitungsinsertion gerechnet werden, nämlich die Aufgabe und Annahme einer sogenannten Heiratsannonce[236].

Da alle in den römischen Rechtsquellen vorkommenden unmoralischen Verträge, die wegen dieser Immoralität ungültig sind, einer der drei angeführten Kategorien unterfallen, so ist damit für das römische Recht die Rechtsregel gewonnen, dafs ein Vertrag, um unmoralisch und danach ungültig zu sein[237], eine Leistung vereinbaren mufs, die entweder an und für sich der Moral widerstreitet, oder deren Aufnahme in einen Vertrag der Moral widerstreitet, oder deren kausale Verknüpfung (im Vertrag) mit einer pekuniären Leistung der Moral widerstreitet.

Dahingegen, ob und wann eine Leistung für sich, oder ihre Aufnahme in einen Vertrag, oder ihre kontraktliche Kausalverknüpfung mit einer pekuniären Leistung der Moral widerstreitet, das ist keine Rechtsfrage, daher auch nicht aus dem Recht zu beantworten, sondern eine Moralfrage, daher auch nur aus der Moral zu beantworten.

Ebenso verhält es sich mit der Rückforderung, wann der unmoralische Vertrag vollzogen worden ist. Das Recht gewährt die Rückforderung, wenn nur der Empfang des Entgelts wider die Moral verstöſst, d. h. nur für den Empfänger eine Schande ist, es versagt die Rückforderung, wenn die Hingabe allein der Moral widerstreitet, d. h. nur für den Geber eine Schande ist, oder wenn Beides, d. h. Geben und Nehmen, die Moral verletzt, also beide Parteien moralisch bloſsstellt.

Dahingegen die Frage, ob und wann die Vollziehung eines unmoralischen Vertrags für die eine, oder die andere Partei, oder für beide Parteien eine Immoralität ist, diese Frage ist keine Rechtsfrage, sondern eine Moralfrage, daher auch nur aus der Moral zu beantworten.

IX.

Indem wir beim unmoralischen Vertrag, sowohl hinsichtlich seiner Gültigkeit als hinsichtlich der Rückforderbarkeit nach seinem Vollzug, zwei Fragen unterscheiden und auseinanderhalten: eine formale, die Rechtsfrage, und eine materiale, die Moralfrage, nämlich 1. ob ein gewisses (unter VIII angegebenes) Verhältnis des Vertrags zur Moral vorhanden ist, bei welchem ein Verstoſs gegen die guten Sitten dem Recht nach möglich ist, und wenn ja,

2. ob ein solcher Verstofs gegen die guten Sitten der Moral nach wirklich vorhanden ist[238], gelangen wir zu zwei praktisch wichtigen Konsequenzen.

Einmal darf der römischrechtliche Satz, dafs das pactum contra bonos mores ungültig ist, nicht dazu verführen, irgend einen Vertrag, an dem wir moralischen Anstofs nehmen, weil er der Immoralität Vorschub leistet, schon darum für unmoralisch und daher für ungültig zu erklären[239].

Wir haben von den Römern nicht blofs den Satz übernommen, dafs das pactum contra bonos mores ungültig ist, wir haben auch diesen Satz in ihrem Sinn, in ihren Grenzen übernommen. Dieser Sinn, diese Grenzen ergeben sich aus den zahlreichen Anwendungen, welche die Römer von jenem Satz gemacht haben. Und diese Anwendungen lehren, dafs eine den Vertrag vernichtende Immoralität nur vorhanden ist, wo der Verstofs wider die Moral eine gewisse Form hat, wenn nämlich die ausbedungene Handlung, oder ihre Aufnahme in einen Vertrag, oder ihre Kausalverknüpfung mit einer Vermögensleistung unmoralisch ist. Dieses ist die römische Rechtsordnung für den unmoralischen Vertrag.

Nach Mafsgabe dieser Rechtsordnung sind sowohl neuauftauchende Fälle, wie auch gerichtliche Entscheidungen früherer Fälle zu beurteilen.

Wenn z. B. — dies ist ein solcher gerichtlich entschiedener Fall — ein Ehemann zu dem dem Käufer bekannten Zwecke sein Haus verkauft, um mit dem Erlös seine Auswanderung zu bestreiten, bei der er Frau und Kinder mittellos zurücklassen will[240]: so kann man wohl sagen, dafs durch diesen Vertrag der Immoralität Vorschub geleistet wird. Hingegen haben wir hier kein pactum contra bonos mores vor uns, ganz einerlei, wie die Moralfrage zu beantworten ist. Denn die ihr vorhergehende Rechtsfrage ist zu verneinen: der beispielsweis angeführte Vertrag unterfällt keiner der drei den Quellen bekannten Formen des unmoralischen Vertrags, welchen Inhalts immer die Moral sei. Weder die Verkäufer-, noch die Käuferleistung im Beispiel ist an sich unmoralisch; es ist ferner nicht unmoralisch, Haustradition und Preiszahlung zum Vertragsobjekt zu machen; und es ist endlich auch nicht unmoralisch eine Geldzahlung durch Vertrag in solche Kausalbeziehung zu einer Haustradition zu setzen, daſs diese wegen jener vorgenommen wird[241].

In einem anderen Falle ist ein Darlehen gegeben worden zu dem dem Darleiher bekannten folgenden Zweck: der Nehmer soll dafür ihm von russischen Minenbesitzern billig angebotenes Gold unter Umgehung russischer Ausfuhrzollgesetze über die Grenze schmuggeln. Das Gericht (Seuffert, Archiv Bd. 49 Nr. 83) hat den Vertrag für nichtig erklärt, „mag man ihn als Darlehens- oder als Gesellschaftsvertrag auffassen, weil er darauf abzielte, die Mittel für einen unsittlichen und vom Recht gemiſsbilligten Zweck, die Verletzung russischer Zoll- und Finanzgesetze, zu beschaffen.“ Wir sehen hier davon ab, daſs der fragliche Schmuggel wohl als Rechtswidrigkeit zu betrachten ist, sehen davon ab, weil dies zu der materialen, nicht zu der uns jetzt beschäftigenden formalen Frage gehört. Für diese Formalfrage, ob nämlich hier von einem unmoralischen Vertrag von Rechtswegen die Rede sein könne, ist es allerdings belangreich, ob Gesellschafts- oder Darlehensvertrag gegeben ist. Wenn nämlich die Abrede dahin ging, daſs A das Geld einschieſsen, und B als seinen Beitrag leiste die Ausführung des Schmuggels, dessen Reinertrag unter ihnen geteilt werden solle, so ist dieser Gesellschaftsvertrag nichtig gemäſs Anm. 123 und fällt unter das erste Schema des unmoralischen Vertrags (S. 68). Ist hingegen dem B das Geld nur dargeliehen worden, indem ihm anheimgestellt blieb, den Zweck zu realisieren, den Schmuggel vorzunehmen, er auch den A am Ertrag nicht zu beteiligen brauchte, so liegt ein Darlehensvertrag und zwar ein gültiger vor; denn dieser Vertrag unterfällt keiner der drei dem römischen Recht bekannten Formen des unmoralischen Vertrags, insbesondere ist ein Darlehen zu einem bloſs unmoralischen Zweck, auch wenn ihn der Geber kennt und billigt — falls nicht seine Verfolgung ausbedungen wird — nach den römischen Quellen nicht ungültig: Anm. 105[242].

Die Kritik eines Vertrags, welche zum juristischen Verdikt seiner Ungültigkeit wegen Immoralität führen soll, darf nicht bei einer vagen Vergleichung des Vertrags mit den Moralgeboten stehen bleiben. Auch entspricht die Fassung des B.G.B. § 138 — „ein Rechtsgeschäft, das gegen die guten Sitten verstöſst, ist nichtig“ — keineswegs dem römischen Rechtssatz von der Nichtigkeit der contra bonos mores gehenden Verträge, sondern ist (auch nur auf Verträge bezogen) viel weiter. Diese Fassung ist so weit, daſs sie nicht bloſs den vorhin angeführten Hausverkauf und das besprochene Darlehen einbegreift und nichtig macht, sondern es kann jedes Darlehen zu unmoralischer Bestimmung, jede Miete einer Wohnung behufs unmoralischer Verwendung der Räume, jeder Kauf einer Waffe zu verbrecherischem Zweck[243], auch wenn Bestimmung, Verwendung oder Zweck dem Mitkontrahenten unbekannt geblieben sind, als ein „gegen die guten Sitten verstoſsender“ Vertrag aufgefaſst und als nichtig behandelt werden. Ist denn nicht auch die Eheschlieſsung — die Moral vorausgesetzt, welche ihre Kausalverknüpfung mit Geld durch Vertrag verpönt (Anm. 130, 132) — die Eheschlieſsung, die eingestandenermaſsen vom Einen nur um des Geldes willen erfolgt, das der Andere hat oder erben wird, zwar nach römischem Recht kein pactum turpe und gültig, aber doch nach dem B.G.B. ein „Rechtsgeschäft, das gegen die guten Sitten verstöſst“ [244]? Die theoretische Überlegung und die praktische Anwendung wird sich sehr bald vor die Aufgabe gestellt sehen, dem Rechtssatz des B.G.B., wonach jeder „gegen die guten Sitten verstoſsende“ Vertrag nichtig ist, einen engeren Sinn beizulegen, d. h. zu bestimmen, inwiefern der Vertrag gegen die guten Sitten verstoſsen müsse, um darum nichtig zu sein. Und eben für die Bestimmung der Formen des Verstoſses oder des formalen Verhältnisses der Verträge zur Moral kann das römische Recht gute Dienste thun. Denn hier ist an einem nicht unwichtigen Punkt bereits geleistet und durch Rechtsprechung erprobt, was für das unmoralische Geschäft des B.G.B. noch zu liefern ist: die Abgrenzung des Anwendungsgebiets, die Definition [245]. Die unumgängliche Interpretation als Vermittlung zwischen dem Buchstaben des Gesetzes und dem Bedürfnis des Lebens kann wertvolle Anhaltspunkte im römischen Recht finden. Vgl. S. 64 bis 65, S. 8.

Daſs man bei dessen Anwendung sich nicht mit einer vagen Vergleichung des Vertrags und der Moralgebote begnügen dürfe, ist von denen bekundet worden, welche

Formulierungen gegeben haben. So will Ravit (Archiv f. civil. Praxis Bd. 58 S. 66) daran festgehalten wissen, „daſs in den römischen Rechtsquellen nur wegen der Unsittlichkeit des Vertrages selbst oder der ihm zu Grunde liegenden causa von einer Ungültigkeit des Vertrags die Rede ist, daſs dagegen von einer hierüber hinausgehenden Berücksichtigung unsittlicher Motive und Zwecke, welche bei der Vertragsschlieſsung obgewaltet haben mögen, keine Spur sich findet.“ Während die Negative im zweiten Teil ziemlich klar und annehmbar erscheint, bleibt ungewiſs, was mit dem Positiven (der Unsittlichkeit des Vertrags selbst oder der ihm zu Grunde liegenden causa) gemeint ist. Die Motive zum B.G.B. I S. 211 sagen: „Die Grenze ist dahin zu ziehen, daſs Nichtigkeit eintritt, wenn der Inhalt eines Rechtsgeschäfts unmittelbar, in objektiver Hinsicht und unter Ausscheidung der subjektiven Seite, die guten Sitten verletzt.“ Diese Definition läſst jedoch manchem Zweifel Raum, besonders weil sie nicht sagt, wie die Verletzung zu Stande kommt[246]. Es genügt auch nicht, mit Windscheid (oben S. 66) zu sagen, ein Vertrag verstoſse wider die Sittlichkeit, wenn er auf Beförderung des Verbotenen oder Hinderung des Gebotenen gerichtet ist. Eine solche Richtung ist in den beiden Beispielen auf S. 77, 78 gewiſs zu erblicken, wie sich auch Verwerflichkeit der Gesinnung darin äuſsert, und doch stellen sie nicht unmoralische Verträge im Sinne des römischen Rechts dar.

Vielmehr hat man in erster Reihe sein Augenmerk der wiederholt geschilderten (z. B. S. 75, 76) juristischen Struktur des zu beurteilenden Vertrags zuzuwenden, sich zu vergegenwärtigen, welche Leistung darin vereinbart wird, und welche Kausalbeziehung etwa zu einer anderen

Handlung, Duldung oder Unterlassung durch den Vertrag gegeben ist. Erst hiernach erhebt sich die moralische, d. h. aus der Moral zu beantwortende Frage, ob die vereinbarte Leistung für sich, oder ihre Vereinbarung moralisch mifsbilligt ist, oder wenigstens die bewufste Kausalbeziehung moralisch verwerflich ist. Hieraus endlich läfst sich auch auf die turpitudo eines Paciscenten oder beider schliefsen, welche ihrerseits über die Rückforderbarkeit des Geleisteten entscheidet.

X.

Die Moralfrage sodann — und dies ist die zweite von unsern praktisch wichtigen Konsequenzen (IX eingangs, S. 76) — die Moralfrage, von deren Beantwortung die Annahme der Immoralität und danach die Ungültigkeit eines Vertrags, wie weiterhin die Rückforderbarkeit der Leistung abhängen, beantwortet sich allein aus der M o r a l. Die Bedeutung dieses tautologisch klingenden Satzes soll sich aus der übrigen Darstellung ergeben; schon teilweise mag sie einleuchten, indem ein Stück Weges die Frage verfolgt wird: aus welcher Moral?

Die Römer haben ihre Antworten natürlich nach ihrer Moral gegeben[247]. Da wir jedoch zwar das römische R e c h t, nicht aber auch die römische M o r a l recipiert haben, so sind die römischen Moralantworten für uns nicht mafsgebend. Da wo römisches Recht gar nicht gilt, kann auch von Direktion der römischen Moral nicht die Rede sein. In dieser Unabhängigkeit stehen also alle modernen Rechte einander gleich, auch das heutige römische, gemeine oder Pandektenrecht.

Die römischen Anwendungen des Prinzips von der Ungültigkeit des pactum contra bonos mores sind wie dieses Prinzip selbst für uns (d. h. im Gebiet des Pandektenrechts) verbindlich. Sie sind aber für uns nicht insoweit verbindlich, als die Entscheidungen von der Beantwortung der Moralfrage, sondern nur soweit, als sie von der Beantwortung der Rechtsfrage abhängen. Das will heifsen: Aus den überlieferten Rechtsfällen gewinnen wir den Aufschlufs, an welchen Teil der thatsächlichen Vorgänge (z. B. nicht an den aufserkontraktlichen Kaufzweck) der moralische Mafsstab anzulegen ist, der bei den Römern natürlich ein römischer war. Wir erkennen aus den überlieferten Entscheidungen etwas Formales, nämlich was moralisch in Frage gestellt werden darf. Die Antwort auf die dann gestellte Frage wurde den Römern durch den Inhalt der römischen Moral geboten.

Es mag sein, dafs wie andere Bestandteile der antiken Kultur, z. B. ästhetische Empfindungen, Schönheitsurteile und Geschmackswertungen, auch Teile der römischen Moral in die Kultur der neueren Völker übergegangen sind. Eine den Juristen verbindende Reception römischer Moral hat unseres Wissens nicht stattgefunden. Auch liefse sich schwer begründen, warum nur die römische Moral mafsgebend sein sollte, welche im Corpus juris Ausdruck erhalten hat; es sei denn durch den Hinweis darauf, dafs dieses Werk in der christlichen Kaiserzeit zu stande gekommen ist, die mit der Gegenwart die christliche Moral gemein hat. Dafs wir beim unmoralischen Vertrag uns nicht nach der römischen Moral zu richten haben, ist zwar wiederholt im allgemeinen anerkannt[248], aber nicht nach

Umfang, Gründen und Folgen untersucht worden; die begonnene Betrachtung darf darum noch fortgesetzt werden.

Die Moralansichten der Römer, wie sie bei der Beurteilung von Verträgen in den römischen Rechtsquellen zu Tage treten, reichen zuvörderst weitaus nicht hin zur moralischen Beurteilung der bei uns vorkommenden Verträge. Es ereignen sich heute jenen Quellen gänzlich fremde Vereinbarungen (vgl. z. B. Anm. 214). Recipiert ist das Prinzip von der Nichtigkeit des pactum contra bonos mores. Aber es wäre dann unanwendbar, wenn man es auf die römischen Moralantworten beschränken, d. h. nur bei den Arten von Thatbeständen zur Geltung bringen würde, über deren Immoralität sich die Römer ausgesprochen haben. Man hat daher niemals gezögert, hier die moderne Moral zum Mafsstab zu nehmen, mit ihren Geboten die nun erst entstandene Lücke auszufüllen.

Bei den Römern war als unmoralisch ungültig ein Vertrag, in dem jemand sich die künftige Erfüllung einer ihm obliegenden Rechtspflicht entgelten läfst (was zur dritten Form des unmoralischen Vertrags gehört: S. 73). Hingegen von dem formal gleich stehenden Fall, da einer sich die künftige Erfüllung einer ihm obliegenden moralischen Pflicht entgelten läfst, ist in den römischen Quellen nicht die Rede. Auf die hier auftauchende Moralfrage erteilen sie keine Antwort: S. 46. 47; wir mufsten daher annehmen, dafs nach ihrer Moral hier kein unmoralischer Vertrag gegeben war. Heutzutage aber wird man es, falls eine anerkannte Moralpflicht vorhanden ist, unmoralisch finden, dafs der Pflichtige sich ihre Erfüllung entgelten lasse, und wird solche Belohnungsabrede als nichtig behandeln. Es mag moralisch unanfechtbar sein, sich für die vollbrachte Lebensrettung eines in Wasser- oder Feuergefahr befindlichen beschenken oder prämiieren zu lassen[249]. Wer dagegen vor der Lebensrettung eines Kindes, das er ohne eigene Lebensgefahr dem Feuer- oder Wassertod entreifsen kann, sich von der rettungsunfähigen Mutter einen Lohn für die Rettung ausbedingt, schliefst damit einen unmoralischen Vertrag. Aber diese Moralentscheidung steht nicht im Corpus juris, und von analoger Anwendung seiner moralischen Decisionen, falls solche überhaupt zulässig sein sollte, kann im vorliegenden Falle doch nicht wohl die Rede sein.

Noch andere neue, d. h. nicht durch die römischen Quellen erteilte Moralantworten zu geben haben Theorie und Praxis niemals Anstand genommen. Man denke nur an das oft behandelte pactum de non licitando (Anm. 223) sowie an die viel und übel berufene Konkurrenzklausel (Anm. 225)[250]. Und wenn an die Dienstverträge der Berg- und der Seeleute, der Arbeiter gewisser chemischer Industrien (z. B. Chlorkalk, Schiefspulver[251]) und der noch geplagteren Arbeiterinnen vieler Branchen der moralische Mafsstab fürs Recht bisher noch nicht gelegt worden sein sollte, so ist hiervon gewifs nicht der Mangel römischer Entscheidungen der Grund gewesen[252]. In der That dürfte in weiten Kreisen eine Moral bestehen, welche es verwerflich findet, dafs in Vollziehung von Arbeitsverträgen Leben, Gesundheit, oder Geschlechtsehre erwachsener, jugendlicher, kindlicher Arbeiter oder Arbeiterinnen gefährdet oder verletzt werden, komme dieser Erfolg von der Arbeitsdauer, vom Mangel an Schutzmitteln oder von anderen Ursachen. Diese Verwerflichkeit könnte nicht durch eine besondere Lohnhöhe aufgehoben werden, da die gefährdeten Güter nicht feil sein sollen [253]. Im geltenden Recht (Gewerbeordnung § 124 Nr. 5) ist die vorausgesetzte Moral auch nicht soweit anerkannt, dafs es dem gefährdeten Arbeiter frei steht die Arbeit zu verlassen; dazu müfste die Gefahr eine bei Eingehung des Vertrags nicht erkennbare sein [254]. Und auf jene Freiheit wird es praktisch fast allein ankommen, da die civilrechtliche Nichtigkeit des Vertrags gegen die Wucht der ökonomischen Thatsachen, die beiderseits zu seinem Abschlus und zu seiner Einhaltung treibt, so gut wie nicht ins Gewicht fällt.

Neben neuen Fällen, gegenüber welchen die alte Moral schweigt, können auch die alten Fälle vorkommen und moralische Beurteilung fordern. Hier kann es nun wohl geschehen, dafs weil die Moral sich gleich geblieben ist, die Moralfrage bei uns die nämliche Antwort findet wie bei den Römern. Und dies wird auf den gröfseren Teil der Fälle zutreffen, in denen die Römer schimpfliche Verträge erblickt haben. Ob bei solcher Konkordanz der Moralurteile die Annahme der Ungültigkeit des gegebenen Vertrags unmittelbar aus den Quellen herrührt, nämlich vom römischen Vorbild übernommen, oder eine an der Hand unserer Moral von uns gemachte Anwendung des Prinzips von der Ungültigkeit der pacta turpia ist, verschlägt hier nichts für das praktische Ergebnis.

Der richtigen Theorie entspricht nur die zweite Methode, und die praktische Bedeutung dieser Methode springt bei der folgenden Frage in die Augen.

Ist es möglich, dafs ein von den Römern kraft ihrer Moral für unmoralisch und danach für ungültig erklärter Vertrag bei uns gemäfs unserer Moral als moralisch und danach als gültig anerkannt werde?

Unklagbar, weil die Einklagung des Honorars als unehrbar galt, war bei den Römern der Lehrvertrag des Rechtslehrers und des Schülers (Anm. 143). Wir dürfen annehmen, dafs jene Einklagung der heutigen Moral nicht widerspricht. Ungültig als contra bonos mores war bei den Römern der Vertrag, durch den einer sich einem anderen zu einer Strafleistung obligierte, falls er den anderen nicht zum Erben einsetze (61 D 45, 1: Anm. 130). Der Erbvertrag, der bei den Römern für Civilisten nicht galt, ist bekanntlich in Deutschland zur Geltung gelangt. Kann man sich danach den künftigen Nachlafs einer Person unmittelbar von derselben wirksam ausbedingen, und ist solche Fürsorge nicht schimpflich, so dürfte es wohl auch nicht für unehrenhaft gelten — und dies sei hier angenommen — sich die künftige testamentarische Zuwendung des Nachlasses durch Ausbedingung einer Konventionalstrafe zu sichern (womit übrigens die Testirfreiheit rechtlich nicht aufgehoben ist). Den Fortbestand einer Ehe durch Konventionalstrafe zu garantieren, ging bei den Römern contra bonos mores (134 p D 45, 1: Anm. 130); man nimmt heute an, dafs dies nicht unmoralisch sei.

Und nun erhebt sich die Frage, ob nach der eingetretenen Änderung des Moralurteils dort die Klagbarkeit des Lehrvertrags, hier die Gültigkeit der erwähnten Strafberedungen auch rechtlich unbehindert ist.

Man darf dabei nicht etwaiges Gewohnheitsrecht anrufen, nach welchem Klagbarkeit und Gültigkeit der gedachten Verträge (des Lehrvertrags und der Strafverträge) anerkannt sei. Denn damit würde die Frage umgangen, nicht beantwortet.

Für die Antwort ist vielmehr erstens mafsgebend, dafs

die Frage der Moralität nicht eines Vertrages, sondern der ausbedungenen Leistung, oder ihrer Ausbedingung, oder der kausalen Kombination des Ausbedungenen mit einer anderen Handlung keine Rechtsfrage, sondern eine Moralfrage ist; und zweitens maſsgebend, daſs diese Moralfrage nicht nach der römischen Moral, sondern nach unserer Moral zu entscheiden ist. Und wie unsere Moral da entscheidet wo die römische sich gar nicht hat vernehmen lassen (S. 84, 85), so haben wir nach unserer Moral uns auch da zu richten, wo das römische Moralurteil anders ausgefallen ist.

Stände nicht die Unsittlichkeit, sondern die Unmöglichkeit in Frage, von der ja auch die Verbindlichkeit eines Vertrags abhängt, so würde man nicht anstehen sich nach der heute erreichten Möglichkeit zu richten, d. h. wenn nun eine Leistung möglich geworden ist — wie z. B. die Bestrahlung und Besichtigung eingeschlossener Körper — die den Alten für unmöglich und unausbedingbar galt, so würde eine Verbindlichkeit zu solcher Leistung heute allerdings aufkommen können.

Steht daher der Einklagung des genannten Honorars oder der erwähnten Konventionalstrafen von Seiten der heutigen Moral nichts entgegen, so darf sich ihr auch das heutige Recht nicht von Moralwegen widersetzen[255].

Man kann sich hiergegen nicht, wie geschehen ist[256], auf die Regel berufen: cessante ratione legis non cessat lex ipsa[257]. Denn die Parallele, die bei dieser Berufung vorausgesetzt wird, trifft keineswegs zu. Man darf nämlich die lex ipsa nicht mit der Ungültigkeitserklärung dieser oder jener einzelnen Vertragsart gleichsetzen. Die für diese Ungültigkeitserklärung maſsgebende allgemeine

Satzung oder das Prinzip von der Nichtigkeit des unmoralischen Vertrags, diese lex, besteht auch nach unserer Meinung fort, und es handelt sich hier nur um eine Anwendung derselben. Bei dieser Anwendung aber kommt die ratio legis (der allgemeinen Satzung) gar nicht in Frage, welche ratio darin besteht, dafs das römische Recht der Moralwidrigkeit seinen Schutz versagt. In Frage steht vielmehr, ob ein unmoralischer Vertrag vorliege[258]. Die Immoralität ist nicht die ratio legis, auch nicht wenn man unter lex die einzelne römische Belegstelle versteht. Die Immoralität ist vielmehr eine Seite des zu beurteilenden Thatbestandes, die Seite, wegen deren das Nichtigkeitsprinzip Platz greift. Fehlt es an diesem Thatbestandsmerkmal, so ist das Prinzip ausgeschlossen. Ob dieses Thatbestandsmerkmal da sei oder nicht, das kann nicht im Voraus vom Recht entschieden werden; dies wird vielmehr von der Moral einer jeden Zeit bejaht, oder verneint[259]. Wie es von der römischen da und dort bejaht worden ist, so kann es wiederum von der unsrigen verneint werden.

Es verhält sich also mit der Ungültigkeit wegen Immoralität wie mit der Handlungsunfähigkeit wegen Geisteskrankheit. Das römische Recht erklärt den furiosus für handlungsunfähig, für unzurechnungsfähig. Dagegen ist es unserer Entscheidung überlassen, wann Geisteskrankheit anzunehmen ist. Die Römer haben sich der Angabe psychiatrischer Kennzeichen enthalten. Man begreift wohl, dafs ihren Juristen und Kaisern die Aufstellung und Verwendung von Kriterien auf diesem Feld nicht so nahe lag und geläufig war, als auf dem der Moral, wo sie Anhaltspunkte gegeben haben. Zur Kenntnis der Moral wurden alle erzogen, die überhaupt zur Erziehung kamen, wogegen die Psychiatrie, soweit man sie hatte, aus Erfahrungen bestand, die nicht jeder Teilnehmer an der Rechtspflege besafs. Hätten die Römer nicht blos Rechtssätze über die Handlungsfähigkeit des furiosus aufgestellt, sondern auch bestimmt, welcher Mensch als furiosus zu gelten habe, so würden uns diese Bestimmungen so wenig binden[260] als es ihre Moralansichten thun. In beiden Fällen handelt es sich um etwas faktisches.

XI.

Die turpitudo eines Vertrags gehört in der That zur quaestio facti[261], was von nicht geringer Bedeutung ist. Indem man die Moralfrage als aus der Moral zu beantwortende hinstellt (S. 82), versagt man ihr die Antwort aus den Mitteln des Rechts, überläfst man sie der facti interpretatio. Das römische Recht bestimmt, wie wir sahen (S. 75, 76, 81, 82) nur die Richtung der Fragestellung, bestimmt was moralisch in Frage gestellt werden darf und mufs, ob aber in einer der möglichen Richtungen ein Verstofs wider die Moral begangen sei, ist nicht aus dem Recht, sondern aus der Moral zu entscheiden (Nr. X). Wie die Rechtsquellen hierzu nichts beitragen (S. 88, 89), so sind auch Rechtssinn und Rechtsgefühl, Rechtskenntnis und Rechtsbewufstsein ohne Einflufs auf die Entscheidung[262].

Können ferner Rechtssätze nicht Gegenstand des Beweises sein — denn jura novit curia — so gilt nicht das nämliche von den Moralsätzen, denn sie gehören wie alles Nichtrechtliche dem Bereich des Faktischen an. Das Dasein bestimmter Moralgebote, demnach auch der Immoralität kann bewiesen, d. h. dem Richter die Überzeugung davon verschafft werden, obwohl der Beweis, wie sich ergeben wird, mitunter sehr schwierig ist, und jenes Dasein kann bewiesen werden sollen, obwohl wir es nicht zum Beweis kommen sehen, weil der Richter sich selber die ausreichende Kenntnis beizumessen pflegt.

Die Unkenntnis des Moralischen und des Unmoralischen (vgl. S. 54 Anm. 182, S. 60 Anm. 199) ist nicht ignorantia juris, sondern ignorantia facti, ein falsches Moralurteil ist kein Rechtsirrtum [263]. Der richterliche Ausspruch, dafs ein Vertrag oder eine Vertragsbestimmung gegen die guten Sitten verstofse oder nicht verstofse, bildet eine thatsächliche Feststellung. Ist ein Rechtsmittel — wie in Deutschland die Revision — nur statthaft wegen Nichtanwendung oder Falschanwendung einer Rechtsnorm, so ist es unbegründet, wenn es nur die Moralentscheidung des Urteils angreift. Damit würde diesem Urteil nur „fehlerhafte Würdigung von Thatsachen“ vorgeworfen [264]. Der Revisionsgericht ferner kann prüfen, ob die untere Instanz mit Recht die Gültigkeit des Vertrags wegen Immoralität in Frage gestellt (also den Moralmafsstab formell richtig gehandhabt), nicht ob sie die Moralfrage, diese quaestio facti, nach der Moral richtig beantwortet hat. Von den beiden wiederholt, namentlich Seite 76/7, unterschiedenen Fragen unterfällt die eine der Kompetenz des Revisionsgerichts, während die andere ihr entzogen bleibt [265].

Welche Moral — und damit nehmen wir die Frage des vorigen Abschnitts wieder auf — hat denn nun der Richter zur Richtschnur zu nehmen, um die Moralfrage richtig zu beantworten? Wir sahen bereits: nicht die römische, und fügen bei: überhaupt nicht eine vergangene, aber auch nicht eine höchstens zukünftige, sondern die gegenwärtige[266]. „Es findet sich“, meint Buckle in seiner Geschichte der Civilisation I, 153, „ohne Zweifel nichts in der Welt, was so wenig Veränderung erlitten hat, als jene Grundsätze, welche die Moralsysteme ausmachen“. Wer dem beistimmt, nimmt damit nicht ihre Unveränderlichkeit an; selbst der unmoralische Vertrag hat uns einige Beispiele von Wandlungen geboten (z. B. S. 84—87). Dafs sich gröfsere, eingreifendere vorbereiten, glauben heute viele, ohne die gleichen Ursachen dafür anzunehmen, mögen sie diesen Glauben auf die wahrnehmbare Änderung der Dinge gründen, etwa den Eintritt der Frauen und der Arbeiter in die Geschichte, oder nur auf die literarischen Kundgebungen. Unter solchen Umständen, d. h. im Hinblick auf wirkliche oder vermeintliche Ansätze zu Neubildungen wird es nicht überflüssig erscheinen, dafs für die moralische Beurteilung der privaten Verträge auf die gegenwärtige, im Gegensatz zu einer künftigen Moral verwiesen worden ist.

Nicht dürfte der Richter, der, ein begeisterter Anhänger Friedrich Nietzsches, in der christlich-europäischen Moral eine Sklavenmoral, eine Heerdenthiermoral erblickt und auf die Umwertung der moralischen Werte bedacht ist, die Moral der Verträge nach dieser Zukunftsmoral bemessen, wofern man noch Moral das nennen darf, dem ein wesentliches Merkmal des bisher so benannten Begriffs, die Selbstbezwingung, abgeht. Wenn nach Nietzsche die Ausbeutung nicht einer verderbten oder unvollkommenen und primitiven Gesellschaft eigen ist, wenn sie ins Wesen des Lebendigen als organische Grundfunktion gehört, wenn sie eine Folge des eigentlichen Willens zur Macht ist, der eben der Wille des Lebens ist und danach gefördert werden mufs, so hat auch der ausbeuterische Vertrag eine andere moralische Wertung zu beanspruchen, als ihm gegenwärtig zugestanden wird [267].

Im äufsersten Gegensatz zu dieser Auffassung verbreitet sich seit einem Menschenalter in der besitzlosen Klasse die ökonomische Ansicht, dafs der Arbeitsvertrag des Proletariers mit dem Kapitalisten oder dem Grundbesitzer immer, also wesentlich unter „Ausbeutung der Notlage" des Ersteren zu stande kommt; dafs ferner der Leistung des Letzteren, nämlich dem örtsüblichen Tagelohn, als dem Preis der für einen Tag langenden Arbeitskraft ein vom Proletarier gewährter „Vermögensvorteil" gegenübertritt, der im Grund genommen den Wert der Leistung dergestalt übersteigt, dafs er „den Umständen nach in auffälligem Mifsverhältnis" zur Leistung steht, in einem auffälligen nämlich für den, der auf den Profit sieht, den der Unternehmer durch die Tagesarbeit seines Söldners erbeutet. Diese ökonomische, nämlich kapitalkritische Ansicht gelangt so zu einer Interpretation des B.G.B. § 138 Abs. 2, die den Wortsinn beibehaltend doch den Sinn völlig verkehrt. Denn was als etwas Individuelles und Singuläres gemeint war, wird von ihr als Generelles und Normales genommen. Damit ist aber zugleich eine neue Moral gegeben. Denn nach der gegenwärtigen verstöfst der Arbeitsvertrag mit ortsüblichem Lohn keineswegs gegen die guten Sitten. Giebt man diesem Vertrag eine andere ökonomische Deutung, so müssen es auch andere gute Sitten sein, gegen die er dann verstöfst. Unter der Herrschaft der gegenwärtigen Produktionsweise wäre solche

Moral ein Anachronismus, mit dem der Richter nicht rechnen dürfte.

Einen Vertrag von Ehegatten, worin sie die Lebensgemeinschaft aufzuheben übereinkamen, ist (1864) gerichtlich für contra bonos mores und nichtig erklärt worden (Anm. 208). Es fehlt nicht an Anzeichen — man denke z. B. an Frau Alving in Ibsens Gespenstern oder an den Roman The woman who did von Grant Allen und an den beifälligen Widerhall, den der Anschlag solcher Saiten zu wecken pflegt — dafs einmal die Anwendung von Rechtszwang auf die persönlichen Verhältnisse der Ehegatten zu einander einer künftigen Moral widersinnig und verwerflich erscheinen könne. Wenn dies zur Zeit noch nicht der Fall ist, so dürfte der gegenwärtige Richter, auch wenn er sich zu solcher Moral bekennt, jenem Rechtszwang widerstrebende Verträge nicht nach den guten Sitten der Zukunft beurteilen.

Auch die Trinksitten gehören gegenwärtig noch zu den guten Sitten, indem in der freiwilligen Herabsetzung des Sinnesschärfe und der Geisteskraft, wie man nach seiner Wirkung den Alkoholgenufs bezeichnen darf, keine Immoralität erblickt wird, vielmehr der vir bonus einen Rausch gehabt haben soll. Ein Richter nun, der der Abstinenz, auch für seine Person, huldigt und in der Alkoholvergiftung einen Verzicht auf den Vollbesitz der Menschenwürde erblickt, müfste den Kaufvertrag, den der Wirt mit dem schon angeheiterten oder inficierten Gast über die Lieferung weiteren Stoffs schliefst, als moralwidrig und nichtig betrachten[268]. Allein von einer solchen nicht der Gegenwart angehörigen Moral dürfte er bei seiner amtlichen Thätigkeit sich nicht bestimmen lassen.

Nicht vergangene also und nicht zukünftige Moral, sondern gegenwärtige ist für den Richter maſsgebend. Aber diese für den Richter maſsgebende Moral darf keine bloſs postulierte, gewissermaſsen nur auf dem Papier stehende, sie muſs auch eine realisierte, thatsächlich geltende sein. So wird die christliche Moral in den christlichen Ländern zwar theoretisch noch von der Mehrzahl in Ehren gehalten, aber vollständig praktisch befolgt wird sie doch nur von wenigen [269]. Oder steht nicht das Gebot: „Und so jemand mit dir rechten will und deinen Rock nehmen, dem laſs auch den Mantel“ mit dem täglich geübten und einst von Jhering glänzend befürworteten „Kampf ums Recht“ in schreiendem Widerspruch? [270].

Andererseits darf die maſsgebende Moral doch auch nicht bloſs der Praxis des täglichen Lebens entnommen werden. Denn wer sich durch die Heuchelei — diese Reverenz des Lasters vor der Tugend — nicht blenden läſst und durch ihre Hüllen sexuelle wie sonstige Prostitution und Exploitation in Blüte stehen sieht, der kann sein Moralurteil nicht nach der Häufigkeit der Vereinbarungen richten, wenn die Unterscheidung moralischer und unmoralischer Verträge noch eingehalten werden soll [271].

Also nicht vergangene, oder künftige, oder bloſs theoretische Moral hat der Richter zum Maſsstab zu nehmen, sondern die in seiner Zeit als Moral anerkannte und geübte, und zwar in seinem Land, in seinem Volk anerkannte und geübte. Auch diese Specialisierung erschöpft noch nicht die ethischen Bestimmungen, auf welche beim unmoralischen Vertrag vielleicht Rücksicht zu nehmen ist. In Wirklichkeit geht die Specialisierung der Moral noch weiter, und hier entsteht dann die Frage, ob der

Richter weiteren Specialitäten oder Partikularismen Rechnung tragen darf und mufs. Es hat nämlich in gewissem Sinn nicht das ganze Volk an der nämlichen Moral Teil. Es knüpfen sich Moralunterschiede an die Unterschiede der Geschlechter, der Berufe und der Klassen. Diese Moralunterschiede äufsern sich darin, dafs der nämliche Thatbestand von den Gliedern verschiedener Moralkreise eine verschiedene moralische Qualifikation erfährt, dafs er strenger oder milder beurteilt wird, geboten oder verboten ist, je nachdem ein Genosse des eigenen Kreises daran beteiligt ist oder nicht [272]. Erinnern wir uns beispielsweise an die „satte Tugend und zahlungsfähige Moral", die bei ihren Angehörigen durch die Finger, den Fremden um so strenger auf die Finger sieht; an die sexuelle Moral, die gefallene Mädchen oder Frauen, nicht auch gefallene Männer kennt; an die Differenz der Ehrbegriffe von Bauer, Offizier und Kaufmann, die mit der Differenz der „moralischen Lebensbedingungen" dieser Berufe zusammenhängen soll; an die Koalitionen, die zu bilden nnd festzuhalten die Unternehmer verwerflich finden, wenn die Unternehmerinteressen davon bedroht sind, während sie die Bündnistreue für die ihrigen in Anspruch nehmen, die sich gegen Arbeiter oder Konsumenten richten, und ebenso wo möglich, umgekehrt [273].

Von diesen besonderen Moralunterschieden glauben wir sagen zu sollen, dafs ihrer der Richter bei Beurteilung der Moralität von Verträgen nicht zu achten hat. Indem das Recht, das er handhaben muss, ihm vorschreibt den moralwidrigen Verträgen seinen Rechtsschutz zu versagen, hat es die Gleichheit aller Rechtssuchenden vor dem Gesetz auch für diese Prozesse anzunehmen ihm zur Pflicht gemacht.

Soll er sie nun auch in Beziehung auf die Moralität der Verträge gleichbehandeln, so mufs er ohne Ansehen der Person, also ihres Geschlechts, ihres Berufs, ihrer Klasse, darauf sehen, dafs die Vertragsfreiheit nicht zur Verletzung von Gütern führe, zu deren Schutz sich Moralpflichten ausgebildet haben. In den meisten unmoralischen Verträgen, die uns begegnet sind, waren es Leben, Gesundheit, Geschlechtsehre, persönliche Würde, Unbestechlichkeit, Vertragstreue, Wahrhaftigkeit, gewisse ökonomische oder gewerbliche Freiheit, die durch den Vertrag in Gefahr kamen oder gekränkt wurden. Diesen Gütern hat der Richter zu Hülfe zu kommen, ohne danach fragen zu dürfen, wie es mit ihrer Schätzung in den Lebenskreisen gerade der Kontrahenten gehalten wird; er darf sich auch hier (S. 54 al. 2 fg.) mit einer weniger feinen Moralkritik begnügen, als dem Moralisten oder Sittenrichter gestattet ist. Auch so kann die Beantwortung der Moralfrage sehr schwierig sein und den von der facti interpretatio überhaupt geltenden Satz bewähren, dafs diese plerumque etiam prudentissimos fallat (2 D 22,6). Man möchte danach erwarten, dafs auf diese Beantwortung die gröfste Sorgfalt verwandt werde. Bei hundert faktischen Fragen, die für die Prozefsentscheidung keineswegs wichtiger sind als die der Moralität eines Vertrags, zieht der Richter Experten herbei, um sich Aufschlüsse zu verschaffen. Schuster und Schneider, Schreiber und Maler, Weinhändler und Chemiker, Architekten und Ärzte erscheinen als Sachverständige vor Gericht, um Gutachten abzugeben. Bisher hat man nicht davon gehört, dafs in Fragen der Moral vom Gericht Experten vernommen worden seien [274]. Namentlich sind die Worte der Prinzessin im Tasso:

„Willst du genau erfahren was sich ziemt,
So frage nur bei edlen Frauen an.
Denn ihnen ist am meisten dran gelegen,
Dafs alles wohl sich zieme, was geschieht.“

in der Rechtspflege bisher noch nicht befolgt worden. Wenn man an dieser edlen Frauen Sachkenntnis für alle Gebiete der Moral zweifelt, so würden ja noch andere Kundige zu Gebot stehen. Man scheint aber die Moral für eine allgemeinbekannte und einfache Sache zu halten, was wir nach dem Vorgetragenen nicht finden können[275]. Da das Moralurteil, wo es ablehnt oder verwirft, sich ziemlich unmittelbar als Widerwille von verschiedener Stärke aufzudrängen pflegt, so nimmt es für seinen Schöpfer leicht den Schein der Selbstverständlichkeit an, was aber den Umsichtigen nicht abhalten wird, womöglich zu prüfen, ob er sich nicht einem Vorurteil ergeben habe. Man darf nämlich nicht übersehen, dafs auch der Richter selber einem gewissen Moralkreis angehört. Wird gleich bei Beantwortung der Moralfrage den objektiven Erfordernissen entsprochen, die im Vorausgehenden zur Sprache gekommen sind, so bleibt doch für die Subjektivität oder Individualität des Richters noch Spielraum übrig. Seine Individualität wird nicht nur im Eifer und Geschick sich zeigen, mit denen er die Thatsachen aufsucht oder aufnimmt, sie wird auch einigermafsen die moralische Farbe bestimmen, die jene ohne sein Zuthun in seinen Augen annehmen. Und diese Individualität wird grofsenteils durch die Gesellschaftsklasse beeinflufst, der er angehört[276]. Sie mufs sich in Neigungen und Abneigungen ausdrücken, deren Gründe dem Richter selbst nicht bewufst sind, und deren Aufkommen nicht durch Gewissenhaftigkeit hintangehalten wird[277].

Wenn man sich diese mannigfaltigen teils in der Sache teils in der Person liegenden Schwierigkeiten vergegenwärtigt[278], die der richtigen Beantwortung der Moralfrage sich entgegenstellen, so hat man damit die Erklärung für den Eindruck des Schwankenden und Widerspruchsvollen, der sich einstellt, wenn man in den Spruchsammlungen die Urteile betrachtet, die über wirklich oder angeblich unmoralische Verträge gefällt worden sind. Die Divergenz, der man begegnet, betrifft das Verhalten sowohl verschiedener Instanzen gegenüber dem nämlichen Thatbestand, als gleich hoher Instanzen gegenüber ähnlichen Thatbeständen, die die ähnliche Moralfrage stellen. In anderem Zusammenhang haben wir einige Proben davon kennen gelernt[279]. Es braucht daher hier nur daran erinnert zu werden. Zur ferneren Erläuterung bedenke man, daſs das pactum de non licitando nicht selten, obwohl nicht konstant für contra bonos mores erklärt worden ist, obwohl es die hehre Freiheit der Konkurrenz, die es verwerflicherweise antastet, doch nur für ein einziges, einzelnes Rechtsgeschäft ausschlieſst; daſs dagegen die Konkurrenzklausel im Vertrag eines Handlungsgehülfen, wenn sie ihm gleich die Freiheit der Konkurrenz für lange Jahre und weite Räume benimmt, also nicht für ein Rechtsgeschäft, sondern für unzählige Rechtsgeschäfte, von höchsten Gerichten wiederholt als nicht gegen die guten Sitten verstoſsend erachtet worden ist.

XII.

Angesichts dieser vielen und groſsen Schwierigkeiten[280], die sich dem Prinzip von der Ungültigkeit des unmoralischen Vertrags bei seiner Anwendung entgegenstellen, könnte jemand auf die Auskunft verfallen, den Gesetzgeber anzurufen. Nicht soll, würde er verlangen, der Richter im einzelnen Fall entscheiden, ob ein Vertrag als gegen die guten Sitten verstofsend nichtig sei. Vielmehr greife der Gesetzgeber Gruppen von Fällen, Vertragsarten heraus und spreche ihnen wegen ihrer Immoralität die Gültigkeit ab[281].

Damit würde aber der Gesetzgeber in eben diesen Fällen nicht dem Richter eine Handhabe für die Anwendung des Prinzips gewähren, sondern vielmehr das Prinzip selbst als Prinzip für diese Fälle aufser Kraft setzen. Denn wenn ein zu einer solchen Gruppe gehöriger Vertrag zur richterlichen Kognition gelangt, so mufs er vom Richter nicht als moralwidrig und folgeweise als rechtswidrig, sondern unmittelbar als gesetz- oder rechtswidrig behandelt werden[282]. So stellt z. B. das B.G.B. § 138 Abs. 2 den wucherischen oder ausbeuterischen Vertrag zwar als unmoralischen (gegen die guten Sitten verstofsenden) hin; aber der Richter hat bei der Subsumtion eines Vertrags unter § 138 Abs. 2 nicht mehr die Moralfrage zu beantworten, d. h. zu entscheiden, ob der gegebene, als ausbeuterisch befundene Vertrag unmoralisch ist, da schon das Gesetz entschieden hat, dafs die von ihm geschilderte Ausbeutung gegen die guten Sitten geht. Der Richter hat nur zu entscheiden, ob die vom Gesetz bestimmte Ausbeutung und ebenso das im Gesetz gemeinte ökonomische Mifsverhältnis gegeben sind. Ist beides der Fall, so ist der Vertrag ein gegen die guten Sitten verstofsendes Rechtsgeschäft und ist nichtig. Das Verhältnis zur Moral, nämlich die Immoralität, hört hier insofern auf zum gesetzlichen Thatbestand zu gehören, als der Richter ihr nicht mehr nachzufragen hat, sie ist zum gesetzgeberischen Motiv geworden. Nur nach der Stelle, die der Gesetzgeber diesem Vertrag im Gesetzbuch angewiesen hat, müssen wir ihn noch als unmoralischen gelten lassen. Wo hingegen, wie z. B. im B.G.B. § 619 auch jeder äufsere Zusammenhang mit dem Prinzip der Nichtigkeit gegen die guten Sitten verstofsender Geschäfte fehlt, haben wir keinen Grund, einen Ausflufs desselben anzunehmen (Anm. 281 a. E.).

Man sieht hieraus, dafs die Schwierigkeiten der Anwendung des gedachten Prinzips sich durch die Gesetzgebung nicht beseitigen lassen. Diese vermag sein Anwendungsgebiet zu verringern, indem sie specielle unmoralische Thatbestände für gesetzwidrig erklärt und damit die Moralfrage abschneidet. Aber so lange das Prinzip besteht, und wo es besteht, hat seine Anwendung immer mit den Schwierigkeiten zu kämpfen, von denen im vorigen Abschnitt die Rede gewesen ist, Schwierigkeiten, die mit der Lösung der Moralfrage wesentlich verknüpft sind. Diese sind daher nur dadurch aufzuheben, dafs man das Prinzip selbst aufhebt, dafs man den Rechtssatz fallen läfst: ein Vertrag, der wider die guten Sitten verstöfst, ist nichtig.

Soll man nun dies empfehlen? Kann ein Satz von so grofsem Umfang leicht entbehrt werden?

Man begreift ohne weiteres, dafs seine Ersetzung durch gesetzliche Verwerfung eines und des anderen unmoralischen Vertrags einen wirklichen Ersatz nicht bieten kann. Diese Surrogate sichern zwar in diesen einzelnen Fällen den negativen Einflufs der Moral, indem sie, sobald die Subsumtion vollzogen ist, die Versagung des Rechtszwangs unvermeidlich machen, alles Schwanken des Richters ausschliefsen; man denke an ein gesetzliches Zinsmaximum gegen den Wucher beim Darlehen, oder an ein gesetzliches Verbot der Konkurrenzklausel in Dienstverträgen von Gewerbsgehülfen.

Aber indem man die Blankovollmacht zurückzieht, welche das Prinzip dem Richter in die Hand giebt, schränkt man zugleich den negativen Einflufs der Moral auf die Gültigkeit der Verträge auf die Fälle ein, welche das Gesetz herausgegriffen hat. Tauchen neue Fälle auf, auf die das Gesetz noch nicht reflektiert hat, so würde der widerstrebenden Moral nicht Rechnung getragen werden können. Man müfste warten bis sich auch ihrer die Gesetzgebung angenommen hat. Will man der Moral einen gröfseren Einflufs auf die Gültigkeit der Verträge einräumen, so darf man die Bekämpfung des Unmoralischen nicht dem Gesetzgeber überlassen, sondern mufs auch den Richter mit einer Waffe dagegen ausrüsten. Eine solche hat er aber nur an dem in Rede stehenden Grundsatz von der Nichtigkeit des moralwidrigen Vertrags, da ja die Anwendung der einzelnen gesetzlichen Reprobationen, wie gesagt (S. 100), nur Verwerfung des Rechtswidrigen sein würde.

Ihren Richter zur Moralprüfung der Verträge und zur Verwerfung der dabei nicht bestehenden zu ermächtigen, mufste den Römern darum nahe liegen, weil sie ja in grofsem Umfang auch den positiven Einflufs der Moral auf das Recht ihrem Richter zur Entfaltung anheimgaben (S. 10 und Anm. 17). Wo sie ihn auf fides bona oder auf melius aequius verwiesen, dafs er danach Was und Wieviel der Leistung bestimme, zogen sie ursprünglich blofse Moral in die Rechtspflege, liefsen dieselbe über das rechtliche Schicksal eines Vertrags entscheiden. Und von dem nämlichen bonae fidei iudicium konnten sie anerkennen, daſs es non recipit praestationem, quae contra bonos mores desideratur (Anm. 126). Man versteht danach, wie sich der Kaiser Gordian zu dem allgemeinen Ausspruch erheben konnte, die iuris ratio lasse die moralwidrigen Verträge schutzlos (Anm. 135).

Wenn es hingegen ein Recht geben sollte, das den römischen Standpunkt nicht teilt und den unmoralischen Vertrag passieren läſst[283], so könnte sich dies daraus erklären, daſs ein solches Recht einer Gesellschaft angehört, in der es ein höheres, stärkeres oder unbedingtes Moralgebot ist, daſs die geschlossenen Verträge gehalten werden. Das Unmoralische mag hier als solches anerkannt, d. h. moralisch verboten sein und doch von Rechtswegen geleistet werden müssen, sobald es Vertragsobjekt geworden ist. In solchem Vertragsvollzug würde dann eine Realisierung der Moral und nichts Moralwidriges erblickt werden.

Eine derartige Ordnung würde uns belehren, daſs das Prinzip von der rechtlichen Ungültigkeit moralwidriger Geschäfte nicht ein „Essentiale“ des Rechts ist, sondern einer gewissen ethischen Entwicklungsstufe entspricht. Finden wir es im römischen und vielen modernen Rechten, so mögen wir es als „Naturale“ des Rechts betrachten. Dem heutigen Richter die bewuſste Moralwaffe gegen den unmoralischen Vertrag zu gewähren, dürfte daher nicht bloſs dem gegenwärtigen wie dem römischen Verhältnis von Recht und Moral angemessen sein, das in der Nichtigerklärung der gegen die guten Sitten verstoſsenden Verträge einen zwar nicht hinreichend bestimmten, aber kräftigen Ausdruck gefunden hat. Dieses Prinzip dürfte vielmehr auch dem „natürlichen“ Verhältnis von Recht und Moral angepaſst sein, das sich auf die Einheit ihres Zweckes gründet. Sind nämlich diese beiden Gestalten der Sittlichkeit mit verschiedenen Mitteln auf dasselbe noch innerhalb ihrer Formalbegriffe liegende Ziel — die vorgestellte Wohlfahrt der Gattung — gerichtet, so gerät die Sittlichkeit in einen inneren (zwar möglichen, aber heute unnatürlich erscheinenden) Zwiespalt, wenn das Recht die Vollziehung eines Vertrags erzwingt, gegen welche die Moral sich sträubt.

„Auf gleichen sittlichen Standpunkten, d. h. bei Gleichheit der Gattungsvorstellung“, so sagt der noch nicht genug gewürdigte Ludwig Knapp[284], „stehen die moralischen und die rechtlichen Anschauungen, soweit sie folgerichtig ablaufen, durch die Gemeinsamkeit des Zieles in Harmonie; denn ein in sich zusammenhängendes Denken kann sich nicht in der moralischen Reflexion zu etwas angetrieben finden, was ihm die eigene rechtliche verbietet, oder umgekehrt, vielmehr müssen hier, vermöge der Identität des maſsgebenden Grundzwecks, die rechtlichen Forderungen auch durch die Moral gestützt und die moralischen ohne Einsprache seitens des Rechtes sein“[285].

Werden daher in einem Fall die rechtlichen Forderungen nicht durch die Moral gestützt, können sie gleichwohl im Widerspruch mit der Moral durchgesetzt werden — wie bei Gültigkeit des unmoralischen Vertrags geschehen würde — so wird ein solcher Sieg des Rechts nur auf Kosten der Moral errungen, er bedeutet keinen Gewinn, sondern einen Verlust der Sittlichkeit, indem das siegende

Recht gerade durch seinen Sieg denaturiert wird. Die Ungültigkeit des unmoralischen Vertrags ist demnach nicht blofs, wie es den Anschein hat, eine Forderung der Moral, sondern im Grunde auch eine Forderung des Rechts, eines Rechts wenigstens, das wie das römische und die von diesem beeinflufsten, sich der Einheit der Aufgabe bewufst ist, die es mit der Moral verbindet.

Anmerkungen.

1 (zu S. 1). Gegen die „Theorie von der negativ-sittlichen Natur des Rechts", d. h. gegen die Theorie, welche das Recht von der Moral negativ abgrenzt, indem sie das Recht „als diejenige sociale Ordnung definiert, welche die Abwehr des Unsittlichen von der Gesellschaft als einer sittlichen Gemeinschaft zu ihrem Zwecke habe", wendet sich Wundt, Ethik[2] S. 571—573, s. jedoch auch S. 543. 544.

2 (zu S. 2). Nach Voigt, Jus naturale Bd. I S. 344 haben „die römischen Juristen — und nichts spricht mehr als dies für ihren hohen juristischen Takt, — in instinktiver Weise den Fehler vermieden, das Gebiet des Rechtes auf Kosten seiner inneren Harmonie und seines reellen Wertes durch ein Hereinziehen rein moralischer Verhältnisse praktisch und thatsächlich erweitern zu wollen. Vielmehr ohne bewufste und klar erkannte Distinktion jener beiden Elemente klären sich doch dieselben von einander ab, indem die Moral zwar die im Rechte ihr gebührende untergeordnete Stellung, aber auch nur diese eingeräumt erhielt". „Vgl. namentlich 18 D 48, 19 (cogitationis poenam nemo patitur); 1 § 1 D 47, 2 (sola cogitatio furti faciendi non facit furem)." Bei dieser Kennzeichnung und Lobpreisung der römischen Jurisprudenz werden Recht und Moral als inhaltlich verschiedene und mit einem a priori bestimmten Inhalt versehene Regelkomplexe vorausgesetzt. Ferner wird der oben folgende Text ergeben, dafs die römischen Juristen allerdings die Moral in das Recht „hineingezogen" und ihr dabei so wenig eine „untergeordnete Stellung eingeräumt" haben, dafs sie vielmehr weithin die Konkordanz mit der Moral zur Voraussetzung der Gültigkeit von Rechtsakten machen.

Jhering, Geist des röm. Rechts II § 26 (vor Anm. 34) setzt ausdrücklich voraus, „dafs das Recht nicht eine blofse Form sei, deren Eigentümlichkeit in dem äufseren Zwange bestehe, geeignet, jeden beliebigen Inhalt in sich aufzunehmen, sondern dafs es sein Mafs und Ziel, sein substantielles Prinzip in sich selber trage. Allerdings ist nicht zu leugnen, dafs das Recht nach Verschiedenheit der Völker und Zeiten bald diesen, bald jenen Inhalt hat, und immer ist der bestimmte Inhalt in dem bestimmten Staate Rechtens, allein vom Standpunkt unserer Ansicht aus werden wir uns bei dieser Thatsache nicht beruhigen, vielmehr den Inhalt einer Prüfung unterwerfen, ob er z. B. eigentlicher Rechtsstoff, wenn ich so sagen darf, oder nur gesetzlich normierte Moral, Klugheit u. s. w. ist. Wir werden danach die verschiedenen Rechte und Gesetzgebungen in Hinsicht auf ihren verschiedenen Rechtsgehalt miteinander vergleichen dürfen". Dabei findet Jhering, dafs die Moralpflege in der älteren Zeit der Censur überwiesen war. „Die äufserliche Verkörperung der Moral in der Censur hielt bei der Rechtsbildung und Rechtspflege den eigentümlichen Gesichtspunkt, den das Recht zu verfolgen hat, stets lebendig." Allein es ist doch fraglich, ob das censorische judicium de moribus (Mommsen, Röm. Staatsrecht Bd. II 1² S. 372 Anm. 1) aus dem R e c h t sgebiet ausgeschieden werden darf. Nicht dafs die censorische Notation sich auch an gesetzlich verpönte Delikte (wie Bestechung) anknüpft, läfst sich einwenden, wohl aber, dafs die Censoren Strafen im eigentlichen Sinn, zwangsweise zu applizierende Übel namens der Gesellschaft über den Übelthäter verhängten, Übel — wie die Ausschliefsung aus dem Senat oder der Ritterschaft, oder vom Stimmrecht, oder die Vervielfachung der Schätzungssumme, die einer Geldbufse gleichkam (vgl. Mommsen S. 379 Anm. 6. 7) — von den nämlichen Arten, wie sie auch durch Strafgesetze vorgesehen waren. Vgl. Greenidge, Infamia (Oxford 1894) p. 29. Jhering, Zweck im Recht I² S. 506 anerkennt, dafs der Censor dem Gedanken der Ausschliefsung aus der Gemeinschaft der Genossen „eine staatsrechtliche Folge zu geben vermochte." Der Rechtscharakter der censorischen Strafen wird nicht dadurch ausgeschlossen, dafs sie von Rechtswegen auf die Zeit bis zur nächsten Censur beschränkt sind, so wenig als die Natur der Privatrechtsfolge einer actio darum abgeht, weil sie eine temporalis ist. Auch das beeinträchtigt nicht den Rechtscharakter der censorischen Strafen, dafs sie nicht legal und nicht immer ediktal fixiert sind. Vgl. Mommsen S. 360 Anm. 5. Der

Censor verhängt sie nach dem Herkommen, nach seinem Edikt, vielleicht auch nach der formula census oder lex censui censendo dicta. Stand ihm gleich ein viel freieres Ermessen zu als den Geschwornen und den Volksgerichten, so war es doch angesichts des Herkommens, der prozefsmäfsigen Regelung des Verfahrens und des Erfordernisses der Zustimmung des Kollegen nicht despotische Willkür, sondern rechtlicher Zwang eines kompetenten Beamten was da geübt wurde. Dafs man die Wirkung nicht als res iudicata betrachtete, erklärt sich aus ihrer Befristung. Auch die magistratische Koercition (Mommsen, Röm. Staatsrecht I² S. 133—153) ergiebt wohl nicht res iudicata und war doch staatsrechtlich geregelter Rechtszwang.

Wenn Jhering, Zweck im Recht II² S. 297 die Überzeugung ausdrückt, dafs dem „äufseren Gegensatz" von Recht und Sitte „ein innerlicher entspricht, dafs es einen Inhalt giebt, der seiner Natur, d. i. seiner socialen Zweckbestimmung nach dem Recht, einen andern, der aus demselben Grunde der Sitte angehört", so macht er doch selber die Unterscheidung des Rechts und der Sitte nicht nach dem Inhalt, sondern nach der Form. Wenn er mit der Möglichkeit rechnet, dafs seiner Natur nach dem Recht angehöriger Inhalt „historisch die Form der Sitte annimmt", wenn nach Jhering bei den bonae fidei negotia vor ihrer Klagbarkeit „ihr Inhalt in der That rechtlicher Art war, wenn ihm auch die Form des Rechts fehlte", so mufs hier entweder die dem Rechtsinhalt eigentümliche Natur ohne weiteres rein vorausgesetzt oder aber aus den historischen Vorkommnissen, d. h. daraus abgeleitet sein, dafs ein gewisser Inhalt häufig in der Rechtsform auftritt. Dann ist aber der Inhalt nichts das Recht und die Moral ursprünglich Unterscheidendes, wie es durchgängig mit der Form der Regelung der Fall ist.

Nach Wundt, Ethik² S. 99 (ähnlich Dahn, Begriff des Rechts S. 11 und viele andere) „sind Sitte, Recht und religiöser Kultus in ihren Anfängen auf das Innigste verschmolzen". „Aber gerade in der Lösung dieser Verwickelung" — fährt Dahn fort — „liegt der Geistesfortschritt." Von Verschmelzung und Vermengung läfst sich hier nur reden, wenn man den vermengten Ordnungen entweder aprioristisch einen über Zeit und Raum erhabenen, oder anachronistisch den ihnen später, z. B. heutzutage zukommenden Inhalt beimifst. „Ein klassisches Zeugnis für diese Vermengung der

Vorstellungen“ — so führt Wundt aus — „in der aber immerhin das spezifisch religiöse Element den Vorrang behauptet, ist der mosaische Dekalog. Er zerfällt genau in zwei Hälften. Die ersten fünf Gebote sind ausschliefslich religiös-sittlicher Art .... die darauf folgenden fünf Gebote besitzen den Charakter eigentlicher Rechtsnormen ....“ Diese Charakterisierung kann sich nur darauf gründen, dafs diese letzten fünf Gebote einen Inhalt haben, wie wir ihn in vielen als Recht anerkannten Satzungen der Folgezeit vorfinden. Dagegen ist der nach fast allgemeiner Annahme dem Recht wesentliche gesellschaftliche Zwang diesen fünf Geboten nicht beigelegt. Wurden sie mit der Vorstellung empfangen, dafs sich für ihre Aufrechterhaltung gerade die überirdische Macht des Gebieters und nicht der Staat oder die Gesellschaft einsetzen werde, so waren sie trotz ihrer inhaltlichen Kongruenz mit heutigem Recht gerade keine „eigentlichen Rechtsnormen“, sondern Religionssatzungen.

Nach Kirchmann, Grundbegriffe des Rechts und der Moral S. 105 „lehrt die Geschichte, dafs die Trennung des Rechts von der Moral sich nur allmählich bei den Völkern vollzogen hat; je roher sie waren, desto weniger bestand diese Trennung“. Soll das auch nicht heifsen, dafs es in den Urzuständen nur Recht, oder nur Moral gegeben habe, so ist doch bei dieser Annahme der Ungetrenntheit vorausgesetzt, dafs ihrem Inhalt nach an Recht und Moral zu verteilende Gebote, unter Vernachlässigung dieser Verschiedenartigkeit zu einem Ganzen verbunden seien. „Dagegen“ — sagt Kirchmann weiter — „ist die Grenze zwischen beiden (nämlich Recht und Moral) in den einzelnen Völkern verschieden; die Erziehung der Kinder durch die Schule, die zwecklose Grausamkeit vermeidende Behandlung der Tiere, die Rettung eines Menschen aus Lebensgefahr, selbst die Erfüllung mancher Verträge und vieles andere ist bei dem einen Volk eine Rechtspflicht, bei dem andern nur eine moralische.“ Das zeigt eben, dafs die Begriffsgrenze nicht nach dem Inhalt von Recht und Moral gezogen werden, und dafs „die Geschichte“ ihre Ungetrenntheit nur lehren kann, wenn man schon mit der Voraussetzung eines gewissen trennenden Inhalts an sie herantritt.

Merkel, Juristische Encyklopädie § 70 „das Recht von seinen ethischen Geschwistern unterscheidend“ vergleicht auch seinen Inhalt mit dem der Moral. Aber anders als die vorgenannten

Autoren ist die von ihm (§§ 71—77) dargelegte inhaltliche Verschiedenheit von Recht und Moral keine unmittelbare des Stoffes, sondern eine aus den Mitteln des Rechts und der Moral sich ergebende, mittelbare.

Völlig frei von der „befangenen substantiellen Anschauung" ist auch Ludwig Knapp, System der Rechtsphilosophie (1857). Wenn man mit ihm die Annahme verwirft, daſs Recht und Moral sich wesentlich auch durch den Inhalt ihrer Gebote unterscheiden, so ist dies völlig vereinbar mit der Forderung, auf einer gegebenen Kulturstufe die Gebote je nach ihrem Inhalt dem Gewissenszwang zu überlassen, oder aber dem Rechtszwang zu unterstellen. „Die Vorstellung des menschlichen Gattungsinteresses ist aber Grund und Maſs nicht bloſs für Dasein und Umfang des sittlichen Zwangs überhaupt, sondern auch für das Verhältnis, in welchem der Rechtszwang sich gegen die Gewissensthätigkeit abgrenzen soll. Da nämlich die Tragweite des moralischen Zwangs eine unbeschränkte, und die des rechtlichen nur eine beschränkte ist, so verlangt das vorgestellte Gattungsinteresse zwar für seinen ganzen Umfang den ersteren, den letzteren jedoch nur für den beschränkten Umfang, der sich aus dem Vergleich der Wirkungen ergiebt, welche die beiden verschieden begabten Konkurrenten — das Gewissen und der Rechtszwang — für das Gattungsinteresse auszuüben fähig sind." Knapp S. 191, wo Begründung und Erläuterung folgen. S. auch Kohler in Jherings Jahrbüchern XXV S. 2. 3.

3 (zu S. 2). Vgl. Anm. 2. Dies gilt nicht von Stammler, Wirtschaft und Recht, Anm. 171, wo die Unabhängigkeit des Rechtsbegriffs von den inhaltlichen Eigentümlichkeiten betont ist; s. auch dort S. 495. 496. 550.

4 (zu S. 2). Von den Strafrechtsnormen scheint dies Wundt, Ethik[2] S. 526 durchgängig anzunehmen, indem er sagt: „Das Verbrechen ist immer zugleich ein Verstoſs gegen den Imperativ des inneren Zwanges oder eine unsittliche Handlung." Allein er nimmt das Wort Verbrechen in einem ungewöhnlichen Sinn, denn ihm „führt die Auflehnung gegen die Rechtsgemeinschaft zur schwersten Form des Unsittlichen, zum Bruch der äuſseren Rechtsordnung, dem Verbrechen". Es ist aber ungebräuchlich die Weigerung der Mietgeldzahlung als Verbrechen anzusehen. — Von den

Anhängern des Duells werden viele die es verbietenden Rechtsnormen nicht auch als Moralnormen betrachten.

5 (zu S. 3). Nach Jhering, Zweck im Recht II[2] S. 290 ist „die Verpflichtung, seine mit der Intention der Begründung einer Rechtsverbindlichkeit abgelegten Versprechen oder kontrahierten Schulden zu bezahlen in einem Fall, wo das Recht aus irgend einem Grunde (z. B. wegen Mangel der vorgeschriebenen Form oder wegen Verjährung) die Klage versagt, moralischer Art". — Es kann auch das nämliche Verhalten zugleich gegenüber dem einen moralisch, gegenüber dem anderen rechtlich geboten sein. Hölder, Zeitschr. f. Rechtsgeschichte, N. F. Rom. Abt. XVI S. 268: „Wo dagegen die Pflicht des Erben gegen den Verstorbenen ein Verhalten zu Gunsten Dritter fordert, da ist das sittlich dem Verstorbenen geschuldete Verhalten ein rechtlich den Dritten geschuldetes." Dafs diese Konkurrenz nicht notwendig ist, lehren Stellen wie 5 § 15 D 24, 1. 70 § 1 D 36, 1. 19 D 42, 8. Paul. rec. sent. IV, 3, 4.

6 (zu S. 3). Man darf daher nicht sagen, dafs „das Widerrechtliche stets zugleich unsittlich ist": Savigny, System III S. 191. Anders Kirchmann, Grundbegriffe des Rechts S. 105/106: „Der Unterschied von Recht und Moral schreitet selbst bis zu dem Gegensatze fort; das Recht gestattet eine Handlung, welche die Moral verbietet, und das Recht verbietet eine Handlung, welche die Moral gebietet. So gebietet die Moral den Wechsel der Religion, wenn die Überzeugung sich geändert hat; das Recht dagegen verbietet diesen Wechsel unbedingt in vielen Ländern. So verbietet bei den Mennoniten die Moral den Kriegsdienst, bei den Quäkern den Eid, welchen das Staatsgesetz ihnen gebietet."

7 (zu S. 4). 144 p. D 50, 17. — „Die Moral, indem sie das ganze sittliche Gebiet bestreift, hat daher auch das gesamte Rechtsleben zum Gegenstand, das sie, geradeso wie beliebige sonstige, rechtlich indifferente Stimmungen oder Handlungen, den unvermeidlichen Gewissensreaktionen unterwirft": Knapp, Rechtsphilosophie S. 190.

8 (zu S. 4). Es ist vielleicht nicht überflüssig zu bemerken, dafs hier und im folgenden nicht vom Wert der Moral, der weder behauptet noch vorausgesetzt wird, die Rede ist, sondern allein

vom Anspruch der Moral, durch das Recht nicht befehdet und überwältigt zu werden.

9 (zu S. 5). Vgl. Cic. de off. III, 25, 95: Facere promissa, stare conventis, reddere deposita commutata utilitate fiunt non honesta.

10 (zu S. 5). „Die Beitreibung einer Geldforderung kann die Verletzung einer sehr entschiedenen sittlichen Pflicht enthalten, ohne dafs doch ein Gericht sich berechtigt halten würde, aus diesem Grunde dem Gläubiger den vollen Schutz des Rechtes zu versagen": Ravit, Archiv f. civil. Praxis, Bd. 58 S. 3. „Ja, das Sittengesetz verbietet sehr oft die Ausübung eines Rechts, das denn doch, nach dem Geständnis aller Welt, darum nicht aufhört, ein Recht zu sein. Das Recht dazu hatte er wohl, urteilt man dann, aber er hätte sich desselben hier nicht bedienen sollen": J. G. Fichte, Grundlage des Naturrechts (1796) I S. 52. S. auch Kohler, Shakespeare vor dem Forum der Jurisprudenz S. 78. 79.

11 (zu S. 5). Vgl. Lotmar in Brauns Archiv f. sociale Gesetzgebung VIII S. 25. Drucksachen der Kommission für Arbeiterstatistik, Verhandlungen Nr. 10 (Kleiderkonfektion) S. 46. 51. 59. 81.

12 (zu S. 6). Windscheid, Pandektenrecht I § 121 Anm. 3, Regelsberger, Pandekten I S. 230, und die eingehende Erörterung der römischen Zeugnisse bei Pernice, Labeo II² S. 57—66. Dazu 1 § 5 i. f. D 43, 30. Das „male enim nostro iure uti non debemus" bei Gaius I, 53 (und danach ähnlich in 2 J 1, 8) ist ein Moralsatz, der eine Rechtsvorschrift motivieren soll. Die unmoralische Ausübung einer Forderung konnte vom römischen Recht als Verstofs gegen die bona fides bekämpft werden, wo es auf diese ankam. Dem „Mifsbrauch" von Familienrechten steuert das deutsche B.G.B. §§ 1353. 1354. 1357. 1358. 1666.

13 (zu S. 6). Wegen des römischen Rechts s. die Worte von Voigt in Note 2 und Jhering, Geist des röm. Rechts II § 26 nach Anm. 41ª: „Der Jurist, der die Rechtsgrundsätze entwickelte und zu ihren Konsequenzen verarbeitete, der Richter, der sie anzuwenden hatte, weder sie kamen in Versuchung, den moralischen Gesichtspunkt hineinzumischen, noch auch das Volk in Versuchung, ihnen eine Rolle zuzumuten, die durch den Censor hinlänglich vertreten war." „Das Gebiet des Rechtlichen und Moralischen

ist heutzutage nicht durch bestimmte äuſserlich erkennbare Grenzen geschieden ... Bei den Römern hingegen lagen diese Gebiete weit auseinander ...“

14 (zu S. 8). Bayerisches Landrecht v. 1756 I, Kap. 1 § 16: „Die Konvention hat in folgenden Sachen nicht statt. 1. In Sachen, welche Natura vel Lege impossibiles sind, das ist solche Dinge, welche entweder gegen die Natur, oder gegen Ehrbarkeit, Gesetz und Ordnung, oder einem Dritten zu Präjudiz gehen.“ Preuſsisches Landrecht T. I, 4 §§ 6. 7; vgl. T. I, 3 § 35: „Aus unerlaubten Handlungen überkömmt der Handelnde zwar Verbindlichkeiten, aber keine Rechte.“ I, 5 § 68: „Verträge über unerlaubte Handlungen gelten ebensowenig, als über unmögliche.“ — Code civil a. 1131 und a. 1133; s. auch a. 1108: Quatre conditions sont essentielles pour la validité d'une convention .... Une cause licite dans l'obligation. a. 1132: La convention n'est pas moins valable, quoique la cause n'en soit pas exprimée. — Bad. Landr. Satz 1131 u. 1133. — Allgemeines bürgerl. Gesetzbuch für das Kaisertum Österreich § 878. Zu dem, was nach diesem „unerlaubt“ ist und darum nicht Gegenstand eines gültigen Vertrags werden kann, gehört nach Unger, System des österr. allgem. Privatrechts I³ § 58 S. 490 (vgl. II³ S. 43 a. E.), auch was gegen die guten Sitten (contra bonos mores) verstöſst. Hingegen enthält das Urteil des obersten Gerichtshofs zu Wien bei Seuffert, Archiv Bd. 46 Nr. 89 den Satz: „Selbst wenn diese Beeinflussung den ausgesprochenen Zweck hätte, das eigene Interesse ohne alle Rücksicht auf andere Interessentengruppen zu wahren, könnte sie allenfalls vom sittlichen Standpunkt aus als verwerflich, niemals aber als unerlaubt erscheinen, solange die Mittel, deren sie sich bedient, auf gesetzlichem Boden verharren.“ — B.G.B. f. d. Königr. Sachsen § 90: „Rechtsgeschäfte, welche ... den Gesetzen oder den guten Sitten widerstreitende Handlungen zum Gegenstande haben, sind nichtig.“ § 793: „Verträge ... über Handlungen, welche unmöglich sind, oder den Gesetzen oder guten Sitten widerstreiten, sind nichtig“. — Codice civile del Regno d'Italia § 1119: L'obbligazione senza causa o fondata sopra una causa falsa od illecita non può avere alcun effetto. § 1122: La causa è illecita quando è contraria alla legge, al buon costume o all' ordine pubblico. — Schweizerisches Obligationenrecht § 17, vgl. § 181. — Bürgerliches Gesetzbuch für das deutsche Reich § 138 Abs. 1. S. auch die Verweisungen der Motive zum I. Entwurf Bd. I S. 211. — Auch im englischen Privatrecht ist die

Ungültigkeit zahlreicher Verträge wegen ihrer Unerlaubtheit anerkannt. Diese im weiteren Sinn unlawful agreements werden von Pollock, Principles of Contract (4th ed.) p. 232—349 abgehandelt nach drei Klassen: illegal (dem positiven Recht widerstreitende), immoral (nämlich contrary to positive morality recognized as such by law) und against public policy (dem Gemeinwohl widerstreitende: gewissermaſsen „wider die öffentliche Ordnung“, wie es im I. Entwurf des B.G.B. § 106 hieſs). Dabei ist die zweite Klasse wenig umfassend verglichen mit anderen modernen Rechten und mit dem römischen, da es p. 261 heiſst: As a matter of fact sexual immorality . . . is the only or almost the only kind of immorality of which the common law takes notice as such. Andererseits begreift die dritte Klasse Verträge, welche bei uns zu den unmoralischen zählen. Auch das indische Recht (Indian Contract Act on Unlawful Agreements, s. 23, bei Pollock p. 686) hat die Ungültigkeit der unmoralischen Verträge.

15 (zu S. 8). Vgl. Lenel, Das B.G.B. und das Studium des röm. Rechts S. 9. 10. 17—19 und hier oben S. 51. 65. 79. 80.

16 (zu S. 10). Vgl. „die Motoren, von denen sich das Recht in seinen Satzungen bestimmen und leiten läſst“: Brinz, Pandekten I² § 13 g. E. Nach Unger, Österr. Privatr. I § 68 Anm. 16 „besteht überhaupt der Fortschritt in der Erhebung des Sittengesetzes zum Rechtsgesetz, in der Umkleidung der Forderungen der Sittlichkeit mit einem Rechtsschutz“. Anders Wundt, Ethik² S. 125 al. Nach Huber in Schmollers Jahrbuch **XX**, 2 S. 103 al. 2 „ist das deutsche Volk von jeher darauf ausgegangen, seine ethischen Anschauungen in die Rechtsordnung aufzunehmen“, was S. 115—132 ausgeführt wird; dies war wohl nicht etwas dem deutschen Volk Eigentümliches.

17 (zu S. 10). S. z. B. Voigt, Jus naturale III, bes. §§ 36 u. 53, wo von den unsolennen auſserhalb des Rechts, im Gebiet der mores sich bewegenden, auf die fides gestützten, zu gewisser Zeit in die Rechtssphäre übertretenden Geschäften gehandelt ist, ferner die §§ 38—42. 86—90. 101. 109—115. 126—129. — Bekker, Aktionen I S. 162 (Annahme des bonaefidei-Charakters durch schon bestehende Aktionen). — Brinz, Pandekten II § 319 Anm. 22 a. E. u. fg. § 325 Anm. 12 (die in ihrem „noch nicht obligatorischen Urzustande“ belassene fides) und vornehmlich § 225: die b.f. negotia waren „allem Anscheine nach einst lediglich auf Treu und Glauben gestellt, also klaglos oder rechtlich völlig frei, wie die vor-

augusteischen Fideikommisse nur durch fides d. h. nur insoweit bindend gewesen, als der Verpflichtete mit der fides nicht brechen wollte. Seit ihrer Klagbarkeit sind sie nun zwar rechtlich bindende oder obligatorische Geschäfte, und insoweit unter der Herrschaft des Rechtes; der Moral von Treu und Glauben aber immer noch dahin unterstellt, dafs ...", vgl. auch § 239 Anm. 12 sowie S. 95 oben und wegen der bona fides bei der Ersitzung Bd. I² S. 629. — Bechmann, Kauf 1, zehntes Kapitel „Die bona fides", namentlich S. 619 (die „Annahme wesentlicher Begriffseinheit der b. f. innerhalb der Ersitzung und innerhalb der Verträge"), S. 621. 627. 628 („ehrenwertes Verhalten", „die praktisch bethätigte ehrenwerte, ethisch normale Gesinnung", ebenso Bd. II S. 290 Anm. 1, während Pernice, Labeo II² S. 172 die die Gesinnung bestimmende Norm in den Vordergrund stellt, vgl. Bechmann, Kauf I S. 671 „dafs sie [die b. f.] unmittelbar als ethische Norm an den Einzelnen herantritt"), ferner S. 642 fg.: „Gerade in dieser stetigen Annäherung und Assimilierung der rechtlichen und der ethischen Norm vollzieht sich ein gutes Stück innerer und äufserer Rechtsentwicklung." „Aber allmählich bei fortschreitender Entwicklung hört diese b. f. auf eine freiwillige Bethätigung sittlicher Pflichten zu sein: hinter sie tritt helfend und ergänzend der Schirm und Zwang der Rechtsordnung: in eigentümlicher Weise wird die b. f. auf das Rechtsgebiet herübergezogen." „... die Assimilierung erfolgt auf dem Wege, dafs der Richter angewiesen und ermächtigt wird, bei seiner Entscheidung nicht nur die rechtlichen Normen, sondern auch ethische Gesichtspunkte zu berücksichtigen. Er soll entscheiden ex fide bona." „Und so ist es die durch die respondierende Thätigkeit der Juristen geleitete richterliche Praxis, welche allmählich die sittlichen Postulate zu rechtlichen Normen verdichtet." „Erst bei konsolidierter Praxis haben die Beteiligten einen äufseren Anhaltspunkt dafür, welcher Pflichten Erfüllung der Richter von ihnen erwarten werde: erst damit nimmt die b. f. für sie den Charakter einer rein äufserlichen Ordnung an." — Pernice, Labeo I S. 408—416, II² S. 157—197; nach S. 163 ist b. f. ein Ausdruck, „der unzweifelhaft eine sittliche Verbindlichkeit bezeichnet." S. 173: „dafs die b. f. in Vertragsverhältnissen eine Entwicklung durchgemacht hat, darüber ist man heutzutage einig; das Gebiet der Dinge, welche der Richter durch diese Klausel zu berücksichtigen befugt wurde, ist allmählich immer mehr erweitert." Ergebnisse S. 194—197, ferner viertes Kapitel „die bona und die mala fides," besonders S. 310—312 und S. 459—505 („Wesen der b. und der m. f."), die b. f. bei dinglichen Rechten „hat ihre Grundlage in der Sittlichkeit." — Wegen der Fideikommisse könnte die Erinnerung an 1 J 2, 23 genügen: Sciendum itaque est omnia fideicommissa primis temporibus infirma esse, quia nemo invitus cogebatur praestare id de quo rogatus erat... et ideo fideicommissa appellata sunt, quia nullo vinculo iuris, sed tantum pudore eorum qui rogabantur continebantur. Postea ... aut ob insignem quorundam perfidiam iussit consulibus auctoritatem suam interponere. Quod quia iustum videbatur et populare erat, paulatim conversum est in adsiduam iurisdictionem. Vgl. Arndts in Glücks Kommentar Bd. 46 S. 43. 44, Jhering, Geist des r. R. III Anm. 146, Pernice, Labeo I S. 413, Bruckner, Zur Geschichte des Fideikommisses (1893) S. 5. 9—11. 38—41. 48. 49. 51—54. S. endlich noch die in der Volksmoral wurzelnden zwischen gewissen Personen geltenden Pflichten, welche erst „nachträglich ins Rechtliche übersetzt" worden sind: Brinz, Pandekten I S. 235, II § 222, III § 455 Anm. 15—33. — Zum positiven Einfluſs der Moral aufs Recht kann man auch zählen ihre rechtlich geforderte Berücksichtigung bei der Vertragsauslegung und damit bei der Anwendung des Rechts, z. B. 102 D 35, 2. BGB. f. d. Deutsche Reich § 153: „Verträge sind so auszulegen, wie Treu und Glauben mit Rücksicht auf die Verkehrssitte es erfordern." Vgl. die Motive z. Entw. I § 359.

18 (zu S. 11). Brinz, Pandekten II § 292 bei und in Anm. 26 („aus ethischen Motiven ... mag auch die Ausbeutung der mehreren lukrativen Erwerbsgründe versagt worden sein"), S. 466 („sittlich miſsfallen"), Pernice, Labeo II² S. 193 al. 2. — Ferneres Beispiel 1 § 5 D 44, 5: quae onerandae libertatis causa stipulatus sum, a liberto exigere non possum. Ein Grund ist nicht angegeben; es läſst sich vermuten, daſs sich die Moral gegen die Freiheitsbeschränkung sträubte, welche durch die beständige Furcht vor der Eintreibung hervorgerufen wurde. Vgl. 2 § 2 eod. (ut libertus eum timeat et obtemperet ei) und Tuhr, Notstand im Civilrecht S. 12/13. — In 2 § 1 D 44, 5: Si in alea rem vendam, ut ludam, et evicta re conveniar, exceptione summovebitur emptor — kann der Ausschluſs der Eviktionshaftung auf moralischer Miſsbilligung des Kaufgeschäfts beruhen, es wird dies aber nicht ausgesprochen. Nach Lenel, Edictum § 278 handelt es sich in den beiden vorigen Fällen um ediktale Exceptionen, die prätorischen

Klageversagungen entsprechen. Die vermifste moralische Motivierung könnte danach nur eine der Edikte selbst sein. — S. weiter 34 § 3 D 18, 1: Anm. 115.

19 (zu S. 11). Savigny, Obligationenrecht I S. 383 Anm. f: „der allgemeine Ausdruck ist: turpe, contra bonos mores. Davon sind Rechtsverletzungen, und insbesondere Verbrechen, nur einzelne Anwendungen.“ Brinz, Pandekten II² S. 122: „Was von Natur aus möglich ist ... ist möglicherweise durch die Gesetze oder Sitten verboten, in beiden Fällen unsittlich (contra bonos mores).“

20 (zu S. 12). — cum ob turpem causam dantis et accipientis pecunia numeretur, cessare condictionem et in delicto pari potiorem esse possessorem: 5 p D 12, 7. — nec enim minus in hoc nepote is, qui de inofficioso cogniturus est, quam merita nepotis patris eius delicta perpendet: 3 § 5 D 37, 4. — hoc esse verum, si honestae et licitae rei societas coita sit: ceterum si maleficii societas coita sit, constat nullam esse societatem. Generaliter enim traditur rerum inhonestarum nullam esse societatem: 57 D 17, 2. — nec sine flagitio amittuntur: arma enim postliminio reverti negatur, quod turpiter amittantur: 2 § 2 D 49, 15. Vgl. auch — nec societas aut mandatum flagitiosae rei ullas vires habet: 35 § 2 D 18, 1 einerseits mit — flagitiosae rei societas coita nullam vim habet: 70 i. f. D 46, 1 in Bezug auf furtum, andererseits mit — rei turpis nullum mandatum est: 6 § 3 D 17, 1.

21 (zu S. 12). z. B. — si quis de ea re mandet, quae contra bonos mores est, non contrahi obligationem; veluti si tibi mandem, ut Titio furtum aut injuriam facias: Gai. III, 157. — est constitutum turpia lucra heredibus quoque extorqueri, licet crimina extinguantur: 5 p D 3, 6. — ubi autem et dantis et accipientis turpitudo versatur, non posse repeti dicimus: veluti si pecunia detur, ut male iudicetur: 3 D 12, 5. — qui aedem sacram spoliandam, hominem vulnerandum, occidendum mandatum suscipiat, nihil mandati iudicio consequi potest propter turpitudinem mandati: 22 § 6 D 17, 1. — turpes stipulationes nullius esse momenti: veluti si quis homicidium vel sacrilegium se facturum promittat: 26. 27 D 45, 1. — si in ipsa turpitudine filiam de adulterio deprehendat: 24 p D 48, 5. — probra quaedam natura turpia sunt, quaedam civiliter et quasi more civitatis. Utpote furtum, adulterium natura turpe est: 42 D 50, 16. — quod turpi

ex causa promissum est, veluti si quis homicidium vel sacrilegium se facturum promittat: 24 J 3, 19.

22 (zu S. 12). — sub condicione scriptus heres, quam senatus aut princeps improbant, testamentum infirmet patris, ac si condicio non esset in eius potestate: nam quae facta laedunt pietatem existimationem verecundiam nostram et, ut generaliter dixerim, contra bonos mores fiunt, nec facere nos posse credendum est: 15 D 28, 7. In 3 § 1 D 4, 2 umfaſst die vis, quae adversus bonos mores fit, die von einem Magistrat per iniuriam oder non iure licito begangene.

23 (zu S. 12). Schon Cicero, de off. III, 17, 69 unterscheidet deutlich: Hoc quamquam video propter depravationem consuetudinis neque more turpe haberi neque aut lege sanciri aut iure civili, tamen naturae lege sanctum est.

24 (zu S. 13). z. B. semper in coniunctionibus non solum quid liceat considerandum est, sed et quid honestum sit: 42 p D 23, 2. — non omne quod licet honestum est: 144 p D 50, 17. — recte defendi non turpem causam in proposito quam nullam fuisse, cum pecunia quae daretur in dotem converti nequiret: non enim stupri sed matrimonii gratia datam esse: 5 p D 12, 7. — quod si in dando aes subiecisset, turpiter fecisse, non furem esse: 36 p D 13, 7. — cum aes pignori datur, etiamsi aurum esse dicitur, turpiter fit, furtum non fit: 20 p D 47, 2.

25 (zu S. 13). — quod turpiter vel scelere quaesitum est: 16 § 2 D 4, 2. — qui propter nequitiam malosque mores flagitiumve aliquod admissum: 43 § 4 D 21, 1. — condiciones contra edicta imperatorum aut contra leges aut quae legis vicem optinent scriptae vel quae contra bonos mores: 14 D 28, 7. — quod contra ius est vel bonos mores — contra legem aliquid vel contra edictum praetoris vel etiam turpe aliquid: 112 § 3 D 30. — illicite vel probrose datum est: 1 p D 34, 6. — quoniam adversus bonos mores et ius gentium festinasset: 29 § 2 D 39, 5. — contra leges constitutionesque vel contra bonos mores: 6 C 2, 3. — vel legibus interdictum vel alias probrosum: 1 § 1 C 6, 41. 36 i. f. J 2, 20. — condiciones contra leges et decreta principum vel bonos mores adscriptae: Paul. r. s. III, 4[b], 2. — neque contra leges neque contra bonos mores pacisci possumus: Consult. 4, 7. 7, 4.

25[a] (zu S. 13). Übersicht über die Sittlichkeit der Römer in der klassischen Zeit ihres Rechts bei Voigt im Handb. d. klass. Altertumswissenschaft[2] IV S. 423—427.

26 (zu S. 14). Die gegenteilige Praxis rückt ihnen für seine Zeit vor Plautus im Trinum. IV, 3, 30 sqq. mit den folgenden hübschen Worten:

Mores leges perduxerunt iam in potestatem suam,
Magis quis sunt obnoxiosae quam parentes liberis.
Eae misere etiam ad parietem sunt fixae clavis ferreis,
Ubi malos mores adfigi nimio fuerat aequius.

Einen anderen Vorwurf enthält das bekannte Lob, das Tacitus, Germ. 19 den Germanen spendet: plusque ibi boni mores valent, quam alibi bonae leges. Hingegen von den röm. Juristen sagt Brunetti, Il diritto Rom. e le scienze sociali (1896) p. 15: ebbero per intento sommo di conciliare i due estremi, di armonizzare l'utile coll' onesto.

27 (zu S. 14). Geflissentlich absehend (S. 9) von den öffentlichrechtlichen Folgen der Unehrbarkeit (z. B. 1 § 10 D 48, 16. 4. 8 D 48, 2. 28 § 16 D 48, 19 und 8 C 10, 32. 1 C 10, 59. 2 C 12, 1 nebst Greenidge, Infamia p. 32 und ch. VI) brauchen wir nur zu erinnern 1) an die zwei prätorischen Edikte, welche Postulationsbeschränkungen über gewisse Unmoralische verhängten. Im einen war einigen Moralfrevlern das Postulieren für Andere gänzlich versagt: 1 § 5 D 3, 1 (item notavit personas in turpitudine notabiles), mit näherer Angabe in § 6 eod.; im zweiten gewissen anderen Unmoralischen das Postulieren für Andere nur ausnahmsweise gestattet: 1 § 7 (quasi minus deliquerint) und § 8 eod. — 2) an die zwei prätorischen Edikte, welche gewissen Moralfrevlern die Fähigkeit benahmen Cognitoren zu bestellen und zu Cognitoren bestellt zu werden: fr. Vat. 320—324 (Lenel, Edictum S. 73—76). In gleichem Mafs waren sie von der Prozefsprokuratur ausgeschlossen. Nicht zum cognitor oder procurator in rem suam ernannt werden können bedeutete für die Zeit vor dem Aufkommen der actio utilis suo nomine des Cessionars die Unfähigkeit sich eine Forderung cedieren zu lassen: Greenidge p. 158/9. — 3) Popularis actio integrae personae permittitur, hoc est cui per edictum postulare licet: 4 D 47, 23. — 4) Et quibusdam personis non dabitur (sc. actio doli) — luxurioso atque prodigo aut alias vili adversus hominem vitae emendatioris: 11 § 1 D 4, 3. — S. überhaupt noch Voigt, Röm. Rechtsgeschichte I § 23 Anm. 25—48.

28 (zu S. 14). Paul. r. s. III, 4[a], 12: Prodigus recepta vitae sanitate ad bonos mores reversus —. 1 p D 27, 10: — sanos

mores receperit. Ulp. XII, 3: male dissipant bona. 15 p D 27, 10: Et mulieri quae luxuriose vivit, bonis interdici potest; vgl. die vorige Note Nr. 4. — Ähnlich — rechtliche Schmälerung wegen Immoralität — ist die den Vater betreffende Entziehung der Verwaltung der Adventizien: Nam si patria potestate ad corrumpendi atque effundendi patrimonii licentiam abutetur, ut furioso ac dementi, item prodigo, libidinum omnium vitiorumque servo non est eorum pecunia committenda: 13 § 2a C 9, 51.

29 (zu S. 14). 1 C. Th. 2, 17: Omnes adolescentes, qui honestate morum praediti . . . testibus advocatis . . . morum suorum instituta probitatemque testimonio vitae honestioris edoceant. — Feminas quoque . . . quas morum honestas . . . commendat. — de suis moribus et honestate perdoceant —.

30 (zu S. 14). 3 p D 22, 5: Testium fides diligenter examinanda est. Ideoque in persona eorum exploranda erunt in primis . . . et an honestae et inculpatae vitae an vero notatus quis et reprehensibilis —. 2 eod. (mores). 21 § 3 eod. (si testes omnes eiusdem honestatis et existimationis sint). Nov. 90 c. 1 pr. (testium vita, quia inculpabilis atque moderata est). Ja von der strafrechtlichen lex Julia de vi wurde für ihre Prozesse gewissen moralisch Schiffbrüchigen die Fähigkeit zum Zeugnis gänzlich entzogen: 3 § 5 D 22, 5 (propter notam et infamiam vitae suae admittendi non sunt ad testimonii fidem). Vgl. Greenidge, Infamia p. 166—170.

31 (zu S. 15). 22 § 6 D 24, 3: — nonnumquam patri denegandam actionem, si tam turpis persona patris sit, ut verendum sit, ne acceptam dotem consumat. Vgl. 8 p D 3, 3 (si forte pater absens sit vel suspectae vitae, quo casu solet filiae competere de dote actio).

32 (zu S. 15). 17 § 1 D 26, 2: Non omnimodo autem is qui satisdet praeferendus est: quid enim si suspecta persona sit vel turpis, cui tutela committi nec cum satisdatione debeat?

33 (zu S. 15). 8 D 26, 3 (vel morum ante celata vel ignorata emersit improbitas). 8 D 26, 10 = 13 J 1, 26 (suspectum tutorem eum putamus, qui moribus talis est, ut suspectus sit). Vgl. 19. 25 D 3, 3.

34 (zu S. 15). 3 § 4 D 43, 30 (der angebliche Vater: auctoritatis prudentiae fidei exploratae, der Gegner: humilis calumniator notae nequitiae, oder umgekehrt der Gegner: vir omnibus modis probatus, der angebliche Vater: suspectus quasi calumniator. Si vero utraque persona suspecta est aut tamquam infirma aut tam-

quam turpis —). 3 § 5 eod. (optinuit enim mater ob nequitiam patris, ut sine deminutione patriae potestatis apud eam filius moretur. Cf. 1 § 3 eod.

35 (zu S. 15). 17 § 13 D 47, 10: si pater remittat, iniuriarum actionem filio dandam, ut puta si patris persona vilis abiectaque sit, filii honesta: neque enim debet pater vilissimus filii sui contumeliam ad suam vilitatem metiri.

36 (zu S. 15). 7 J 4, 4: — secundum gradum dignitatis vitaeque honestatem crescit aut minuitur aestimatio iniuriae —. Vgl. auch 15 § 44. 18 p und 17 § 3. 35 D 47, 10.

37 (zu S. 15). 1 C. Th. 2, 19 (adversus eos dumtaxat institutos heredes, quibus inustas constiterit esse notas detestabilis turpitudinis). 3 eod. (cum infamiae aspergitur vitiis is qui heres exstitit, omniaque fratribus tradi, quae per turpitudinem aut aliquam levem notam capere non potest institutus). 27 C 3, 28. 1 J 2, 18. S. auch Köppen, Lehrbuch des Erbrechts § 103 Anm. 2. — 3 p D 37, 12: si turpes personas, veluti meretricem, a parente emancipatus et manumissus heredes fecisset, totorum bonorum contra tabulas possessio parenti datur: aut constitutae partis, si non turpis heres esset institutus.

38 (zu S. 16). Für Kinder und Eltern sind die unmoralischen Verhaltungsweisen vollständig aufgezählt in Nov. 115 c. 3 und c. 4, in Ansehung der ersteren werden sie in c. 3 als causae ingratitudinis bezeichnet. Früher, als die querela inofficiosi testamenti zweifellos nur Pflichtteilsklage war, hing ihre Versagung wegen unmoralischen Verhaltens des Klägers gegenüber dem Erblasser vom Ermessen des Richters ab. „Doch geben die Gesetze einzelne Anhaltspunkte“: Windscheid, Pandektenrecht III § 583 Anm. 1—3, z. B. 11 C 3, 28 (wer freiwillig dem Beruf des Cirkuskämpfers obliegt, hat kein Noterbenrecht). Für Geschwister ist die sie vom Pflichtteil ausschliefsende Immoralität auch von Justinian nicht fixiert worden, ausgenommen die Vernachlässigung des geisteskrank gewordenen Erblassers: Brinz, Pandekten III § 378 Anm. 31. Die Klagen wegen Verkürzung des Pflichtteilsrechts (actio suppletoria und querela inofficiosae donationis seu dotis) werden in Hinsicht auf die moralische Qualifikation des Klägers wie die querela inofficiosi testamenti behandelt: 30 p C 3, 28 (ingrati). Nov. 92 c. 1 § 1 (ingratitudo). — Wegen der Verwirkung des patronatischen Pflichtteilsrechts siehe die Aufzählung von Leist in Glücks Kommentar, Serie der Bücher 37 und 38 Bd. V S. 464

sub b. — 5 D 36, 1 (sed et qui magna praeditus est dignitate vel auctoritate harenarii vel eius mulieris, quae corpore quaestum fecerit, hereditatem restituere cogetur), welche einen erbrechtlichen Einfluſs der Moral ablehnt, zeigt damit, daſs er erwartet werden konnte.

39 (zu S. 16). Paul III, 5, 2 (honestati enim heredis convenit qualemcumque mortem testatoris inultam non praetermittere). 22 D 29, 5 (ingratae heredis). 21 D 34, 9 (omnes enim heredes vel eos qui loco heredis sunt officiose agere circa defuncti vindictam convenit). 29 § 2 D 39, 5 (quoniam adversus bonos mores et ius gentium festinasset). 8 § 14 D 5, 2 (qui testamentum inofficiosum improbe dixit et non optinuit). 1 p C 6, 35 (qui debitum officium pietatis omiserint). W. Eck, Indignität und Enterbung S. 88 bei Anm. 5, S. 76, S. 31 und sonst erblickt allgemein in der Indignitätserklärung „die Folge einer Verletzung der öffentlichen Moral", sie gehe hervor aus „dem Streben nach Aufrechterhaltung der guten Sitten". Nach S. 39 kommt hin und wieder „neben der ethischen Forderung nach Reinerhaltung des Erbenverhältnisses im römischen Recht ein rein praktischer Gesichtspunkt" zur Geltung.

40 (zu S. 16). 12 § 1 D 23, 1: Tunc autem solum dissentiendi a patre licentia filiae conceditur, si indignum moribus vel turpem sponsum ei pater eligat.

41 (zu S. 16). 3 § 5 D 37, 4: — etsi tam ignominiosam duxerit uxorem filius, ut dedecori sit tam ipsi quam patri mulierem talem habere, dicemus et ex ea natum ad bonorum possessionem avi admitti, cum possit avus iure suo uti eumque exheredare: nec enim minus in hoc nepote is, qui de inofficioso cogniturus est, quam merita nepotis patris eius delicta perpendet.

42 (zu S. 16): 63 § 1 D 35, 1: — si vero indignus sit nuptiis eius iste Titius, dicendum est posse eam beneficio legis cuilibet nubere. Quae enim Titio nubere iubetur, ceteris omnibus nubere prohibetur: itaque si Titius indignus sit, tale est, quale si generaliter scriptum esset „si non nubserit". Immo si verum amamus, durior haec condicio est quam illa „si non nubserit": nam et ceteris omnibus nubere prohibetur et Titio, cui inhoneste nuptura sit, nubere iubetur. Von dem, der eine solche Bedingung setzt, sagt 2 p C 6, 25: videri potest sub specie turpium nuptiarum viduitatem tibi indixisse.

43 (zu S. 16). Die Bescholtenheit knüpfte sich z. B. an die Ausübung des Schauspielerberufs oder an die Abstammung von Schauspielern. 44. 43. 42 § 1 D 23, 2. Ulp. fr. XIII. XVI, 2: Aliquando nihil inter se capiunt, id est si contra legem Iuliam Papiamque Poppaeam contraxerint matrimonium, verbi gratia si famosam uxorem duxerit, aut libertinam senator. S. ferner 1 C 5, 27. 7, C 5, 5 nebst Greenidge, Infamia p. 150/1. 199. — Während nach 3 C 5, 4 (vom Jahr 196) die Ehe des Freigelassenen mit der Patrona oder mit einer Angehörigen des Patrons „odios" ist, bemerkt Ulpian in 13 D 23, 2: Si patrona tam ignobilis sit, ut ei honestae sint vel saltem liberti sui nuptiae, officio iudicis super hoc cognoscentis hae prohiberi non debent. Hier wirkt die Immoralität der Frau dem Eheverbot entgegen. Vgl. Savigny, System II S. 556 Note d.

44 (zu S. 17). Retentio ex dote propter mores mulieris: Ulp. fr. VI, 9 u. 12. Mariti mores puniuntur etc.: Ulp. VI, 13. Wegen des iudicium de moribus s. Lenel, Edictum § 116.

45 (zu S. 17). 46 § 1 D 50, 16: Matrem familias accipere debemus eam, quae non inhoneste vixit: matrem enim familias a ceteris feminis mores discernunt atque separant ... neque nuptiae neque natales faciunt matrem familias, sed boni mores. Wegen der ursprünglichen Bedeutung dieser Erklärung s. Lenel, Edictum S. 331 § 201. Andere Verwendungen des Wortes bei Dirksen s. h. v. sowie Cic. Top. 3 (die Ehefrau in manu).

46 (zu S. 17). 41 § 1 D 23, 2: Et si qua se in concubinatu alterius quam patroni tradidisset, matris familias honestatem non habuisse dico. Vgl. 1 p D 25, 7. Glück, Kommentar Bd. 28 S. 361. 362, Paul Meyer, Der röm. Konkubinat S. 28. 82. 83. 90.

47 (zu S. 17). 7 D 7, 8: Non aliter autem mulier hospitem recipere potest, quam si is sit, qui honeste cum ea quae usum habeat habitaturus sit. Vgl. 4 § 1. 5. 6 eod.

48 (zu S. 18). 51 D 24, 1: — et verius et honestius est quod non demonstratur unde habeat existimari a viro aut qui in potestate eius esset ad eam pervenisse. Evitandi autem turpis quaestus gratia circa uxorem hoc videtur Quintus Mucius probasse. 6 § 1 C 5, 16: — cum probari non possit, unde uxor matrimonii tempore honeste quaesierit, de mariti bonis eam habuisse veteres iuris auctores merito credidissent. Einschränkung der Präsumtion im BGB. § 1362.

49 (zu S. 18). 41 § 1 D 29, 1: Mulier, in qua turpis suspicio cadere potest, nec ex testamento militis aliquid capere potest —. Savigny System II, S. 558 und Keller, Institutionen S. 407 verstehen diese Stelle von Beziehungen der Frau zum Testator. Allein dies ist (anders als in 14 D 34, 9) nicht ausgesprochen.

50 (zu S. 18). 19 C 3, 28: Si filia tua turpiter et cum flagitiosa foeditate vivit, ut a successione tua eam excludendam putes, si non inconsulto calore, sed ex meritis eius ad id odium incitatus es, postremi iudicii liberum arbitrium habebis.

51 (zu S. 18). 7 C 8, 50: — cum igitur filiam tuam captam ac prostitutam ab ea quae eam redemerat ob retinendae pudicitiae cultum ac servandam natalium honestatem ad te confugisse proponas, praeses provinciae ... cum huiusmodi persona indigna sit pretium recipere propter odium detestabilis quaestus ... custodita ingenuitate natae tuae adversus flagitiosae mulieris turpitudinem tutam eam defensamque praestabit. — Kuppler und Kupplerin sind übrigens schon nach dem prätorischen Edikt als infames und nach der lex Iulia et Papia Poppaea privatrechtlich zurückgesetzt: Anm. 27. 43, namentlich 1. 4 § 2, 3 D 3, 2. 43 § 6—9 D 23, 2. Vgl. auch Valer. Max. VII, 7, 7 (Versagung der bonorum possessio secundum tabulas wegen lenocinium). 6 C 11, 41 (Verwirkung der väterlichen Gewalt).

52 (zu S. 18). 19 D 37, 14. 6 § 1 D 25, 3. Vgl. 1 C 8, 49. Leist in Glücks Kommentar Serie der Bücher 37 u. 38 Bd. 4 S. 385. 386, Bd. 5 S. 81—106.

53 (zu S. 18). S. Windscheid, Pandektenrecht II § 367 Nr. 3. Über und gegen eine allgemeine ingrati actio Seneca, de benef III, 6—17. — Anhangsweise sei noch darauf verwiesen, dafs auch die Moralität der Sklaven privatrechtliche Berücksichtigung erfährt. Bei Gefahr der Auflösung des Kaufs mufs der Sklavenverkäufer die Nationalität des Sklaven namhaft machen: praesumptum etenim est quosdam servos bonos esse, quia natione sunt non infamata, quosdam malos videri, quia ea natione sunt, quae magis infamis est — 31 § 21 D 21, 1. Ebenso steht es um das Edikt gegen die Händler, welche geriebene Sklaven für Neulinge verkaufen nach 37 D 21, 1 (mancipia, quae rudia sunt, simpliciora esse ... trita vero mancipia et veterana difficile est reformare et ad suos [sanos: Huschke] mores formare).

Vgl. 72 § 5 D 46, 3 (vispellionem aut alias turpem dederit hominem). 43 § 4 D 21, 1. Gai. I, 15. Die actio de servo corrupto sodann ist gegen den Urheber der moralischen Verderbnis eines Sklaven gerichtet: qui igitur servum sollicitat ad aliquid vel faciendum vel cogitandum improbe (1 § 3 D 11, 3). Vgl. 50 D 2, 14. 26 D 47, 10. Freilich scheint die durch die moralische Korruption bewirkte Wertminderung des Sklaven den Rechtszwang herbeigeführt zu haben: 9 § 3. 14 § 1, § 8 D 11, 3. — Es giebt endlich noch zwei Ersatzklagen, deren Aufstellung mit der Immoralität der damit zu Belangenden motiviert wird, nämlich die gegen die Sklavenhändler (Lenel, Edictum S. 443) in 44 § 1 D 21, 1: nam id genus hominum ad lucrum potius vel turpiter faciendum pronius est — und die ex recepto gegen die nautae, caupones und stabularii in 3 § 1 D 4, 9: ut innotesceret praetor curam agere reprimendae improbitatis hoc genus hominum.

54 (zu S. 18). Diesen Ausdruck bietet 2 C 10, 5: Retractare fiscum, quod semel vendidit, aequitatis honestatisque ratio non patitur.

55 (zu S. 19). 11 D 47, 2: Tum is cuius interest furti habet actionem, si honesta causa interest. 77 § 1 eod.: — nam licet intersit furis rem salvam esse, quia condictione tenetur, tamen cum eo is cuius interest furti habet actionem, si honesta ex causa interest —. 12 § 1 eod.: nemo de inprobitate sua consequitur actionem et ideo soli bonae fidei possessori, non etiam malae fidei furti actio competit.

56 (zu S. 19). 10 § 12 D 17, 1: — si fideiussor ex sua persona omiserit exceptionem, qua reus uti non potuit, si quidem minus honestam, habere eum mandati actionem —.

57 (zu S. 19). 13 § 11 D 39, 2: — is qui vitiosis aedibus cesserit, si integras retinuerit, numquid improbe ab eo, qui vitiosas aedes coepit possidere, cautionem exigit, cum ideo possessionem amiserit, quia ipse damni infecti satis non dederat? Et sane parum probe postulat ab eo caveri sibi earum aedium nomine, quarum ipse cavere supersedit —. Burckhard in Glücks Kommentar, Serie der Bücher 39 u. 40, Bd. 2 S. 322. Die Glosse verweist auf 6 D 34, 9 und 2 § 15 D 43, 8.

58 (zu S. 19). Coll. X, 2, 5: Actione depositi conventus cibariorum nomine apud eundem iudicem utiliter experitur: at is cui res commodata est inprobe cibariorum exactionem intendit.

59 (zu S. 20). Der Fall ist etwas komplizierter als der Kürze wegen im Text angenommen worden ist, da sonst auch nicht einzusehen wäre, wie es zur Anrufung der Immoralität und zu darauf fufsender rechtlicher Reprobation kommen könnte, wenn die empfangene Zahlung von Rechtswegen die Schuld tilgen würde, welche beim zweitenmal geltend gemacht wird. Gemeint ist der Fall von 51 § 1 D 42, 1: Si quis creditorem missum in possessionem rei servandae causa non admiserit, si venditor praestiterit creditori, quanti eius interfuerit, quaesitum est an debitor liberetur. Et puto improbum esse eum, qui velit iterum consequi quod accepit. Das, was der creditor zuerst erlangt hat, ist „quanti eius interfuerit“, sein Interesse, der Schadensersatz. Dieser ist ihm freiwillig geleistet worden (praestiterit), er hat ihn nicht einzuklagen brauchen mit der actio in factum, einer Poenalklage (1 § 8 D 43, 4), d. h. Deliktsklage, welche der Prätor demjenigen in possessionem bonorum missus verleiht, der böswillig an der Besetzung gehindert worden ist: Lenel, Edictum S. 341 § 216. Jenes Interesse umfafst utilitatem creditoris, ut quantum eius interest possessionem habere, tantum ei qui prohibuit condemnetur: 1 § 5 D 43, 4. Dazu kann der ganze Betrag seiner Forderung gehören, insofern er bei Zulassung zum Besitz, d. h. zur Teilnahme an der Exekution sich mittelst Verkaufs der besetzten Güter die Befriedigung für seine Forderung verschafft haben würde. Wer in unserem Fall den Gläubiger an der Besetzung gehindert hat, ist in der Stelle nicht gesagt. Wohl aber ergiebt sich aus derselben, dafs die Interesseprästation nicht vom Schuldner selbst ausgegangen ist. Dieser Umstand wie der weitere, dafs, was dem Gläubiger gezahlt worden ist, ihm als Interesseleistung des angegebenen Umfangs gezahlt worden ist, bildet den Grund der Frage „an debitor liberetur“, da der Schuldner von Rechtswegen nur befreit wird, wenn zur Tilgung seiner, d. h. der ursprünglichen und nicht der späteren, durch das Delikt der Hinderung an der Besitznahme entstandenen Schuld bezahlt worden ist. Da aber der Gläubiger mit oder in dem Schadensersatz schon den Betrag jener ursprünglichen Schuld empfangen hat, so kann man zwar nicht auf ihn anwenden (woran Pernice, Labeo II[2] S. 194 zu denken scheint) den Satz „bona fides non patitur ut bis

idem exigatur“, insofern die Identität verneint werden darf, wohl aber kann man ihn einen improbus schelten, wenn er velit iterum consequi quod accepit. Die vorstehende Deutung wäre hinfällig, wenn man mit Ubbelohde, in Glücks Kommentar Serie der Bücher 43 u. 44, Tl. III S. 204 „unter dem debitor, dessen Befreiung fraglich ist, nicht den Schuldner der Forderung, welche die missio veranlafst hat, sondern denjenigen, der sich durch Verhinderung des Immittierten ersatzpflichtig gemacht hat“ zu verstehen hätte. Allein gegen diese Beziehung von „debitor“ spricht a) dafs nicht ohne Härte der eingangs der Stelle als „quis“ eingeführte Urheber der Hinderung später als „debitor“ bezeichnet werden kann; b) dafs „debitor“ zweifellos dem „creditori“ korrespondiert, dafs aber damit der Gläubiger nicht als Gläubiger der Ersatzforderung gemeint sein kann, weil schon im Eingang der creditor missus vorkommt, also noch bevor er eine Ersatzforderung bekommen hat. Man kann auch nicht mit Ubbelohde sagen, Paulus halte „für unbillig, dafs der Gläubiger, dessen Interesse gedeckt ist, den Betrag desselben poenae nomine nochmals eintreibe“. Der Gläubiger, dem der Schadensersatz prästiert worden ist, kann nicht als einer gedacht sein, der dessen Betrag „nochmals eintreibe“; diese Eintreibung kann sich nur auf das ursprüngliche debitum beziehen. „Ohne Zweifel,“ bemerkt Ubbelohde S. 203, „bezieht sich die Erörterung des Paulus auf einen Hergang, der im gewöhnlichen Laufe der Dinge lag, nicht auf irgend ein ganz vereinzeltes Vorkommnis.“ Allein es ist nicht ersichtlich, woraus diese Zweifellosigkeit hervorgeht. Wenn der Hergang im gewöhnlichen Lauf der Dinge gelegen hätte, so hätte zu seiner Beurteilung das gewöhnliche Recht ausgereicht, und der Jurist hätte nicht seine Ethik aufzubieten brauchen (puto improbum esse), um daraus auf die vom Recht erteilte Antwort schliefsen zu lassen Sehr richtig sagt Ubbelohde S. 201: „Die Schwierigkeit steckt in dem venditor; wer ist darunter zu verstehen?“ Für unseren Zweck brauchen wir aber hierauf nicht einzugehen. Ohne duplex interpretatio wird die Schwierigkeit kaum zu heben sein. Vielleicht hat Paulus „bonorum emptor“ geschrieben, wie Lenel, Paling. Paul. No. 1013 vermutet; vielleicht hat er bei venditor an einen der Gläubiger gedacht, die den Verkauf an den bonorum emptor vorgenommen haben.

60 (zu S. 20). 17 D 21, 2: Vindicantem venditorem rem, quam ipse vendidit, exceptione doli posse summoveri nemini du-

bium est, quamvis alio iure dominium quaesierit: improbe enim rem a se distractam evincere conatur. H. Krüger, Beiträge zur Lehre von der exceptio doli I S. 48—52. 89. — Den Schlufssatz von 41 D 13, 7 — sed si convenisset de pignore, ut ex suo mendacio arguatur, improbe resistit, quo minus utilis actio moveatur — als Beleg hier anzureihen, trage ich Bedenken. Er ist einmal, logisch genommen, sehr holperig. Man lese nur die richtige Übersetzung in Sintenis' Corpus juris: „Aber wenn eine Übereinkunft wegen des Pfandes getroffen worden wäre, so dafs er wegen seiner Lüge für schuldig erklärt würde, so widersetzt er sich unredlicherweise, dafs die analoge Klage angestellt werde.“ Sprachlich ist anstöfsig, dafs der Eigentümer der Pfandsache, von dem der Satz zu sprechen scheint, im vorausgehenden bei Angabe des Falles in der ersten, nicht in der dritten Person auftritt. Von den Basiliken und ihrem Scholion wird unser Satz ignoriert.

61 (zu S. 20). 28 § 4 D 36, 1: A patre heres scriptus et exheredato filio substitutus si rogatus fuerit hereditatem, quae ad eum ex substitutione pervenerit, Titio restituere, cogendus non est vivo pupillo patris hereditatem adire ... quia non probe de hereditate viventis pueri aget —. 2 § 2 D 28, 6: — ut puta si iam pupillus decessit: ceterum si adhuc vivat, improbum esse Julianus (lex cit.) existimat eum, qui sollicitus est de vivi hereditate. Dafs der Universalfideikommissar, dem doch nur die Pupillenerbschaft zu restituieren ist, zum Antritt der väterlichen zwingen will, kommt daher, dafs der Antritt der väterlichen Erbschaft auch als Antritt der Kindeserbschaft gilt, wann es zur Delation dieser kommt. Vgl. Windscheid, Pand. III § 559 Anm. 22.

62 (zu S. 20). 24 § 3 D 13, 7 — quare si prostituit ancillam („Pfandweib“) vel aliud improbatum facere coegit, ilico pignus ancillae solvitur. Vgl. Anm. 51.

63 (zu S. 20). Aufser der praesumtio Muciana (Anm. 48) s. 5 p D 3, 6: — nam est constitutum turpia lucra heredibus quoque extorqueri, licet crimina extinguantur: ut puta ob falsum vel iudici ob gratiosam sententiam datum et heredi extorquebitur, et si quid aliud scelere quaesitum. 16 § 2 D 4, 2: — quod turpiter vel scelere quaesitum est . . . ad compendium heredis non debet pertinere. — 52 D 5, 3: Si possessor ex hereditate inhonestos habuerit quaestus, hos etiam restituere cogetur, ne honesta inter-

pretatio non honesto quaestui lucrum possessori faciat. Vgl. 27 § 1 eod. und 33 D 6, 1 nebst Francke, Kommentar über den Pandektentitel de her. pet. S. 317. 318 und Kohler, Arch. f. bürg. R. V, 247. 248. — 12 § 2 D 26, 7: Nimium est licere tutori respectu existimationis pupilli erogare ex bonis eius, quod ex suis non honestissime fuisset erogaturus. Vgl. 12 § 3 eod. 3 C 5, 37: Sumptus in pupillum tuum necessario et ex honestis iustisque causis iudici, qui super ea re cogniturus est, si probabuntur facti, accepto ferentur. — Vgl. ferner 6 § 5 C 2, 6 (videlicet ut non ad turpe compendium stipemque deformem haec adripiatur occasio). 6 C 12, 1 (Ne quis ex ... omnique officiorum faece diversisque pastis turpibus lucris aliqua frui dignitate pertemptet). 8 D 48, 2 (prohibentur accusare . . . alii propter turpem quaestum). 7 § 4 D 48, 20. 7 C 8, 50 (Anm. 51). Für die Haftung aus in rem domini versio ist die Moralität der Verwendung gleichgültig nach 3 § 6 D 15, 3: Nec non illud quoque in rem domini versum Labeo ait, quod mutuatus servus domino emit volenti ad luxuriae materiam, unguenta forte, vel si quid ad delicias vel si quid ad turpes sumptus sumministravit —. 31 § 1 D 16, 3 (nihilo minus ei restituenda sunt qui deposuit, quamvis male quaesita deposuit). An der von Gai. II, 55—58 besprochenen lucrativa pro herede usucapio, durch welche einer wissentlich fremdes Gut, ja dereinst fremde Erbschaften in kurzer Frist sich aneignen konnte, nahmen die Römer lange Zeit keinen moralischen Anstofs, zum Teil darum, weil dieses Institut der Erfüllung religiöser Gebote Vorschub leistete. Später anerkannte man Besitz und Ersitzung solcher Art als inproba possessio et usucapio und dem moralisch Anstöfsigen entzog das Recht den lange gewährten Schutz. — Berücksichtigung der moralischen Qualität des Gewinnes in der heutigen Praxis bei Seuffert, Archiv Bd. 46 Nr. 179: „vielmehr würde der Gewinn, den hier der Kläger ersetzt verlangt, in der That nur auf einen unehrenhaften Erwerb als seinen Grund zurückgeführt werden können. . . . Wenn ihm dieser Gewinn durch das vertragswidrige Verhalten des Beklagten entgangen ist, so entging ihm damit kein auf honesta causa beruhender Gewinn und er kann ihn so wenig ersetzt verlangen . . .“

64 (zu S. 21). 16 p D 38, 1: Eius arteficii, quod post manumissionem didicerit libertus, operas dedebit praestare, si haec sint, quae quandoque honeste et sine periculo vitae praestantur...

Sed si turpes operas postea exercere coeperit, praestare debebit eas, quas manumissionis tempore praestabat. — 38 p eod.: Hae demum impositae operae intelleguntur, quae sine turpitudine praestari possunt et sine periculo vitae. Nec enim si meretrix manumissa fuerit, easdem operas praestare debet, quamvis adhuc corpore quaestum faciat —. S. auch 7 § 3 eod. (Anm. 67). 48 § 2 eod.: Patronae, item filiae nepti et pronepti patroni, quae libertae nuptiis consensit, operarum exactio non denegatur, quia his nec ab ea quae nupta est indecore praestantur.

65 (zu S. 21). 26 p D 38, 1: Medicus libertus, quod putaret, si liberti sui medicinam non facerent, multo plures imperantes sibi habiturum, postulabat, ut sequerentur se neque opus facerent: id ius est nec ne? respondit ius esse, dummodo liberas operas ab eis exigeret, hoc est ut adquiescere eos meridiano tempore et valetudinis et honestatis suae rationem habere sineret. — Zwar nicht privatrechtlich, aber mit den eben genannten Ärzten zusammenhängend ist eine Verordnung der Kaiser Valentinian und Valens vom Jahre 370, welche den römischen Stadtbezirksärzten einschärft, dafs sie honeste obsequi tenuioribus malint, quam turpiter servire divitibus: 8 p C. Th. 13, 3. Aus derselben Zeit und von denselben Kaisern stammt die interessante Disciplinarverordnung für römische Studenten, wonach diese als Leute sich verhalten sollen, qui turpem inhonestamque famam et consociationes, quas proximas putamus esse criminibus, aestiment fugiendas etc.: 1 C. Th. 14, 9. The rule of conduct, sagt davon Gibbon, history of the decline, chap. 25, which was prescribed to the students, is the more curious, as it affords the first outlines of the form and discipline of a modern university. Zwei Jahre früher (368) hatten die nämlichen Kaiser die bemerkenswerte Verordnung (6 C 2, 5) über die Advokaten erlassen, in der die Anm. 63 citierten Worte von der Meidung des turpe compendium vorkommen. Und sechs Jahre vorher (362) hatte ihr Vorgänger Julianus verfügt: Magistros studiorum doctoresque excellere oportet moribus primum, deinde facundia: 5 C. Th. 13, 3.

66 (zu S. 21). 21 § 7 D 4, 8: Non debent autem obtemperare litigatores, si arbiter aliquid non honestum iusserit. — 21 § 11 eod.: Sed si in aliquem locum inhonestum adesse iusserit, puta in popinam vel in lupanarium ... sine dubio impune ei non parebitur —. Diese Straflosigkeit beruht auf dem Inhalt des Befehls

und ist unabhängig von der Moralität der Parteien. Wenn daher die Stelle fortfährt: unde eleganter tractat (scil. Celsus), si is sit locus, in quem alter ex litigatoribus honeste venire non possit alter possit, et is non venerit, qui sine sua turpitudine eo venire possit, is venerit qui inhoneste venerat, an committatur poena compromissi an quasi opera non praebita. Et recte putat non committi: absurdum enim esse iussum in alterius persona ratum esse, in alterius non — so ist zwar diese Entscheidung so einleuchtend, als die Begründung schlagend ist: nur darf man daraus nicht schliefsen, dafs sich der Jurist für den Verfall der Strafe entschieden haben würde, wenn beide Parteien von solcher Bescholtenheit gewesen wären, dafs sie sine sua turpitudine den Befehl hätten befolgen können. — Als Belege für Modifikationen des röm. Privatrechts in moralischer Tendenz, d. h. zur Niederhaltung der Moralwidrigkeit liefsen sich auch noch anführen: 2 D 25, 2: — nam in honorem matrimonii turpis actio adversus uxorem negatur. (22 § 4 C 6, 2: lex ita atrocem actionem dare in personas ita sibi coniunctas erubuit). 1 § 1 D 40, 12: — dicemus liberis parentium etiam invitorum eandem facultatem dari (den Freiheitsprozefs zu erheben): neque enim filii modica ignominia est, si parentem servum habeat. Vor dieser Schande mufs das väterliche Recht auf Gehorsam zurücktreten. — 12 § 1 D 26, 5, wonach mehrere römische Juristen sich dagegen erklärten, dafs der Sohn dem Vater zum Kurator bestellt werde, quasi indecorum sit patrem a filio regi, während nach kaiserlicher Verordnung dem extraneus der Sohn als Kurator vorzuziehen ist, si sobrie vivat. — 3 C 5, 60, worin Justinian indecoram observationem in examinanda marum pubertate abschafft und das Pubertätsalter der Knaben auf vierzehn Jahre festsetzt: indagatione corporis inhonesta cessante. S. auch noch 4 § 2 D 2, 4. 9 § 3 D 4, 8.

67 (zu S. 22). Nov. 51 praef. (Authenticum): Non enim si quis ab aliquo iusiurandum acceperit, quia occidet forsan aut adulterabitur aut aliquid aget tale illicitum, oportet servari iusiurandum, utpote cum sit ita turpe et illicitum et ad perditionem deducens. Vgl. auch 8 § 6 D 28, 7: Quotiens heres iurare iubetur daturum se aliquid vel facturum, quod non improbum est —. 7 § 3 D 38, 1: Jurare autem debet operas donum munus se praestaturum, operas qualescumque, quae modo probe iure licito inponuntur: Anm. 64.

68 (zu S. 22). 2 D 5, 2. — Paul. r. s. IV, 5, 1: non ex officio pietatis videtur esse conscriptum. („officium pietatis“ auch in 1 p C 6, 35 cit. in Anm. 39). Valer. Max. VII, 7, 5: cum patre septem fratres impie exheredatos videbat. — 4 D 5, 2: maligne circa sanguinem suum inferentes iudicium, novercalibus delenimentis corrupti. — 5 eod.: huius autem verbi „de inofficioso“ vis illa ut dixi est docere immerentem se et ideo indigne praeteritum vel etiam exheredatione summotum ... cum testamentum inique ordinaret. — p J 2, 18: — queruntur aut inique se exheredatos aut inique praeteritos —. 15 p D 5, 2: — non minus parentibus quam liberis pie relinqui debet. Wegen der „Pflichten, welche in den von altersher katechetisch gehegten und rangmäfsig abgestuften Pietäts-, Reverenz- und Treuverhältnissen gewisser Personenkreise gelegen, zwar vom Rechte auch wahrgenommen werden, allein niemals ‚Rechte‘ oder ‚Aktionen‘ der anderen, sondern heilige und weltliche Acht, Infamie, Querel und Bitte um obrigkeitlichen Zwang gegen den Pflichtwidrigen nach sich ziehen“: s. Brinz, Pandekten I, S. 210. III, 589—591. 604. 605, wonach es hier sich um Pflichten handelt, die nach der Volksmoral zwischen gewissen Personen als solchen gelten. „Die Inofficiosität des Testamentes ist nur eine von den vielen möglichen Inofficiositäten des Vaters, wesentlich nichts anderes als die nequitia, welche zur Interdiktion und Trennung vom Kinde und Vermögen führt.“ S. auch Leist in Glücks Kommentar, Serie der Bücher 37. 38. Bd. 5 S. 117. 118. Das officium ist, wie die fides, ein Centralbegriff der römischen Ethik und Kern der römischen Moral: in eoque et colendo sita vitae est honestas omnis et neglegendo turpitudo. Cic. de off. I, 2, 4.

69 (zu S. 23). Valer. Max. VII, 8, 2 (eo se ipsa indigniorem iniuria ostendens). VII, 8, 4 (ut non solum flagitiosum silentium, sed etiam praelatio contumeliosa videri posset). 4 D 5, 2 (parentibus, qui iniuriam adversus liberos suos testamento inducunt). 8 p eod. (inofficiosi querellam patrem filii sui nomine instituere non posse invito eo: ipsius enim iniuria est). 22 p eod. (indignatio filii est).

70 (zu S. 23). Bekker, Aktionen I, 278. 279. Voigt, Jus naturale III Anm. 1827. Unzner, Die querela inoff. test. (1891) S. 1—10.

71 (zu S. 23). Eisele, Zur querela inofficiosi, in der Zeitschr. f. Rechtsgeschichte, Neue Folge XV S. 256—306.

72 (zu S. 24). 2. 5. 13. 19 D 5, 2. 36 D 32. p J 2, 18 (quasi non sanae mentis; quasi a demente; quasi furiosus; quasi furiosae), vgl. Voigt a. a. O. Anm. 461, und Leist a. a. O. S. 119 Anm. 14. — Eisele a. a. O. S. 263/264: „Nimmt man an, der Pflichtteilsberechtigte sei als Intestaterbe mit hereditatis petitio vorgegangen, so ist vom Standpunkt des Legisaktionsprozefses und des ius civile der color insaniae einerseits unentbehrlich, andrerseits leistet er vollkommen das, was man braucht; denkt man sich dagegen, der Streit drehe sich blofs darum, ob das Testament inofficios sei, so bleibt dunkel sowohl, wozu der color insaniae notwendig sei, als was damit ausgerichtet werden könne."

73 (zu S. 24). d. h. die im Kognitionsverfahren verhandelte; solches war nach Eisele S. 266. 267. 280 zunächst ein Bedürfnis für die Blutsverwandten, die nur prätorische Erbanwartschaft hatten, und für die in den Provinzen ansässigen römischen Bürger.

74 (zu S. 24). Eisele a. a. O. S. 282 fg.

75 (zu S. 25). 9 § 1 D 28, 2: Sed si ex ea, quae alii nupta sit, postumum quis heredem instituerit, ipso iure non valet, quod t u r p i s sit institutio. Es handelt sich hier nicht um einen postumus alienus, weder um ein vom alius und der nupta, noch um ein vom Testator mit der nupta im Ehebruch zu erzeugendes Kind; sondern es handelt sich um einen postumus suus, um ein ehelich vom Testator abstammendes Kind. Vgl. 4. 5. 9 §§ 3 u. 4. 28 § 3 eod. und dazu Mühlenbruch in Glücks Kommentar Bd. 39 S. 389—396. Von der Regel in 28 § 3 cit. (Et generaliter nato post testamentum heredi scripto aditus est ad hereditatem, in qualicumque statu testamenti faciendi tempore fuit quae postea testatori civiliter nupta est) macht unsere l. 9 § 1 cit. eine von der Moral diktierte Ausnahme. Es ist turpe, auf das Freiwerden der Frau durch den Tod ihres gegenwärtigen Ehemannes zu rechnen, oder sie zur Scheidung von ihm zu provozieren. Es ist dagegen nicht turpe, auf den Wegfall der Hindernisse zu rechnen, welche in 9 § 4 oder 28 § 3 citt. der Ehe des Testators mit der künftigen Mutter des postumus zur Zeit entgegenstehen.

76 (zu S. 25). 54 p D 30: Turpia legata, quae denotandi magis legatarii gratia scribuntur, odio scribentis pro non scriptis habentur. Der Testator soll nicht beschimpfen, der Legatar den Schimpf nicht annehmen dürfen durch Annahme des Legats. Da jedoch die Beschimpfung einmal geschehen ist und semper aliquid haeret, so hätte man das Legat auch gelten lassen können, als Pflaster auf die Wunde. So aber gereicht die vom Testator herrührende turpitudo dem unschuldigen Legatar zum Nachteil, obwohl die Nichtigkeit odio scribentis eintreten soll. Allein wahrscheinlich beruht die Entscheidung darauf, daſs es dem Testator nicht auf die Zuwendung, sondern auf die Beschimpfung ankam: denotandi magis legatarii gratia, d. h. der Schimpf war Zweck, das Legat nur Mittel zum Zweck, oder wie die Glosse sagt: non valet legatum, quia magis relictum est causa infamandi legatarium, quam ut inde haberet aliquam utilitatem. In 37 § 2 D 32 (Maevio liberto meo de me nihil merito dari volo etc.) scheint der Vorwurf der Gültigkeit des ernsthaften Vermächtnisses keinen Eintrag zu thun. Ferner ist jede Erbeinsetzung cum maledicto (z. B. filius meus inpiissimus male de me meritus heres esto) trotz der Verbindung mit der Schmährede gültig: 49 § 1 D 28, 5, ebenso wie die Enterbung des Sohnes cum convicio: 3 p D 28, 2. Hingegen ist aus 9 § 8 D 28, 5 zu schlieſsen, daſs bei der Erbeinsetzung das Schimpfwort (quod contumeliae causa solet addi), auch wenn kein Zweifel über seine Beziehung besteht, die namentliche Einsetzung nicht vertreten kann. Vgl. Mühlenbruch in Glücks Kommentar Bd. 40 S. 196. 197 und Dernburg, Pandekten III § 77 Anm. 7. — Wegen der moralischen Beurteilung der mit Kränkung verbundenen Wohlthat s. Seneca, de benef. II, 6—8, z. B. „ne principi quidem satis decorum est donare ignominiae causa“.

77 (zu S. 25). 112 § 3 D 30: Si quis scripserit testamento fieri, quod contra ius est vel bonos mores, non valet, veluti si quis scripserit contra legem aliquid vel contra edictum praetoris vel etiam turpe aliquid. — 7 i. f. D 33, 1: — interventu iudicis haec omnia debent, si non ad turpem causam feruntur, ad effectum perduci. — Nicht kann man hierher stellen die captatorischen Einsetzungen und Vermächtnisse (1 D 34, 8. 71. 72 § 1 D 28, 5. 64 D 30), da sie nicht für unmoralisch erklärt werden (S. 11 oben). Zwar läſst sich mit Fitting, Archiv f. civ. Praxis Bd. 56 S. 419

sagen, dafs „wegen der Unsittlichkeit, die in jeder Handlung der Erbschleicherei liegt, die ganze Verfügung mit einem unsittlichen Charakter behaftet ist und daher des Rechtsbestands entbehren mufs“. Nachdem aber der römische Senat jene captatorischen Verfügungen für ungültig erklärt hat (wohl aus moralischen Motiven), ist vom römischen Standpunkt die captatorische Verfügung ungültig nicht wegen ihrer Moralwidrigkeit, sondern wegen ihrer Rechtswidrigkeit. Dafs ein vir bonus nicht in reicher Leute Testamente zu kommen trachtet, konnte man schon beim Moralisten Cicero lesen (de off. III, 19).

78 (zu S. 25). 1 § 1 C 6, 41: Quod si aliquid facere vel legibus interdictum vel alias probrosum vel etiam impossibile iussus aliquis eorum fuerit, tunc sine ullo damno etiam neglecto testatoris praecepto servabitur. 36 i. f. J 2, 20. 1 D 34, 6 (wo illicite vel probrose tribonianisches Emblem sein dürfte; dafür Lenel, Paling., African. No. 122).

79 (zu S. 25). 9 D 28, 7 (Leist in Glücks Kommentar, Serie der B. 37. 38. V, 79): condiciones, quae contra bonos mores inseruntur. 14 eod.: condiciones quae contra bonos mores sunt. 20 D 35, 1: turpes condiciones. Paul. r. s. III, 4b, 2. Consult. 4, 8. 29 § 2 D 29, 1. 65 § 7 D 36, 1. 8 § 1 D 7, 8. 27 p D 28, 7. 5 C 6, 25. 2 C 6, 46 (mit Ravit, Arch. f. civ. Praxis Bd. 58 S. 24). 65 § 10 D 36, 1 (die condicio nominis ferendi ist turpis, wenn das nomen turpe ist). — Zu den turpes condiciones zählt meistens die condicio iurisiurandi: 20 D 35, 1 cit., vgl. 8 D 28, 7 und Ravit a. a. O. S. 8. 9, Lenel, Edictum § 166, Pernice, Labeo III S. 47—55. — „Wo der Ausdruck turpis condicio in den Quellen vorkommt, bezeichnet er ausnahmslos eine einer letztwilligen Verfügung hinzugefügte Bedingung.“ „Dagegen haben die römischen Juristen einen allgemeinen Begriff der unsittlichen Bedingungen nicht aufgestellt“: Ravit S. 59.

80 (zu S. 25). 29 § 2 D 29, 1: Edictum praetoris, quo iusiurandum heredibus institutis legatariisque remittitur, locum habet etiam in militum testamentis, sicut etiam in fideicommissis: idemque si turpis esset condicio.

81 (zu S. 25). 15 D 28, 7: Filius, qui fuit in potestate, sub condicione scriptus heres, quam senatus aut princeps improbant,

testamentum infirmet patris, ac si condicio non esset in eius potestate: nam quae facta laedunt pietatem existimationem verecundiam nostram et, ut generaliter dixerim, contra bonos mores fiunt, nec facere nos posse credendum est.

82 (zu S. 26). Köppen, Lehrbuch des heutigen röm. Erbrechts S. 594, Schröder, das Noterbenrecht S. 63—68.

83 (zu S. 26). Dirksen, Hinterlassene Schriften II S. 451. Andererseits z. B. G. Hartmann, Leibniz als Jurist und Rechtsphilosoph (1892) S. 119.

84 (zu S. 26). Savigny, System III S. 171, Brinz, Pandekten² II S. 123 Anm. 19. IV, S. 132, Ravit a. a. O. S. 10—12 („dagegen der Gedanke, dafs das Unsittliche von dem Rechte als unmöglich anzusehen sei, wird, so geläufig auch dieser Gedanke bei den Neueren bis vor kurzem gewesen ist, von den römischen Juristen sonst nirgends angedeutet"). Gegen die Kategorie der moralischen Unmöglichkeit: Mommsen, Unmöglichkeit der Leistung (Beiträge I) S. 4, Wächter, Pandekten I S. 371.

85 (zu S. 27). 5 § 5 D 3, 5: Sed et si quis negotia mea gessit non mei contemplatione, sed sui lucri causa, Labeo scripsit suum eum potius quam meum negotium gessisse (qui enim depraedandi causa accedit, suo lucro, non meo commodo studet): sed nihilo minus, immo magis et is tenebitur negotiorum gestorum actione. Ipse tamen si circa res meas aliquid impenderit, non in id quod ei abest, quia improbe ad negotia mea accessit, sed in id quod ego locupletior factus sum habet contra me actionem. Kohler in Jherings Jahrbüchern XXV S. 123. 124.

86 (zu S. 27). 34 D 1, 7: Quaesitum est, si tibi filius in adoptionem hac lege sit datus, ut post triennium puta eundem mihi in adoptionem des, an actio ulla sit. Et Labeo putat nullam esse actionem: nec enim moribus nostris convenit filium temporalem habere. — Bei der Arrogation, einer Art der Adoption, die nur kein Vertrag wie die erwähnte ist, wurde inquiriert, ob nicht turpis causa zur Arrogation bewege, welchenfalls sie zu versagen war: 17 p eod. cf. § 4 (affectio honesta). — S. auch noch 12 eod. (in potestatem honeste reverti non potest).

87 (zu S. 27). 42 p D 23, 2 = 197 D 50, 17: Semper in coniunctionibus non solum quid liceat considerandum est, sed et quid honestum sit.

88 (zu S. 28). 44 § 6 D 23, 2: Si postea ingenuae uxoris pater materve artem ludicram facere coeperit, iniquissimum est dimittere eam debere, cum nuptiae honeste contractae sint —.

89 (zu S. 28). 16 p D 23, 2 (nec nuptiae essent). 42 § 1 eod. (nuptiae non erunt). 44 §§ 1. 8 eod. (prohibetur ducere. prohibentur ducere). P. Meyer, Der röm. Konkubinat S. 24 Anm. 43 gegen Jörs, Die Ehegesetze des Augustus, S. 21—23, wo die Nichtigkeit auf einen Senatsschlufs unter M. Aurel und Commodus zurückgeführt, die lex Julia selbst für minus quam perfecta erklärt wird.

90 (zu S. 28). Dafs diese Wiederverheiratung moralwidrig ist, ergiebt sich daraus, dafs nicht blofs die Witwe selbst (fr. Vat. 320 in f.), sondern auch die beteiligten Mannspersonen (1 D 3, 2) infames werden; s. auch Nov. 22 c. 40: propter solam honestatem. Die Moralwidrigkeit führt nicht zur Ungültigkeit der Ehe, wohl aber versagt das Recht der vorzeitig verehelichten Witwe gewisse Rechtsvorteile und entzieht ihr gewisse rechtliche Fähigkeiten. Näheres bei Brinz, Pandekten² III, 681—683 und Arndts, Pandekten § 418 Noten a—c, nebst fr. Vat. 320 cit. (mit Lenel, Edictum S. 73).

91 (zu S. 28). Die neue Ehe ist ungültig; dafs sie moralwidrig ist, ergiebt sich aus der infamia, welche den Bigamisten trifft. Mit dieser infamia sind gewisse rechtliche Ausschliefsungen und Zurücksetzungen verknüpft. Die Doppelverlobung wird der Doppelheirat gleichgehalten. 1 D 3, 2 vgl. 13 § 1—4 eod., ferner 2 C 5, 5. 18 C 9, 9. Greenidge, Infamia p. 128. — S. auch noch Wächter, Pandekten II § 244.

92 (zu S. 28). 134 p D 45, 1 und 71 § 1 D 35, 1: unten Anm. 130.

93 (zu S. 28). 32 § 2 D 12, 6: Mulier si in ea opinione sit, ut credat se pro dote obligatam, quidquid dotis nomine dederit non repetit: sublata enim falsa opinione relinquitur pietatis causa, ex qua solutum repeti non potest. Vgl. 46 § 2 D 23, 3. 23 § 4 D 36, 1 (mulieris pudicitiae congruebat).

94 (zu S. 28). 79 § 1 D 23, 3: Pater filiae nomine centum doti ita promisit „cum commodissimum esset“. Ateius scripsit Servium respondisse, cum primum sine turpitudine et infamia

dari possit, deberi. Cf. 125 D 50, 16 (cum salva dignitate mea potero).

95 (zu S. 29). 20 D 24, 3: — ut liberis ex alio viro egentibus aut fratribus aut parentibus consuleret vel ut eos ex hostibus redimeret, quia iusta et honesta causa est, non videtur male accipere et ideo recte ei solvitur.

96 (zu S. 29). Dafs es sich, obwohl die titt. Dig. 42, 8. Cod. 7, 75. Dig. 38, 5. Cod. 6, 5 nicht von turpitudo und dergl. reden, hier in der That um solche handelt, lehrt nicht blofs die Überlegung, sondern auch die Ausdrucksweise in 69 § 1 D 36, 1 (et ego nihil turpiter faciam) und in 4 C 8, 55 (confiteri in fraudem te alterius donasse professionem inhonestam continere intellegas. Ist die professio inhonesta, so ist sie dies doch nur, weil die einbekannte Handlung inhonesta ist. Ist aber schon das donare in fraudem alterius unehrbar, wie viel mehr, wenn der Dritte Gläubiger oder Patron ist). Vgl. auch 1 p und § 14 D 38, 5 (dolo malo, bona fide). 1 § 10 D 38, 5: Sed si libertus filiam dotavit, hoc ipso, quod dotavit, non videtur fraudare patronum, quia pietas patris non est reprehendenda: die Erfüllung der Vaterpflicht ist nicht Pflichtverletzung gegenüber dem Patron, oder schliefst die Arglist aus. Vgl. ferner 19. 20 D 42, 8.

97 (zu S. 29). Die turpitudo des mittelst dolus zu stande gebrachten Vertrags — auch ohne Beleg einleuchtend — erhellt teils daraus, dafs die actio de dolo eine turpis oder famosa actio ist, nämlich infamia nach sich zieht (1 D 3, 2. 11 § 1 D 4, 3. 2 p. 5 § 1. 7 p D 37, 15), teils aus 20 p D 47, 2 (turpiter fit), 36 p D 13, 7 (turpiter fecisse); s. auch 1 § 5 D 4, 3 (si stipulatio tam turpis dolo malo facta sit); 1 § 1 D 19, 1 (Venditor si, cum sciret deberi, servitutem celavit ... omnia enim quae contra bonam fidem fiunt ... si improbato more versatus sit in celanda servitute debere eum teneri). Bechmann, Kauf I S. 647. II S. 296 bis 301. Regelsberger, Pandekten I S. 536 („Unsittlichkeit der Einwirkung").

98 (zu S. 29). Auch die turpitudo des durch Drohung zu stande gebrachten Vertrags bedarf kaum des Nachweises, vgl. Regelsberger, Pandekten I S. 532: „Der Willensentschlufs ist durch unsittliche Einwirkung hervorgerufen." Nach 3 § 1 D 4, 2 ist Erfordernis der vis, dafs sie adversus bonos mores gehe.

Die moralische Verwerflichkeit des Mittels mufs sich dem damit erreichten Erfolg, dem erprefsten Geschäft mitteilen. Nach 116 p D 50, 17 verstöfst die Billigung von vis atque metus contra bonos mores; doch wohl gerade darum, weil vis atque metus selber ein moralwidriges Verhalten ist. In 5 C 2, 19 wird eine durch Drohung erzwungene Verschleuderung als etwas quod improbe factum est und damit als unmoralisch bezeichnet. S. ferner 16 § 2 D 4, 2 (turpiter quaesitum), 8 p D 4, 2 (gestum est malo more) und vgl. 7 § 1 eod. (se obligavit) mit 4 § 1 D 12, 5, sowie 3 D 50, 13 (contra fidem bonam) mit Anm. 126.

99 (zu S. 30). Der Glücksspielvertrag, der um Geld oder Geldeswert ging, war bei den Römern in der Kaiserzeit ungültig. Diese Ungültigkeit beruhte unmittelbar auf einem Senatuskonsultum (2 § 1 D 11, 5) — Schoenhardt, Alea S. 11—14 — nicht auf der Immoralität. Welchem Motiv das gesetzliche Verbot entsprang, wird nicht überliefert. Man könnte denken an die boni mores; nach v. d. Pfordten, Abhandlungen aus dem Pandektenrechte S. 329 streiten die Glücksverträge „mehr oder weniger contra bonos mores, und hierin liegt dann das Motiv für die Gesetzgebung, sie zu verbieten". Jhering, Zweck im Recht II ^{2} S. 286 erklärt sich für das Spiel, auch das um Geld, soweit damit der verhältnismäfsige Vergnügungsetat nicht überschritten werde; innerhalb dieser Grenzen soll es auch der strengste Moralist nicht bemängeln können. Ignominia der aleatores nach Schoenhardt S. 34. 35, vgl. 1 § 1 eod. (indigni), Windscheid, Pandektenrecht § 314 zu Anm. 7 („aus Gründen des öffentlichen Wohls"). Der Spielgewinn ist angesichts des rechtlichen Spielverbots aus „einem unrechtmäfsigen Erwerbsgrund" gemacht (Brinz, Pandekten ^{2} II S. 558). Mag seine Rückforderung schon im Edikt gewährt gewesen sein (Lenel, Edictum § 63, vgl. Schoenhardt S. 85 Anm. 2), oder nicht (Voigt, die lex Cornel. sumtuaria, Sächs. Berichte 1890 S. 253 Anm. 28 läfst die Restitutionsklage durch das Sc. gegeben sein trotz 4 § 2 D eod. „ex hoc edicto"): die Rückforderung unterfiel der condictio ex injusta causa (Brinz II § 302 Anm. 5), nicht der condictio ob turpem causam. Diese würde wegen beidseitiger turpitudo ausgeschlossen sein, wenn turpitudo der Grund der Ungültigkeit des Glücksspielvertrags wäre. — Wegen 2 § 1 D 44, 5 s. Anm. 18.

100 (zu S. 30). 17 § 5 D 19, 5: plane si inhonesta causa sponsionis fuit, sui anuli dumtaxat repetitio erit: Brinz, Pandekten[2] II § 302 Anm. 14 a. E.

101 (zu S. 30). 20 C 2, 11 (Diocletian. et Maximian.): Improbum foenus exercentibus et usuras usurarum illicite exigentibus infamiae macula inroganda est. — Blofs der Moral gehört an und bildlich gesprochen ist Seneca, de benef. I, 2, 3: Turpis feneratio est beneficium expensum ferre.

102 (zu S. 30). Greenidge, Infamia p. 70. 140/141. 133: The infamia attaching to it (nämlich usury) was probably, at one time, in the Edict. Cato, de re rust. prooem.: — et item foenerari, si tam honestum siet. Maiores enim nostri sic habuerunt et ita in legibus posuerunt, furem dupli condemnari, foeneratorem quadrupli. Quanto peiorem civem existimaverint foeneratorem, quam furem hinc licet existimari. Cic. de off. I, 42, 150: Primum improbantur ii quaestus, qui in odia hominum incurrunt, ut portitorum, ut faeneratorum; l. c. II, 25, 89. 1 p D 14, 6: — qui pessimo exemplo faenerarent —. Lafsalle, Reden und Schriften (1893) III S. 175. Vgl. Savigny, System VIII S. 276 („unsittliches, gemeinschädliches Unternehmen"); Schey, Obligationsverhältnisse des österr. Privatrechts I S. 152 („sittlich verdammenswert auf Seite des Gläubigers"), Windscheid, Pandektenrecht § 314 („aus Gründen des öffentlichen Wohls").

103 (zu S. 30). Schey a. a. O. S. 149.

104 (zu S. 31). Dafs hingegen, die Wuchergesetze hinweggedacht und die moralische Verurteilung der wucherischen Ausbeutung als fortgeltend angenommen, das römische Recht den wucherischen Zinsvertrag nicht als contra bonos mores verstofsend habe für ungültig erklären können, nachdem einmal das verzinsliche Darlehen anerkannt war, läfst sich nicht beweisen. Dem im Text angenommenen Hergang gegenüber erscheint es aprioristisch mit Schey a. a. O. S. 150 zu sagen: „Das Mifsverhältnis zwischen Kapital und Zins macht also die causa credendi noch nicht zur turpis causa. Von dem Gesichtspunkte des pactum contra bonos mores konnte man deshalb nicht zur Nullität der mafslosen Zinsenberedung gelangen." Das deutsche bürgerliche Gesetzbuch behandelt den Wucher, nicht blofs den Darlehenswucher,

als einen Fall von unmoralischem Vertrag. Denn es läfst der Regel „ein Rechtsgeschäft, das gegen die guten Sitten verstöfst, ist nichtig“ die Worte folgen „nichtig ist insbesondere“ und bezeichnet hierauf den Wucherthatbestand: B.G.B. § 138.

105 (zu S. 31). Der unmoralische Erfolg des Borgens gehörte zu den Motiven des senatus consultum Macedonianum: — et saepe materiam peccandi malis moribus praestaret, qui pecuniam, ne quid amplius diceretur incertis nominibus crederet (1 p D 14, 6). Als aber der Senatsschlufs erlassen war, war das Gelddarlehen an Hauskinder ungültig unmittelbar nach dem Gesetz und nicht etwa, weil es im gegebenen Fall wider die Moral verstiefs. In 7 D 48, 9 (Si sciente creditore ad scelus committendum pecunia sit subministrata, ut puta si ad veneni mali comparationem vel etiam ut latronibus adgressoribusque daretur, qui patrem interficerent: parricidii poena tenebitur, qui quaesierit pecuniam quique eorum ita crediderint aut a quo ita caverint) sehen wir den mit dem verbrecherischen Zweck des Darlehens bekannten Darleiher als Teilnehmer unter die Strafe des Verbrechens gestellt. Wenn wir, was nahe liegt, annehmen dürfen, dafs solches Darlehen ungültig war (d. h. das Civilrecht nicht schützte, was das Kriminalrecht verfolgte), so war es doch nicht ungültig aus Moral-, sondern aus Rechtswidrigkeit; jedenfalls findet keine Berufung auf erstere statt. Vorbehaltlich solcher Fälle, in denen das Darlehen mit seinem Zweck einen Deliktsthatbestand darstellt (vgl. Brinz, Pand. IV § 522 Anm. 4 g. E. und hier unten Anm. 237), ist mit Ravit, Archiv f. civ. Praxis Bd. 58 S. 67 zu sagen, dafs es „für die Gültigkeit eines Darlehensvertrages als unerheblich angesehen werden mufs, wenn dem Darleiher die unsittlichen Zwecke, zu welchen das dargeliehene Geld verwandt werden sollte, bekannt waren“. Zwar meint Seneca, de benef. II, 14, 4: Beneficium demus, quod in usu magis ac magis placeat, quod numquam in malum vertat. Pecuniam non dabo, quam numeraturum adulterae sciam, ne in societate turpis facti aut consilii inveniar. Si potero revocabo: si minus, non adiuvabo scelus: allein Seneca redet hier als Moralist, nicht als Jurist. Angenommen, sein pecuniam dare sei ein Darlehen, dieses werde zur Unterstützung des Ehebruchs gegeben, und die Moralvorschrift gelte auch von dem Fall, da nicht zu rechtswidrigem, sondern nur

zu moralwidrigem Zweck dargeliehen wurde: so können wir doch aus Senecas Beurteilung des Hergangs keineswegs entnehmen, dafs ein zu unmoralischem Zweck gegebenes Darlehen rechtlich ungültig gewesen sei. Das beneficium, das mit der Zahlung gewährt wird, will Seneca nicht gewährt sehen, ohne sich über seine rechtliche Gültigkeit auszusprechen. Daher hat er von seinem moralischen Standpunkt gegen die Rückzahlung (solutio) an die delegierte adultera nichts einzuwenden, mag damit auch der Ehebruch befördert werden: Et creditori statim in macellum laturo, quod acceperit, reddam. Etiam si mihi adulteram, cui numerem, delegaverit, solvam (de benef. VII, 19, 3). Ja 3 § 6 D 15, 3 (oben Anm. 63) läfst sich als Beleg dafür anführen, dafs der unmoralische Zweck die Gültigkeit des Darlehens nicht beeinträchtigt. Denn es ist nach der Stelle nicht ausgeschlossen, dafs der Zweck (ad turpes sumtus) schon bei der Darleihung vorhanden und dem Darleiher bekannt war. Vgl. Huschke, Lehre d. röm. Rechts vom Darlehen S. 56. 57, abweichend Kohler, Arch. f. bürg. Recht V S. 204 al. 2. „Der von vielen aufgestellte Satz," sagt Windscheid, Pand. II § 420 Anm. 7, „dafs das zum Zweck eines verbotenen Spiels gegebene Darlehen nicht zurückgefordert werden könne, ist bedenklich". Gewifs darf man sagen: aus den römischen Quellen nicht erweislich. In 2 § 1 D 44, 5, welche angerufen wird, ist vom Darlehen gar nicht die Rede: wegen dieser Stelle s. oben Anm. 18. In 12 § 11 D 17, 1 (unten Anm. 125) ist zwar vom Darlehen die Rede, aber nur nebenbei, in der Hauptsache wird die Gültigkeit von Mandaten verneint. Ob der mit der meretrix geschlossene Darlehensvertrag gültig ist, steht dahin. In den Worten „simile est, quasi perdituro sciens credideris" wird zwar die Gültigkeit eines Darlehens verneint, aber nicht wegen des Zweckes und nicht wegen des unmoralischen Zweckes. Wer wissentlich einem perditurus leiht, giebt à fonds perdu, das Darlehen ist utenda nicht perdenda pecunia (vgl. Loewenfeld, z. Lehre v. d. sog. entgeltl. u. unentgeltl. Rechtsgeschäften S. 65. 68 „Gebrauchsgewährung als Darlehenszweck"). Das perdere ist weit specieller als „ökonomisch schlecht verwenden" (Windscheid a. a. O.). Vgl. 11 § 6. 24 § 4 D 4, 4. 10 § 6 D 15, 3. 15 D 33, 1. 22 § 1 D 24, 3. 73 § 1 D 23, 3. 32 § 3 D 26, 7. Auf honestatis ratio wird in 12 § 11 cit. nicht abgestellt, das Unwirtschaftliche galt an sich nicht als unehrenhaft. — Nach englischem Recht hat der Darleiher, der den unmoralischen Zweck des Darlehens kennt, keine Rückforderung: Pollock, Princ. of Contr. p. 323 (u). 333 lin. 5. 6.

106 (zu S. 31). 5 D 39, 5: Affectionis gratia neque honestae neque inhonestae donationes sunt prohibitae, honestae erga bene merentes amicos vel necessarios, inhonestae circa meretrices.

107 (zu S. 31). 1. 2. 3 p. 31 § 7 D 24, 1. 20 § 4 C 5, 3. Nov. 74 c. 4 pr., (z. B. venalicia matrimonia, famae coniunctorum consulentes, ne concordia pretio conciliari viderentur). Gradenwitz, Ungültigkeit obligator. Rechtsgeschäfte S. 205—208, Brinz, Pandekten [2] III § 493 Anm. 26—44.

108 (zu S. 32). S. auch fr. Vat. 282: — si integri restitutionem ex filii persona competere tibi ob inprobabilem donationis enormitatem animadverterit (sc. praeses provinciae), in removendis his quae perperam gesta sunt tibi subveniet.

109 (zu S. 32). 29 § 2. 30 D 39, 5: Donationem quidem partis bonorum proximae cognatae viventis nullam fuisse constabat: verum ei, qui donavit ac postea iure praetorio successit, quoniam adversus bonos mores et ius gentium festinasset, actiones hereditarias in totum denegandas respondit: nam ei ut indigno aufertur hereditas. (S. auch 2 § 3 D 34, 9 und oben Anm. 39.) 30 § 4 cf. § 3 C 2, 3 (neque donationes talium rerum . . . penitus esse admittendas). Jede Befassung mit der hereditas viventis wird moralisch mifsbilligt und entbehrt der intendirten Rechtswirkung: oben Anm. 61, unten Anm. 141.

110 (zu S. 32). 22 § 2 D 49, 14: Lites donatas se non suscipere divus Pius rescripsit, licet bona relicturum se quis profiteatur: vel partem bonorum donatam non suscipere. Et adiecit et illum dignum fuisse puniri pro tam turpi tamque invidioso commento —. 2 C 2, 17: — huiusmodi litium donationem admitti temporum meorum disciplina non patitur —. Wegen dieses Ausdrucks s. 2 C 4, 7 und wegen der Sache noch Paul. r. s. V, 12, 7 u. 8. 92 D 28, 5. 8 J 2, 17.

111 (zu S. 32). 1 C 7, 16 (Saturninae): Rem quidem illicitam et inhonestam admisisse confiteris, quia proponis filios ingenuos a te venumdatos. Sed quia factum tuum filiis obesse non debet, adi competentem iudicem, si vis, ut causa agatur secundum ordinem iuris. Der Schlufssatz hat wahrscheinlich die Versklavung und die rechtliche Reaktion gegen sie im Auge. Aber wenn der

erste Satz die Veräufserung für eine res illicita et inhonesta erklärt, so hat er wohl ihre Ungültigkeit für selbstverständlich angesehen und darum nicht eigens ausgesprochen. Dafs auch nicht einer Eviktionshaftung gedacht ist (wie beim Verkauf durch den Vater in 39 § 3 D 21, 2), kommt daher, dafs die Mutter ihre Söhne als ingenuos in die Sklaverei verkauft hat, so dafs der Käufer um ihren Stand wufste. Paul. r. s. V, 1, 1 nimmt auf die Moral nicht Bezug; er konnte seine Entscheidung, dafs dem Status der Ingenuität der verkauften Söhne nicht präjudiziert werde, auf den Rechtssatz von der Unschätzbarkeit und daher Unverkäuflichkeit der Freiheit gründen. Ein Verkauf aus Not (contemplatione extremae necessitatis aut alimentorum gratia) wie ihn Paulus im Auge hat, mochte, wie Mommsen, Festgabe für Beseler S. 268 meint, „für das Kind nur zu oft eine Wohlthat sein". Wenn auch Julian in 39 § 3 cit. der Moral nicht erwähnt, so ist zu bedenken, dafs der Kinderverkauf nach 1 C 7, 16 cit. nicht blofs res inhonesta, sondern auch illicita war. Vgl. Mitteis, Reichsrecht und Volksrecht S. 361. Wegen der in manchen römischen Provinzen bestehenden Landessitte des Kinderverkaufs s. Mitteis S. 24 Anm. 5. 6. S. 55 Anm. 7. S. 358—364 (für die ältere Zeit nach Mommsen, ebenso Eduard Meyer, Wirtschaftl. Entwicklung des Altertums S. 55 vgl. S. 72) — vielleicht ein Beispiel für die lokale Variation des Moralinhalts.

112 (zu S. 32). 35 § 2 D. 18,1: Veneni mali quidam putant non contrahi emptionem, quia nec societas aut mandatum flagitiosae rei ullas vires habet: quae sententia potest sane vera videri de his quae nullo modo adiectione alterius materiae usu nobis esse possunt: de his vero quae mixta aliis materiis adeo nocendi naturam deponunt, ut ex his antidoti et alia quaedam salubria medicamenta conficiantur, aliud dici potest. Der Ausdruck flagitiosus (schändlich) bezeichnet nicht notwendig auch die Rechtswidrigkeit, er kann auch allein die Moralwidrigkeit bezeichnen. Dafs es nicht die Rechtswidrigkeit für sich war, was zur Annahme der Ungültigkeit des Giftkaufs führte, ergiebt sich aus dem Hinweis auf societas und mandatum flagitiosae rei. Denn anstatt dieses Hinweises hätte unmittelbar die Strafbarkeit des Giftkaufs angerufen und hierauf die civilrechtliche Ungültigkeit gegründet werden können: 3 p — § 2 D 48, 8. 7 D 48, 9 (die veneni mali comparatio ein scelus). 5 i. f. J 4, 18 cf. 1 i. f.

D. 48, 9, dazu Hitzig, Schweizer. Zeitschr. f. Strafrecht IX S. 28 Anm. 4—S. 29. 30 Anm. 1 a. E. In Wirklichkeit ist die Begründung eine civilistische, indem auf die anerkannte Ungültigkeit gewisser Kontrakte verwiesen wird; diese soll auf der flagitiosa res beruhen, welche auch beim Giftkauf anzunehmen sei. Vgl. 4 § 1 D 10, 2, wo eine andere Weigerung des Civilrechts, sich mit Giften zu befassen, vorkommt. Finden sich solche im Nachlafs, so soll der Erbteilungsrichter als bonus und innocens vir sie vernichten.

113 (zu S. 33). 15 C 2, 12: Litem te redemisse contra bonos mores precibus manifeste professus es, cum procurationem quidem suscipere (quod officium gratuitum esse debet) non sit res illicita, huiusmodi autem officia non sine reprehensione suscipiantur. 7 D 17, 1: — an eventum litis maioris pecuniae praemio contra bonos mores procurator redemerit. 53 D 2, 14, cf. 6 § 7 D 17, 1. 20 C 6, 35. 1 § 12 D 50, 13. Kohler, Arch. f. bürg. Recht V S. 255 Anm. 108a. Nach englischem Recht gehören diese Fälle zur mehr umfassenden, ungültigen „champetry" (campi partitio), einer Art von „maintenance", etwas that in a legal sense is immoral: Pollock, Princ. of Contr. p. 293—303.

114 (zu S. 33). Bechmann, Kauf II S. 291—296.

115 (zu S. 33). 5 §§ 2—5 D 26, 8 (— si contutorem habeat, cuius auctoritas sufficit, procul dubio emere potest. Sed si mala fide emtio intercesserit, nullius erit momenti; si per interpositam personam rem pupilli emerit, in ea causa est, ut emtio nullius momenti sit, quia non bona fide videtur rem gessisse). 5 C 4, 38 (cum ipse tutor nihil ex bonis pupilli quae distrahi possunt comparare palam et bona fide prohibetur). 59 § 1 D 17, 1. 1 C 2, 20. Vgl. auch 12 § 1 D 26, 7. — Problematisch, insofern die Annahme negativen Einflusses der Moral aufs Recht nur vermutet, nicht in den Quellen gefunden werden kann (oben zu Anm. 18), ist der Fall des Verkaufs einer gestohlenen Sache: 34 § 3 D 18, 1 und dazu Mommsen, Beiträge zum Obligationenrecht I S. 17. 18. 417, Ravit, Archiv f. civ. Pr. Bd. 58 S. 47. 48, Bechmann, Kauf II S. 208. 209. 290 al. 3. — Mit dem Fall eines Kaufs, bei dem der Käufer weifs, dafs der Verkäufer das Kaufgeld alsbald verzehren, wohl gar als Lebemann vergeuden werde, beschäftigt sich 8 D 41, 4. Sie erörtert die Frage, ob solcher Käufer als bonae oder als malae fidei emptor zu gelten habe,

läfst aber nicht erkennen, dafs jemand den Kauf um seiner erwähnten ökonomischen oder moralischen Umstände willen für obligationenrechtlich ungültig angesehen habe. In 24 § 4 D 4, 4, wo auch der Käufer wufste, dafs der Verkäufer das Geld verschleudern werde (cum eum perditurum non ignoraret), kommt es zur in integrum restitutio gegen den gültigen Kauf (origo contractus ita constitit, ut infirmanda sit), nur dafs der Käufer das Geld nicht immer wieder erhält, von dem er wufste, dafs es verschwinden werde. Wegen 8 D 41, 4 cit. s. Klein, Sachbesitz und Ersitzung S. 287 Anm. 15. — Unmittelbar vom Recht reprobiert ist der unter das Repetundengesetz fallende Kauf: 8 § 1 D 48, 11, vgl. 2 D 3, 6.

116 (zu S. 34). In 11 § 4 D 47, 10 (Proculus recte ait, si in hoc te conduxerim, ut iniuriam facias, cum utroque nostrum iniuriarum agi posse, quia mea opera facta sit iniuria) haben wir eine conductio zur Begehung einer Injurie. Insofern diese contra bonos mores geht (15 §§ 2. 5. 6. 20. 23. 34. 38. 39 D 47, 10. 1 § 1 D 47, 11. Paul. r. s. V, 4, 13 u. 21 und vorzüglich Collatio II, 5, 2: Commune omnibus iniuriis est, quod semper adversus bonos mores fit —), kann man auf solchen Mietvertrag unmittelbar anwenden 5 D 22, 1 (unten Anm. 126), und mufs danach jenen Vertrag als ungültig ansehen. Der conductor operarum, welcher etwa wegen Unterlassung der Injurie klagen wollte, würde eine Prästation anstreben, die contra bonos mores begehrt wird. Aufserdem ist für den Dienstvertrag mafsgebend die Analogie des Mandats: Anm. 124.

117 (zu S. 34). 1 § 6 D 3, 1: Removet (sc. praetor) a postulando pro aliis et eum ... qui operas suas, ut cum bestiis depugnaret, locaverit ... Ergo qui locavit solus notatur, sive depugnaverit sive non: quod si depugnaverit, cum non locasset operas suas, non tenebitur: non enim qui cum bestiis depugnavit, tenebitur, sed qui operas suas in hoc locavit. Vgl. 3 § 5 D 22, 5. — Infamierend, sei es nach der nämlichen (zweiten) oder nach der dritten Ediktsklausel (1 § 3 D 3, 1), war nach der Annahme von Lenel, Edictum S. 63. 64 das auctorari depugnandi causa und die lanistatura, welche im Infamenkatalog der lex Julia municipalis vorkommen (lin. 112. 123). Vgl. auch Wallon, histoire de l'esclavage II p. 333—336. 485. 486. Daraus wird kaum jemand schliessen,

dass die Verträge des lanista, die im Bereich seines bescholtenen Gewerbes lagen, ungültig waren.

118 (zu S. 34). 1 D 3, 2: qui artis ludicrae pronuntiandive causa in scaenam prodierit. 2 § 5 bis 4 § 1 eod. 3 D 3, 2: Qui autem operas suas locavit, ut prodiret artis ludicrae causa neque prodit, non notatur: quia non est ea res adeo turpis, ut etiam consilium puniri debeat (im Gegensatz zu 1 § 6 D 3, 1 in Anm. 117). Mehrere Belege bei Greenidge, Infamia p. 34. 35. 68—70 und Burckhard, Recht der Schauspieler Anm. 16.

119 (zu S. 34). Auf die Rechtsfrage der Gültigkeit des Engagements hat sich Burckhard a. a. O. nicht eingelassen. Aber einmal ersieht man aus den von ihm Anm. 53—55 und von Wallon a. a. O. p. 485. 486 beigebrachten Zeugnissen, dafs im Anfang der Kaiserzeit durch einzelne Machthaber, namentlich Nero, Personen vom Ritterstand zur Ausübung der Schauspielkunst gezwungen wurden. Und ferner verweist Burckhard S. 12 auf Konstitutionen vom Ende des 4. Jahrhunderts (1. 4. 8 C. Th. 15, 7), welche konform den damaligen Zuständen in anderen Berufen, eine kastenartige Zugehörigkeit zum Schauspielergewerbe zeigen. Unter solchen Umständen hatte jene Rechtsfrage keinen Raum.

120 (zu S. 34). 33 C 1, 4 vgl. Burckhard a. a. O. S. 13.

121 (zu S. 35). 35 § 2 D 18, 1: — nec societas aut mandatum flagitiosae rei ullas vires habet — (oben Anm. 112). 70 i. f. D 46, 1: — flagitiosae rei societas coita nullam vim habet. 57 D 17, 2: Nec praetermittendum esse Pomponius ait ita demum hoc esse verum, si honestae et licitae rei societas coita sit: ceterum si maleficii societas coita sit, constat nullam esse societatem. Generaliter enim traditur rerum inhonestarum nullam esse societatem. 1 § 14 D 27, 3: — nec enim ulla societas maleficiorum . . . est. In 6 D 48, 7 (Ex senatusconsulto Volusiano, qui inprobe coeunt in alienam litem, ut quidquid ex condemnatione in rem ipsius redactum fuerit, inter eos communicaretur, lege Julia de vi privata tenentur — cf. 2 D 47, 13: — poena legis Corneliae teneri iubentur, qui in accusationem innocentium coierint —) wird die strafrechtliche Haftung, nicht die privatrechtliche Ungültigkeit ausgesprochen. Jedoch kann diese kaum zweifelhaft sein, wenn selbst die beim Schweben eines Prozesses eingegangene Gesellschaft auf den künftigen Pro-

zessgewinn ungültig ist nach 1 § 12 D 50, 13: Litis causa malo more pecuniam tibi promissam ipse quoque profiteris. Sed hoc ita ius est, si suspensa lite societatem futuri emolumenti cautio pollicetur etc. — Wenn nach den zuerst citierten Stellen die societas rei inhonestae oder flagitiosae nichtig ist, so gilt das nicht blofs von der Gesellschaft mit unsittlichem Gesellschaftszweck, sondern auch von der Gesellschaft, deren Zweck zwar nicht unsittlich ist, aber durch unsittliche Mittel erreicht werden soll; z. B. wenn Crispinus sich mit anderen zu dem Zwecke verbündet, Schuhe zu verfertigen und diese den Armen zu schenken, während das nötige Leder mittelst Bestehlung der Reichen beschafft werden soll. Moderner und nicht mehr legendär wäre eine Gesellschaft heutiger Kapitalisten, die gegründet ist zur Ausbeutung eines Bergwerks mittelst Ausbeutung von Menschen in dem Grade, dafs dabei die Gesundheit dieser Menschen geopfert wird. Vgl. Bericht der preufs. Berginspektoren für 1895 im Anhang z. den Berichten der preufs. Gewerberäte.

122 (zu S. 35). 52 § 17 D 17, 2: Ibidem ait socium omnium bonorum non cogi conferre, quae ex prohibitis causis adquisierit. 53 eod.: Quod autem ex furto vel ex alio maleficio quaesitum est, in societatem non oportere conferri palam est, quia delictorum turpis atque foeda communio est. Plane si in medium collata sit, commune erit lucrum. Sind doch auch von der Erbteilung sittlich verpönte, oder verbrecherisch erworbene Gegenstände ausgeschlossen: 4 § 1. § 2 D 10, 2. — Die zwei erstangeführten Stellen beziehen sich vielleicht wörtlich nur auf den Erwerb, der aus rechtlich verbotenem Grunde gemacht worden ist. Allein nach den Stellen in Anm. 121 und dem sonstigen römischen Recht vom pactum contra bonos mores mufs bei der societas analogisch weiter gegangen werden: auch der Erwerb kann nicht beigesteuert werden müssen, welcher aus blofs unmoralischem Grunde, ex turpi causa i. e. S. gemacht worden ist, einerlei ob er dem socius, der ihn machte, verbleibt, oder ihm (von Dritten) wieder abgenommen werden kann.

123 (zu S. 35). 1 § 14 D 27, 3: — nec enim ulla ... communicatio iusta damni ex maleficio est. 52 § 18 D 17, 2: — apud veteres tractatur, an socius omnium bonorum, si quid ob iniuriarum actionem damnatus praestiterit, ex communi consequatur ut praestet ... si ob maleficium suum (sc. damnatus sit) ipsum tan-

tum damnum sentire debere. — 59 § 1 eod.: Quod in alea aut adulterio perdiderit socius, ex medio non est laturus. Vgl. auch 54—56 eod.

124 (zu S. 35). Gai. III, 157: Illud constat, si quis de ea re mandet, quae contra bonos mores est, non contrahi obligationem: veluti si tibi mandem, ut Titio furtum aut iniuriam facias. — 7 J 3, 26: Illud quoque mandatum non est obligatorium, quod contra bonos mores est, veluti si Titius de furto aut damno faciendo aut de iniuria facienda tibi mandet. Licet enim poenam istius facti nomine praestiteris, non tamen ullam habes adversus Titium actionem. — 6 § 3 D 17, 1: Rei turpis nullum mandatum est et ideo hac actione (sc. mandati) non agetur. — 22 § 6 eod.: Qui aedem sacram spoliandam, hominem vulnerandum, occidendum mandatum suscipiat, nihil mandati iudicio consequi potest propter turpitudinem mandati. — 35 § 2 D 18, 1 (Anm. 112). Danach sind nichtig die Mandate in 1 § 12 D 43, 16. 11 §§ 3. 5 D 47, 10. Paul. r. s. V, 23, 10. S. ferner 25 § 6 D 29, 2: An nominatim de vivi hereditate mandari possit, quaeritur: sed ego non puto recipiendum, ut de vivi hereditate mandetur —, dazu oben Anm. 109 a. E. — 9 C 2, 12: qui stipendia merent, suis negotiis superesse inoffensa disciplina possunt: nec potest dici eum, qui honesta et verecunda praecedente causa mandatas sibi actiones exercuerit, alieno negotio fungi —.

125 (zu S. 35). 12 § 11 D 17, 1: Si adulescens luxuriosus mandet tibi, ut pro meretrice fideiubeas, idque tu sciens mandatum susceperis, non habebis mandati actionem, quia simile est, quasi perdituro pecuniam sciens credideris. Sed et si ulterius directo mandaverit tibi, ut meretrici pecuniam credas, non obligabitur mandati, quasi adversus bonam fidem mandatum sit. Von den zwei Mandaten, die diese Stelle behandelt, ist das erste im obigen Text nicht erwähnt worden, weil seine Ungültigkeit (non habebis mandati actionem) nicht moralisch, sondern ökonomisch begründet, d. h. nicht auf einen Verstofs wider die Moral zurückgeführt, sondern nach Analogie (simile est) des wissentlich einem perditurus gegebenen Darlehens (Anm. 105, S. 142) angenommen wird. Die Ähnlichkeit besteht in der vorausgewufsten Uneinbringlichkeit des Darlehens an einen perditurus bezw. des Regresses gegenüber dem adulescens luxuriosus; das Geld wird im einen wie im anderen Falle gewissermafsen zum Fenster hinausgeworfen. Dafs

im ersten Mandatsfalle, im Gegensatz zum zweiten, keine moralische Begründung gegeben worden ist, kommt wohl daher, dafs im ersten die meretrix schon einen creditor hat und nur einen fideiussor braucht, so dafs nicht der Mandatar den Kredit allererst gewähren, sondern den von einem Dritten gewährten oder zu gewährenden blofs befestigen soll. Dafs das zweite Mandat weiter geht und unmittelbarer das Kreditbedürfnis der meretrix fördert, sagen die Worte „sed et si ulterius directo mandaverit tibi". Dafs bei der zweiten Entscheidung nicht der ökonomische Grund der ersten verwandt ist, der auch hier pafst, kommt wohl daher, dafs für den Fall si directo mandaverit etc. der Jurist nicht des Umwegs der Analogie (simile est) bedurfte, sondern direkt aus der bonae-fidei-Natur des Mandats dessen Ungültigkeit begründen konnte. Wenn Windscheid, Pand. § 420 Anm. 7 sagt: „Richtiger erscheint es daher, diese Stelle aus der Jugend des Darlehnsempfängers (adolescens) zu erklären", so ist diese Verwerfung der römischen Motivierungen und ihre Ersetzung durch eine vom Römer nicht gegebene der schwerste Vorwurf, der diesem gemacht werden konnte. Er ist aber auch, wie wir sahen, nicht ein verdienter. Bemerkungen zu der Stelle bei Pernice, Labeo I S. 452 zu Anm. 54, Kohler, Archiv f. bürgerl. Recht V S. 200.

126 (zu S. 35). 5 D 22, 1: Generaliter observari convenit b o n a e f i d e i iudicium non recipere praestationem, quae c o n t r a b o n o s m o r e s desideretur. 1 § 7 D 16, 3: — haec conventio c o n t r a b o n a m f i d e m c o n t r a q u e b o n o s m o r e s est et ideo nec sequenda est. Vgl. 1 § 2 D 27, 3: — cum b o n a e f i d e i iudicium sit . . . posse cum tutore agi tutelae, si tale o f f i c i u m praetermiserit. 3 C 5, 37: Sumptus in pupillum tuum necessario et ex h o n e s t i s iustisque causis . . . nam quod a tutoribus sive curatoribus b o n a f i d e erogatur —. Bechmann, Kauf I S. 633 (was hier über das Verhältnis von bona fides und boni mores gesagt ist, wäre nach 5 D 22, 1 cit. zu modifizieren). Brinz, Pandekten II² S. 59. 60: „Seit ihrer Klagbarkeit sind sie (sc. die bonae fidei negotia) nun zwar rechtlich bindende oder obligatorische Geschäfte, und insoweit unter der Herrschaft des Rechtes; der Moral von Treu und Glauben aber immer noch dahin unterstellt, dafs . . . nichts als versprochen gilt, was g e g e n d i e g u t e n S i t t e n ginge."

127 (zu S. 36). 26 D 45, 1: Generaliter novimus turpes stipulationes nullius esse momenti. 27 p eod.: veluti si quis homicidium vel sacrilegium se facturum promittat. Sed et officio quoque praetoris continetur ex huiusmodi obligationibus actionem denegari. — 24 J 3, 19: Quod turpi ex causa promissum est, veluti si quis homicidium vel sacrilegium se facturum promittat, non valet. — Consult. 4, 9: Neque ex nudo nascitur pacto actio, neque si contra bonos mores verborum intercessit obligatio, ex his actionem dari convenit. Zweifel an der Hergehörigkeit bestehen gegenüber 1 § 5 D 4, 3: — si stipulatio tam turpis dolo malo facta sit, ut nemo daturus sit ex ea actionem —; man kann nämlich zweifeln, ob die turpitudo dieser stipulatio turpis von ihrem Inhalt herrührt, oder von dem bei ihrem Abschlufs angewandten dolus malus (Anm. 97), oder von beidem. Zweifelhaft ist auch 35 § 1 D 45, 1: Item quod leges fieri prohibent, si perpetuam causam servaturum est, cessat obligatio, veluti si sororem nupturam sibi aliquis stipuletur: quamquam etiamsi non sit perpetua causa, ut reccidit in sorore adoptiva, idem dicendum sit, quia statim contra mores sit. Mit Bezug auf den Schlufssatz sagt Ravit, Arch. f. civ. Praxis, Bd. 58, S. 48 Anm. 66 von dieser Stelle, „dafs sie sich vielmehr auf den Fall eines juristisch unmöglichen Versprechens bezieht. Die Adoptivschwester zu heiraten, während die Adoptivverwandtschaft noch bestand, war nicht gegen die gute Sitte, sondern juristisch unmöglich. Da das Ehehindernis aber nicht auf Gesetz, sondern auf Gewohnheit beruhte, so konnte Paulus mit Recht sagen, dafs eine solche Heirat contra mores sei (cf. 8 D 23, 2). Ihn so verstehen, als ob er gesagt hätte contra bonos mores, ist kein genügender Grund vorhanden“. Allein s. Mommsen, Beitr. z. Obligationenrecht I S. 145 Anm. 2 und bedenke: auch die Heirat der leiblichen Schwester ist nicht gegen leges im staatsrechtlichen Sinn, sondern rechtswidrig. Dann hat es aber guten Sinn (vgl. Anm. 87) für unsittlich zu erklären, was zwar alsbald aber doch nur einstweilen rechtswidrig ist. Ferner ist man keineswegs gezwungen, das contra mores sit auf das Beispiel „in sorore adoptiva“ zu beschränken. Wenn man es, wie man darf, überhaupt auf den Fall si non sit perpetua causa bezieht, dann besteht für die Entgegensetzung von Gesetzesrecht und Gewohnheitsrecht kein Grund, während dann die Entgegensetzung von Recht und Moral sehr am Platz ist. Dafs „mores“

die Moral bedeuten kann, ergiebt sich z. B. aus 5 § 1 D 50, 13: Existimatio est dignitatis illaesae status, legibus ac moribus comprobatus —, 34 D 1, 7 (Anm. 86). 3 C 5, 4. Paul. r. s. V, 4, 21. 27 D 23, 4 (Anm. 138).

128 (zu S. 36). 8 D 12, 5: Si ob turpem causam promiseris Titio, quamvis, si petat, exceptione doli mali vel in factum summovere eum possis —. Vgl. Brinz, Pandekten II² § 302 a. E.: „Nicht zu verwechseln mit der turpis causa ist der verwerfliche, die Stipulation ipso iure entkräftende Gegenstand des Versprechens, wiewohl selbst er noch turpis causa heifst" (24 J 3, 19: Anm. 127). Wegen 7 § 3 D 2, 14 s. Anm. 151.

129 (zu S. 36). 123 D 45, 1: Si flagitii faciendi vel facti causa concepta sit stipulatio, ab initio non valet. Dazu Ravit a. a. O. S. 44 und Seeler, Konventionalstrafe S. 14, S. 32. — 1 C 4, 7: Si ex cautione tua conveniri coeperis, nullam te pecuniam accepisse, sed ob turpem causam et quam fieri prohibitum est interpositam ei, qui super ea re cogniturus est, probandum est et eo impleto absolutio sequetur. — 5 C 4, 7: Promercalem te habuisse uxorem proponis: unde intellegis et confessionem lenocinii preces tuas continere et cautae quantitatis ob turpem causam exactioni locum non esse . . . ex huiusmodi stipulatione contra bonos mores interposita denegandas esse actiones —. Nicht gehören hierher die Fälle der fideiussio in 70 § 5 D 46, 1, obwohl diese Verbürgung eine Art der stipulatio ist, und volgo dictum est maleficiorum fideiussorem accipi non posse. Denn dieser bekannte Satz besagt: ut qui cum alio (cum) quo furtum admisit, in partem, quam ex furto sibi restitui desiderat, fideiussorem obligare non possit (Bürgschaft für den Anteil am Diebstahlsertrag), et qui alieno hortatu ad furtum faciendum provectus est, ne in furti poena ab eo qui hortatus est fideiussorem accipere possit (Bürgschaft für die Diebstahlsbufse). Diese Bürgschaften sind aber ungültig nicht wegen Moralwidrigkeit, sondern wegen Gegenstandslosigkeit. Denn es besteht keine Schuld, die verbürgt werden könnte (quia scilicet in nullam rationem adhibetur fideiussor), und es besteht keine Schuld, weil die Abrede unter den Teilnehmern des Delikts nicht obligierend ist (Anm. 121). — In 107 D 45, 1 hat der leibliche Vater seinen von Titius adoptierten Sohn zum Erben eingesetzt unter der Bedingung, dafs der Sohn vom Titius emancipiert werde. Die

Emancipation nimmt Titius erst vor, nachdem er sich vom Sohne einen Dritten hat stellen lassen, der ihm für den Fall der Emancipation eine Geldsumme verspricht. Aus diesem Versprechen klagt Titius. Hierauf bezieht sich die Quaestio: utrum turpem talem stipulationem putes an non, quaero und das Responsum: non puto turpem esse causam stipulationis, utpote cum aliter filium emancipaturus non fuerit: nec potest videri iniusta causa stipulationis, si aliquid adoptivus pater habere voluerit, propter quod a filio post emancipationem magis curaretur. Vgl. Ravit a. a. O. S. 58 Anm. 89.

130 (zu S. 36). 61 D 45, 1: Stipulatio hoc modo concepta: „si heredem me non feceris, tantum dare spondes?“ inutilis est, quia contra bonos mores est haec stipulatio. Möglicherweise auf den nämlichen Thatbestand bezieht sich 4 C 8, 38: Ex eo instrumento nullam vos habere actionem, quia contra bonos mores de successione futura interposita fuit stipulatio, manifestum est, cum omnia, quae contra bonos mores vel in pacto vel in stipulatione deducuntur, nullius momenti sunt. Möglicherweise bezieht sich die Stelle unmittelbar auf das Versprechen der successio futura, so daſs die Zuwendung der Erbschaft nicht in condicione wie in 61 D 45, 1 cit., sondern in obligatione ist. Letzterenfalls hätten wir eine weitere, im obigen Text nicht angeführte Art von unmoralischer Stipulation vor uns. — 134 p D 45, 1: Titia, quae ex alio filium habebat, in matrimonium coit Gai Seio habenti filiam: et tempore matrimonii consenserunt, ut filia Gaii Seii filio Titiae desponderetur, et interpositum est instrumentum et adiecta poena, si quis eorum nuptiis impedimento fuisset . . . Respondit ex stipulatione, quae proponeretur, cum non secundum bonos mores interposita sit, agenti exceptionem doli mali obstaturam, quia inhonestum visum est vinculo poenae matrimonia obstringi sive futura sive iam contracta. Nach dieser moralischen Begründung (inhonestum visum est etc.) gehören noch hierher: 71 § 1 D 35, 1: — si quis pecuniam promittat, si Maeviam uxorem non ducat, praetor actionem denegat: aliud est enim eligendi matrimonii poenae metu libertatem auferri —. 2 C 8, 38: — stipulationes, quibus poenae inrogarentur ei qui divortium fecisset, ratas non haberi constat. 19 D 45, 1. 14 C 5, 4. 5 § 6 C 5, 1. Scholia Sinaitica. § 4 (Krüger, Collectio libror. iur.

antej. III, 270): ἀδύνατον εἶναι τὴν ἐπερώτησιν ὡς contra bonos mores ὑπάρχουσαν —; cf. §§ 3. 6. 7. Eine andere Bewandtnis hat es mit 57 D 24, 1, wo nämlich die Promittentin das zu zahlende Geld schenkungsweise vom Ehemann erhalten hatte: peti posse quoniam ex donatione in pecuniam creditam conversa est. Vgl. Lotmar, über Causa S. 95. — Nicht hergehörig ist 137 § 6 D 45, 1, worüber Ravit a. a. O. S. 42—44.

131 (zu S. 36). Es wird hier vorausgesetzt, dafs nicht eine Drohung von der Art vorliegt, dafs das Versprechen zu einem metus causa gestum wird: Anm. 98. Unterschieden sind die Fälle in 9 C 8, 37: Si quidem Zenoni stipulanti mortis vel cruciatus corporis territus timore spopondisti, adversus experientem exceptione proposita defendi potes. Diesem Fall von metus oder eigentlicher Erpressung steht gegenüber § 1: Si vero nihil tale probetur, accusationis institutae vel futurae praetextu non ob turpem, sed probabilem causam habita stipulatione promissio non infirmatur. Da selbst die Angst vor wirklicher Anklage ein in diesem Zustand gegebenes Versprechen nicht ungültig macht (10 C 2, 19), so kann der Vorwand einer Anklage (accusationis praetextu) nicht mehr wirken. Eben weil nicht wirklich eine Anklage erhoben oder in Aussicht gestellt war, sondern dies nur als Vorwand vom Promittenten eingewandt wurde, konnte die Stipulation eine non ob turpem, sed probabilem causam habita genannt werden. Hätte dagegen sich der Stipulator mit Bezug auf solche Anklage versprechen lassen, so wäre das zwar kein metus causa gestum, aber eine stipulatio ob turpem causam, die als solche ungültig ist. Dafs nicht gefordert werden kann, was ob non instituendam accusationem criminis versprochen worden ist, sagt § 2 leg. cit. — Dem „Unterlassen einer dem Promittenten gefährlichen Handlung" (S. 36) wird gleichzustellen sein die Handlung, deren Unterlassung dem Promittenten gefährlich ist, z. B. eine gewisse ärztliche Hülfeleistung, vorausgesetzt, dafs zu viel dafür versprochen wird: 9 § 1 C 10, 53 (quae periclitantes pro salute promittunt) und Tuhr, Notstand im Civilrecht S. 13. Regelsberger, Pand. I § 144 Anm. 4.

132 (zu S. 36). 97 § 2 D 45, 1: „Si tibi nupsero, decem dari spondes?" causa cognita denegandam actionem puto, nec raro probabilis causa eiusmodi stipulationis est. Item si vir a

muliere eo modo non in dotem stipulatus est. Hier wäre die Zahlung von zehn gewissermafsen Entgelt für das Heiraten, das aber nicht um in Aussicht gestellten Entgelts willen erfolgen soll. Die causa einer solchen Stipulation würde nicht probabilis sein nach der Moral. In 9 C 8, 37 der vorigen Note steht causa probabilis als Gegensatz von causa turpis.

133 (zu S. 36). 121 § 1 D 45, 1: Stipulationis utiliter interponendae gratia mulier ab eo, in cuius matrimonium conveniebat, stipulata fuerat ducenta, si concubinae tempore matrimonii consuetudinem repetisset. Nihil causae esse respondi, cur ex stipulatu, quae ex bonis moribus concepta fuerat, mulier impleta condicione pecuniam adsequi non possit.

134 (zu S. 37). 7 § 7 D 2, 14: Ait praetor: „Pacta conventa, quae neque dolo malo, neque adversus leges plebis scita senatus consulta decreta edicta principum, neque quo fraus cui eorum fiat, facta erunt servabo.“ Vgl. 7 §§ 9—11 eod. In 49 eod. wird die Gültigkeit eines Paktums, durch das dem Schuldner das beneficium competentiae eingeräumt worden ist, mit dem Hinweis darauf begründet, dafs eine solche Schranke zu verlangen nicht moralwidrig sei: Et magis est hoc pactum valere. Nec enim improbum est, si quis hactenus desideret conveniri, quatenus facultates patiuntur. Vgl. Scholia Sinait. § 13 (Krüger in Collectio libror. jur. antej. III p. 273). — Schon Cicero (de off. III, 24) hat unter der Überschrift Pacta et promissa semperne servanda sint, quae nec vi nec dolo malo, ut praetores solent, facta sint zwei Verträge behandelt, die der römischen Moral widerstreiten und insofern nicht bindend sind.

135 (zu S. 37). Paulus: 27 § 4 D 2, 14: Pacta, quae turpem causam continent, non sunt observanda. Consult. 4, 7: Neque contra leges neque contra bonos mores pacisci possumus. Consult. 4, 8: Pacta vel condiciones contra leges vel decreta principum vel bonos mores nullius sunt momenti. Consult. 7, 4 cf. 7, 7. 7, 8; Antoninus (a. 213): 6 C 2, 3: Pacta, quae contra leges constitutionesque vel contra bonos mores fiunt, nullam vim habere indubitati iuris est. Gordian: Consult. 9, 10: Pacta, quae contra bonos mores interponuntur, iuris ratio non tuetur. Diocletian und Maximian: 4 C 8, 38: — cum omnia, quae contra bonos mores vel in pacto vel in stipulatione dedu-

cuntur, nullius momenti sint. Consult. 4, 10: Pactum neque contra bonos mores neque contra leges emissum valet.

136 (zu S. 37). 1 § 7 D 16, 3 (Anm. 126). 53 D 2, 14 (Anm. 113): Sumptus quidem prorogare litiganti honestum est: pacisci autem, ut non quantitas eo nomine expensa cum usuris licitis restituatur, sed pars dimidia eius, quod ex ea lite datum erit, non licet — wo jedoch das non licet auch unmittelbar die rechtliche Unzulässigkeit bezeichnen könnte. 1 § 12 D 50, 13: Si cui cautum est honorarium vel si quis de lite pactus est, videamus, an petere possit. Et quidem de pactis ita est rescriptum ab imperatore nostro et divo patre eius, woran sich die in Anm. 121 citierten Worte schliefsen. — Aufser den im Text folgenden Fällen vgl. noch 3 D 50, 14: Der Maklerlohn (proxeneticum) ist zwar sordidum, allein einige Makler „non adeo improbabili more se exhibent", daher sie in gewissen, wohl von der Moral gewiesenen Schranken, den Maklerlohn einklagen können. 3 § 2 D 3, 6: *Hoc* edicto tenetur etiam is qui depectus est: depectus autem dicitur turpiter pactus. Vgl. Lenel, Edictum S. 86 Anm. 15. — Consult. 7, 1: Quantum ad nos delatae pactionis textus insinuat, potius contra bonos mores chartula ipsa litigii seminarium propagavit —. 2 C 8, 38: Libera matrimonia esse antiquitus placuit. Ideoque pacta, ne liceret divertere, non valere —. Hier findet aber keine Berufung auf Moralwidrigkeit statt. Dafs die Poenalstipulation gegen die Ehescheidung als unmoralisch nicht verbindlich war (Anm. 130), nötigt nicht zu der Annahme, dafs vom pactum ne liceret divertere das nämliche gegolten habe.

137 (zu S. 37) 14 § 1 D 24, 3: Eleganter quaerit Pomponius libro quinto decimo ex Sabino, si paciscatur maritus, ne in id quod facere possit condemnetur, sed in solidum, an hoc pactum servandum sit? et negat servari oportere, quod quidem et mihi videtur verum: namque contra bonos mores id pactum esse melius est dicere, quippe cum contra receptam reverentiam, quae maritis exhibenda est, id esse apparet. Vgl. 1 § 7 C 5, 13 (in quantum facere potest, quia hoc aequissimum est et reverentiae debitum maritali). Man nimmt gewöhnlich an, dafs das beneficium competentiae dem Ehemann gegenüber der gesetzlichen Dosrückforderung zustand, und das sagen auch die meisten Stellen (Windscheid, Pand. § 267 Anm. 10). Allein nach einer Konstitution

des Pius (Sinaischolien zu Ulp. § 12 in Collectio librorum iur. antej. ed. Krüger III p. 273) soll der Mann das Beneficium gegenüber jeder Kontraktsklage haben.

138 (zu S. 38). 27 D 23, 4 (Papin.): Si liberis sublatis reversa post iurgium per dissimulationem mulier veluti venali concordio ne dotata sit conveniat, conventio secundum ordinem rei gestae moribus improbanda est. Diese Stelle ist von den meisten Bearbeitern (namentlich Basiliken, Cujaz, Glück, Schneider im deutschen Corpus juris und den von diesen Genannten) anders als im obigen Text gedeutet worden, und zwar sowohl ihr Casus als ihre Entscheidung. Man nimmt nämlich an, dafs in der Konvention der Mann, um die Frau zu versöhnen, verzichtet habe auf die dos, sei es dafs er sie herauszugeben übernahm, sei es dafs er die Frau von dem noch nicht realisierten Dosversprechen liberierte. Da nun keine Scheidung vorlag, die Frau vielmehr eine solche nur simulierte (so verstehen Cujaz und andere „per dissimulationem"), so war solche Vermögenszuwendung an die Frau während der Ehe als Schenkung anzusehen, als ungültige donatio inter virum et uxorem, und das soll der Jurist dadurch ausgedrückt haben, dafs er das Gewohnheitsrecht (moribus) anrief, nach welchem ja (1 D 24, 1) Schenkungen unter Ehegatten ungültig sind. Allein 1. kann „moribus" hier nicht auf Gewohnheitsrecht gehen. Von einem Gewohnheitsrecht, durch das Konventionen, wie die vorliegende, verworfen werden, wird man nicht reden wollen, da solche Konventionen nicht gewöhnlich sind. Wenn man aber Papinian an das Verbot der Ehegattenschenkung und danach an dessen Quelle, das Gewohnheitsrecht, denken läfst, so ist schwer begreiflich, warum er sich nicht unmittelbar auf jenes Verbot berufen habe, was ein klarer Entscheidungsgrund gewesen wäre, während der Hinweis auf Gewohnheitsrecht unklar ist, nämlich noch die Vergegenwärtigung eines Gewohnheitsrechtssatzes bestimmten Inhalts erfordert. Auch hätte der Hinweis auf eine feststehende Rechtsordnung improbata, nicht improbanda est lauten sollen. Dazu kommt endlich, dafs wenn Papinian hier ein venale concordium sieht, indem der Verzicht auf die Dos gleichsam den Kaufpreis für die Versöhnung bildete, ihm der Gedanke an Schenkung ferner liegen und der der moralischen Verwerflichkeit des Handels nahe kommen mufste; wegen mores für Moral s. Anm. 127 am Ende. Freilich können Schenkungen unter Ehegatten derart vorkommen, dafs

man von concordia pretio conciliari reden mag (vgl. Anm. 107), allein Papinian hat ein die dos betreffendes Geschäft im Auge. Was 2. den Casus anlangt, so ist der Mann, der nach der bekämpften Deutung das Opfer bringt, den Verzicht leistet, also das reale Subjekt des Vorganges sein soll, überhaupt gar nicht genannt. Wenn hingegen, wie hier angenommen wird, die Frau die Verzichtende ist, dann ist es am Platze, dafs von ihr die Rede sei, und wirklich ist von ihr allein die Rede, und erscheint sie als Subjekt des conveniat. Dazu kommt noch die Bedeutung von dotata. Dotata ist immer nur die Frau und in dem Sinne, dafs sie einen Vorteil davon hat. Wird daher vereinbart, dafs die bisher dotierte Frau nicht dotiert sein solle (ne dotata sit conveniat), so mufs dies eine Vereinbarung zum Nachteil der Frau d. h. sie die Verzichtende sein, wie schon Voet und Czyhlarz (Dotalrecht S. 432 Anm. 7) erkannt haben. Bekanntlich ist das pactum „ne omnino (dos) reddatur“ (16 D 23, 4) rechtlich unzulässig. Wenn sich Papinian nicht hierauf berief, so kam dies wohl daher, dafs in seinem Falle „ne dotata sit“ vereinbart worden war, ein formeller Unterschied, oder daher, dafs hier ein zweiseitiger Vertrag, kein gewöhnliches pactum dotale geschlossen worden war, wie aus dem Zusatz veluti venali concordio hervorgeht.

139 (zu S. 38). Vgl. 4 p D 28, 7 (et ante aditam hereditatem iniri societas potest quasi rei futurae). 7 § 17 D 2, 14. 32 D 17, 1. 19 § 2 D 16, 1. 4 p D 44, 4.

140 (zu S. 38). Dagegen eines unbestimmten: 3 § 1. § 2 D 17, 2 cf. 9—11. 73 eod. Wächter, Pandekten II S. 686.

141 (zu S. 38). 30 C 2, 3: — nobis omnes huiusmodi pactiones odiosae videntur et plenae tristissimi et periculosi eventus ... sancimus omnimodo huiusmodi pacta, quae contra bonos mores inita sunt, repelli —. Vgl. 61 D 45, 1 und 4 C 8, 38 (Anm. 130). 29 § 2. 30 D 39, 5 (Anm. 109). 2 § 2 D 28, 6. 28 § 4 D 36, 1 (Anm. 61) 25 § 6 D 29, 2 (Anm. 124). 1 § 21 D 37, 6 2 § 3 D 34, 9 und weiter ab 11 C 2, 4 (remoto captandae mortis alterius voto improbabili).

142 (zu S. 38). Loewenfeld, Inästimabilität und Honorierung der artes liberales nach röm. Recht in der Münchener Festgabe für Planck (1887) S. 365 fg.

143 (zu S. 39). 1 § 5 D 50, 13: Proinde ne iuris quidem civilis professoribus ius dicent: est enim quidem res sanctissima civilis sapientia, sed quae pretio nummario non sit aestimanda nec dehonestanda, dum in iudicio honor petitur, qui in ingressu sacramenti offerri debuit. Quaedam enim tametsi honeste accipiantur, inhoneste tamen petuntur. Vgl. Bremer, Rechtslehrer und Rechtsschulen S. 5. 6 nebst Dernburg, Die Institutionen des Gajus S. 4 Anm. 7.

144 (zu S. 39). Loewenfeld a. a. O. S. 401–418. 1 § 4 D 50, 13: An et philosophi professorum numero sint? et non putem, non quia non religiosa res est, sed quia hoc primum profiteri eos oportet mercennariam operam spernere. 8 § 4 D 50, 5. 6 C 10, 42. 6 § 7 D 27, 1. Seneca, Ep. III, 3, 15: Hoc enim turpissimum est, quod nobis obici solet, verba nos philosophiae, non opera tractare.

145 (zu S. 39). 27 § 4 D 2, 14: Pacta, quae turpem causam continent, non sunt observanda: veluti si paciscar ne furti agam vel iniuriarum, si feceris: expedit enim timere furti vel iniuriarum poenam —. 1 § 7 D 16, 3: Illud non probabis, dolum non esse praestandum si convenerit: nam haec conventio contra bonam fidem contraque bonos mores est et ideo nec sequenda est. 23 D 50, 17: — excepto eo, quod Celsus putat non valere, si convenerit, ne dolus praestetur: hoc enim bonae fidei iudicio contrarium est. (Vgl. Anm. 126.). Cf. 17 p D 13, 6. 5 p D 23, 4. 27 § 3 D 2, 14. 7 § 15 eod. 11 § 15. § 18 i. f. D 19, 1. Pernice, Labeo II² S. 206 Anm. 5. 6. Vgl. unten Anm. 215.

146 (zu S. 39). 1 D 3, 2: — qui furti, vi bonorum raptorum, iniuriarum, de dolo malo et fraude suo nomine damnatus pactusve erit —. 4 § 5 eod., cf. lex Julia munic. lin. 110. 5 D 3, 2.

147 (zu S. 39). 6 § 3 D 3, 2: — pactum sic accipimus, si cum pretio quantocumque pactus est: alioquin et 'qui precibus impetravit ne secum ageretur erit notatus nec erit veniae ulla ratio, quod est inhumanum. Qui iussu praetoris pretio dato pactus est, non notatur.

148 (zu S. 40). 7 D 3, 2: In actionibus, quae ex contractu proficiscuntur, licet famosae sint et damnati notantur, attamen pactus non notatur, merito: quoniam ex his causis non tam tur-

pis est pactio quam ex superioribus. Hier ist der Abfindungsvertrag gewissermafsen Wiederaufnahme des ursprünglichen Kontrakts- oder Quasikontraktsverhältnisses.

149 (zu S. 40). 27 § 4 D 2, 14 (Anm. 145): — sed post admissa haec pacisci possumus. — Wegen Paktierung über crimina s. z. B. Consult. 4, 7. 12 p. 15 p D 48, 5. 18 C 2, 4. 10 C 9, 9. 9 § 2 C 8, 37.

150 (zu S. 40). Dieser Behauptung widerspricht es nicht, dafs ein Deponent, der aus solchem Vertrag Geld gezahlt hat, mit der Klage aus dem depositum das Geld zurückfordern kann: 34 D 16, 3: Potes agere depositi cum eo, qui tibi non aliter quam nummis a te acceptis depositum reddere voluerit, quamvis sine mora et incorruptum reddiderit. 5 D 27, 3 (Anm. 153).

151 (zu S. 41). 7 § 3 D 2, 14: Si ob maleficium ne fiat promissum sit, nulla est obligatio ex hac conventione. Diese Stelle bezeugt die Unklagbarkeit dieser conventio, nicht der stipulatio. Auch gründet sie die Unklagbarkeit nicht auf die Moralwidrigkeit der conventio. Zu ihrer richtigen Deutung, insbesondere Beziehung auf das Wesen der pacta s. Ravit, Arch. f. civ. Prax. Bd. 58 S. 49 Anm. 75.

152 (zu S. 41). 7 § 16 D 2, 14: — et si stipulatio sit interposita de his, pro quibus pacisci non licet, servanda non est, sed omnimodo rescindenda. Das bezieht sich nach dem Zusammenhang nicht auf unmoralische pacta, sondern auf rechtswidrige („pactum a iure communi remotum“).

153 (zu S. 41). 3 § 3 D 3, 6: — qui dedit pecuniam, ut negotium quis pateretur, non habebit ipse repetitionem: turpiter enim fecit —. 5 p D 3, 6 (Anm. 63). 5 § 1 eod.: Sed etiam praeter hanc actionem condictio competit, si sola turpitudo accipientis versetur: nam si et dantis, melior causa erit possidentis —. 7. 8 eod. 1 p § 2 D de condictione ob turpem vel iniustam causam 12, 5. 2. 3. 4. 5. 9 eod. Zu 2 § 2 D 12, 5 s. 1 § 3 D 3, 6 (sordidis concussionibus). 1. 2 C 7, 49. — Zu 4 p D 12, 5 (Idem si ob stuprum datum sit, vel si quis in adulterio deprehensus redemerit se: cessat enim repetitio —) s. 7 § 1 D 4, 2: Proinde si quis in furto vel adulterio deprehensus vel in alio flagitio vel dedit aliquid —. 8 p eod.: Isti quidem et in legem Juliam incidunt,

quod pro conperto stupro acceperunt —. 37 § 1 D 4, 4: — quaestumve de adulterio uxoris fecerit, pretiumve pro comperto stupro acceperit —. 1 § 2 D 47, 11: Qui puero stuprum ... persuaserit aut mulierem puellamve interpellaverit quidve impudicitiae gratia fecerit, donum praebuerit pretiumve, quo is persuadeat, dederit —. 2 § 2 D 48, 5: — qui de adulterio uxoris suae quid ceperit —. 15 p eod.: — ut vir feminave in adulterio deprehensi pecunia aliave qua pactione se redimerent —. 30 § 2 eod.: Plectitur et qui pretium pro comperto stupro acceperit: nec interest, utrum maritus sit qui acceperit an alius quilibet: quicumque enim ob conscientiam stupri accepit aliquid —. 30 § 4 eod.: Quaestum autem ex adulterio uxoris facere videtur, qui quid accepit, ut adulteretur uxor: sive enim saepius sive semel accepit, non est eximendus: quaestum enim de adulterio uxoris facere proprie ille existimandus est, qui aliquid accepit, ut uxorem pateretur adulterari meretricio quodam genere. 10 C 9, 9. 5 p D 12, 7. — Zu 9 D 12, 5 cit. s. 5 D 27, 3: Si tutor rem sibi depositam a patre pupilli vel commodatam non reddat ... Et si acceperit pecuniam ut reddat, plerisque placuit eam pecuniam vel depositi vel commodati actione repeti vel condici posse: quod habet rationem, quia t u r p i t e r accepta sit. Cf. 34 D 16, 3 (Anm. 150). — 36 D 12, 6: — si pecuniam a servulo accepisset redimendi furti causa — 8 § 10 D 17, 1 (vom Mandatar): — pecunia accepta alii cessisti ut emeret —. 9 D 44, 4: Si procurator rei pecunia accepta damnari se passus sit ... Nec hoc quod acceperit procurator, auferri ab eo potest: nam t u r p i t e r accepta pecunia iustius penes eum est qui deceptus sit quam apud eum qui decepit. 2. 3. 4. 6. 7 C. de condictione ob t u r p e m causam 4, 7. — 8 D 48, 2: — alii propter t u r p e m quaestum, ut qui ... nummosve ob accusandum vel non accusandum acceperint —. 2 D 47, 13: — quive ob accusandum vel non accusandum, denuntiandum vel non denuntiandum testimonium pecuniam acceperit. 3 § 5 D 22, 5: quive ob testimonium dicendum vel non dicendum pecuniam accepisse —. 3. 4. 6 p. § 2 D 48, 11. 7 p. § 3 eod. 9 eod. 1 § 2 D 48, 10. 8 § 1 D 4, 2: Si is accipiat pecuniam, qui instrumenta status mei interversurus est nisi dem —. 8 § 2 eod.: Quod si dederit, ne stuprum patiatur vir seu mulier —. 1 C. Th. 2, 29: Foedis commentis, quae bonorum merito deferuntur, quidam occupare meruerunt, et, cum meruissent in republica quolibet pacto versari, repetendam sibi pecuniam, quam inhoneste solverant, imprudentius atque inhonestius arbitrantur . . . Sed quia leges Romanae huiusmodi contractus penitus ignorant, omnem repetendi eorum, quae prodige nefarieque proiecerint, copiam prohibemus —. Vgl. auch noch 1 p D 12, 4 (si ob rem non inhonestam data sit pecunia). 15 D 19, 5 (quare qui accepit, quia ob causam accepit nec improbam causam, non timet condictionem).

154 (zu S. 41). Diese Realleistung ist Tradition. Wenn, wie in vielen von den in Anm. 153 citierten Stellen der Fall ist, gegen den Empfänger mit condictio ob turpem causam geklagt werden kann, oder doch nur wegen turpitudo dantis nicht geklagt werden kann, so setzt solche condictio Eigentumserwerb des Empfängers voraus. Nimmt man daran Anstofs, dafs jene Tradition, trotzdem sie ob turpem causam erfolgt, zum Eigentumsübergang führt, so erwidert Arndts, Pandekten § 145 Note p, dafs zur Eigentumsübertragung durch Tradition nicht erforderlich ist, „dafs die Absicht, in welcher sie geschieht, rechtlich gebilligt sei". Vgl. Hofmann, Titulus und Modus S. 124 fg. Vielleicht läfst sich jener Anstofs beheben, ohne dafs man mit Arndts die rechtliche Billigung der Absicht preisgiebt. Die Quellenfälle sind nämlich fast alle solche, in denen die Tradition, sei es wahrscheinlich, sei es nach wörtlicher Angabe Geldzahlung ist. Man sehe z. B. 3. 5. 9 D 12. 5. 5 p D 12, 7. 8 § 1 D 4, 2. 3 § 3 D 3, 6. 8 eod. 8 § 10 D 17, 1. 5 D 27, 3. 9 D 44, 4. 8 D 48, 2. 3 § 5 D 22, 6. 2 D 47, 13. 3. 6 p. § 2. 7 § 3. 9 D 48, 11. 3. 6. 7 C 4, 7. 1. 2 C 7, 49, wo überall pecunia, nummi, pretium, aes gezahlt werden; ausdrücklich weiter greift die calumnia: 1 § 4 D 3, 6, das Repetundenverbrechen: 6 § 2 D 48, 11, während in 2 C 4, 7 zwar von domum dare, aber auch, wie in den beiden vorigen, nicht von condictio die Rede ist, und in 1 § 2 D 47, 11 (wie bei Paul. r. s. V, 4, 14) statt donum praebuerit neben pretium dederit nach Wächter, Lehrb. des röm. teutschen Strafrechts II S. 581 domum praebuerit zu lesen ist (vgl. 9 sqq. D 48, 5. 37 § 1 D 4, 4). Der bei der Geldzahlung so leicht eintretende Erfolg, dafs der Empfänger das Geld verzehrt oder mit seinem Gelde ununterscheidbar vermischt und hierdurch Eigentümer wird, kann als selbstverständlich in den Stellen, die condictio geben, vorausgesetzt sein. Vgl. Unterholzner, Schuldverhältnisse II S. 24 bei Note n. Voigt, Condictiones Anm. 558. 559.

155 (zu S. 42). Er kann von sich sagen: dedi ut aliquid facias: hoc συνάλλαγμα esse et hinc nasci civilem obligationem. 7 § 2 D 2, 14. Dem facias steht hier das non facias gleich. Vgl. überhaupt Loewenfeld, z. Lehre v. d. sog. entgeltl. u. unentgeltl. Rechtsgeschäften S. 9—12. 28.

156 (zu S. 42). res secuta est oder causa secuta est: 1 § 2. 9 p D 12, 5. 4 C 4, 7.

157 (zu S. 43). quia ob causam accepit nec improbam causam, non timet condictionem: 15 D 19, 5.

158 (zu S. 43). 3 § 1 D 3, 6: Si igitur accepit ut negotium faceret sive fecit sive non fecit, et qui accepit ne faceret etsi fecit, tenetur (gleichgültig, dafs sich dies auf die Strafklage bezieht). 1 § 2 D 12, 5: etiamsi res secuta sit, repeti potest. 5 D 12, 5: sive indicasset sive non, repetitionem fore eius pecuniae —. 9 p eod.: quamvis enim propter rem datum sit et causa secuta sit —. 36 D 12, 6: — et reddidit magidem . . . (pecuniam) posse repeti. 34 D 16, 3 (Anm. 150). 4 C 4, 7: — licet haec (sc. turpis causa) secuta fuerit, datum condici —.

159 (zu S. 44). 5 C 4, 7: — cautae quantitatis ob turpem causam exactioni locum non esse. Quamvis enim utriusque turpitudo versatur ac soluta quantitate cessat repetitio —. 8 D 12, 5: Si ob turpem causam promiseris Titio, quamvis, si petat, exceptione doli mali vel in factum summovere eum possis, tamen si solveris, non posse te repetere, quoniam sublata proxima causa stipulationis, quae propter exceptionem inanis esset, pristina causa, id est turpitudo, superesset: porro autem si et dantis et accipientis turpis causa sit, possessorem potiorem esse et ideo repetitionem cessare, tametsi ex stipulatione solutum est. In dieser Stelle (wie in der vorigen) wird, wann aus der moralwidrigen Stipulation gezahlt worden ist, die Rückforderung versagt (non posse te repetere) unter Berufung auf die ursprünglich im Geschäft realisierte turpitudo. Indem aber weiterhin die Rückforderung des aus der Stipulation Gezahlten unter der Voraussetzung versagt wird, dafs die turpis causa der stipulatio für den Geber und für den Empfänger der Leistung turpis war, ist der Schlufs zu machen, dafs die repetitio wie sonst zulässig ist, wo blofs accipientis turpis causa ist. Danach wäre die im ersten Satz

wegen der turpitudo ausgesprochene Versagung der repetitio im Hinblick auf die im zweiten Satz explicite angegebene Zweiseitigkeit der turpitudo ausgesprochen. Vgl. Brinz, Pand. II[2] S. 533: „und wenn turpitudo beiderseitig, condictio ausgeschlossen, trotzdem ex stipulatione und zwar inani gezahlt wurde".

160 (zu S. 45). „Etwas rechtlich Verbotenes unterlassen": 2 p D 12, 5: ut puta dedi tibi ne sacrilegium facias, ne furtum, ne hominem occidas. In qua specie Julianus scribit, si tibi dedero, ne hominem occidas, condici posse. 4 § 2 eod.: quotiens autem solius accipientis turpitudo versatur, Celsus ait repeti posse: veluti si tibi dedero, ne mihi iniuriam facias. — „Etwas rechtlich Gebotenes gethan": 2 § 1 eod.: Item si tibi dedero, ut rem mihi reddas depositam apud te —. 2 § 2 eod.: — dedi, ut secundum me in bona causa iudex pronuntiaret —. 9 p eod.: Si vestimenta utenda tibi commodavero, deinde pretium, ut reciperem dedissem, condictione me recte acturum responsum est: quamvis enim propter rem datum sit et causa secuta sit, tamen turpiter datum est. 9 § 1 eod.: — quod si, ut id, quod ex testamento vel ex stipulatu debebas, redderes mihi, pecuniam tibi dederim, condictio dumtaxat pecuniae datae eo nomine erit. — 5 D 27, 3 (Anm. 153). 36 D 12, 6 (Anm. 153). 6 C 4, 7: Ob restituenda quae subtraxerat accipientem pecuniam, cum eius tantum interveniat turpitudo, condictione conventum hanc restituere debere convenit. 7 eod.: Eum, qui ob restituenda quae abegerat pecora pecuniam accepit, tam hanc quam quae per hoc commissum tenuit restituere debere convenit —. Für die Rückforderbarkeit wegen turpitudo accipientis ist es gleichgültig, ob die Rechtspflicht, für deren Erfüllung gezahlt worden ist, gegenüber dem Zahler besteht, oder gegenüber einem Dritten. In 6 und 7 C. citt. ist der Gläubiger der Rechtspflicht nicht genannt. Wenn es in anderen Stellen der Zahler ist, so kommt dies daher, dafs thatsächlich noch eher der Gläubiger sich zu dem fraglichen Handel entschliefsen wird, als ein unbeteiligter Dritter.

161 (zu S. 45). Savigny, System III S. 178. In der zugehörigen Note n ist 1 C 4, 7 (oben Anm. 129) als Beleg angeführt. Allein die Worte dieser Stelle „ob turpem causam et quam fieri prohibitum est" begründen die Annahme, dafs wir hier ein Versprechen für verbotenes Thun und nicht ein Versprechen für

verbotenes Unterlassen oder gebotenes Thun vor uns haben. Die Ungültigkeit des ersteren ist in den Quellen vielfach bezeugt, sie braucht nicht gefolgert zu werden. In der gleichen Note sagt Savigny: „Nämlich aus dem Recht auf die condictio, folgt überall das auf die exceptio.“ Er scheint danach die Versprechungen für Unterlassung des Verbotenen und Thun des Gebotenen nicht als ipso iure nichtig anzusehen. Ebenso gewährt Seeler, Konventionalstrafe S. 36 dem Promittenten nur condictio ob turpem causam auf Acceptilation. S. jedoch oben S. 52 al. 1.

162 (zu S. 45). Wächter, Pandekten I S. 376.

163 (zu S. 46). Vgl. Pappenheim, Zeitschr. f. Handelsrecht XLII S. 439: Wenn das Recht für eine sittlich gebotene Handlung einen Lohnanspruch gewährt, so will es ebensowenig, daſs diese Handlung fortan nur um des Lohnes willen vorgenommen werde, wie es da, wo es für eine sittlich verbotene Handlung Rechtsnachteile androht, dieselbe fortan nur um dieser Rechtsnachteile willen unterlassen sehen will.“ — Für die Moral der römischen Juristen ist es bezeichnend, daſs Ulpian vom Finder, der den Finderlohn verlangt, sagt: etsi non probe petat aliquid. 43 § 8 D 47, 2. Vgl. Steinbach, Erwerb und Beruf (1896) S. 25.

164 (zu S. 46). Vgl. Hölder, Pandekten S. 269: „Im Falle eines Verhaltens, welches als ein durch die Aussicht auf äuſsere Vorteile bestimmtes ein unsittliches ist, bedarf es daher der Unterscheidung, ob der für den Fall derselben verheiſsene Vorteil im Sinne eines Bestimmungsgrundes oder nur im Sinne der Entschädigung für die äuſseren Nachteile gemeint ist, welche jenes Verhalten im Gefolge hat.“

165 (zu S. 47). Sen. de benef. IV, 1, 2 u. 3: Inveniuntur qui honesta in mercedem colant quibusque non placeat virtus gratuita: quae nihil habet in se magnificum, si quicquam venale. Quid enim est turpius quam aliquem conputare, quanti vir bonus sit, cum virtus nec lucrum invitet nec absterreat damno adeoque neminem spe ac pollicitatione corrumpat, ut contra inpendere in se iubeat et saepius in ultro tributis sit? Calcatis utilitatibus ad illam eundum est, quocumque vocavit, quocumque misit, sine respectu rei familiaris. Interdum etiam sine ulla sanguinis sui parsimonia vadendum nec umquam imperium eius detractan-

dum. „Quid consequar, inquit, si hoc fortiter, si hoc grate fecero?“ Quod feceris: nihil tibi extra promittitur. Si quid forte obvenerit commodi, inter accessiones numerabis. Rerum honestarum pretium in ipsis est. Si honestum per se expetendum est, beneficium autem honestum est, non potest alia eius condicio esse, cum eadem natura sit. Per se autem expetendum esse honestum saepe et abunde probatum est. Vgl. Cic. de fin. II, 17, 59. III, 11, 36. 38. V, 7 i. f. 22, 61. 23 init. und unten Anm. 227.

166 (zu S. 47). Die in Anm. 160 citierten Stellen beziehen sich auf rechtlich Verbotenes oder Gebotenes. Anders steht es um 4 § 4 D 12, 5 (die in drei Teile zerfällt): a) Si tibi indicium dedero, ut fugitivum meum indices vel furem rerum mearum, non poterit repeti quod datum est: nec enim turpiter accepisti. Dieser Teil gehört, zumal nach den Schlufsworten augenscheinlich nicht hierher. Vgl. 15 D 19, 5. 48 § 1 D 47, 2. b) Quod si a fugitivo meo acceperis ne eum indicares, condicere tibi hoc quasi furi possim. Hiermit ist condictio furtiva gemeint. Der Flüchtling hat Geld des Herrn gezahlt; indem der andere es vom Flüchtling, den er als solchen kannte, annahm, hat er ein furtum begangen. c) Sed si ipse fur indicium a me accepit vel furis vel fugitivi socius, puto condictionem locum habere. Mit der condictio kann nicht wieder condictio furtiva gemeint sein. Wenn das Geld vom Herrn oder Eigentümer selbst bezahlt worden ist für die Anzeige, so begeht der Empfänger mit der Empfangnahme kein furtum. Condictio kann daher nur die condictio ob turpem causam sein. Diese schwebt dem Juristen schon im ersten Satz vor, indem er die repetitio ablehnt, weil nicht turpiter acceptum vorliege. Wenn er in dem mit sed beginnenden Satz die condictio erteilt, so ist damit ein Gegensatz zum Vorausgehenden ausgedrückt, und zwar sowohl zur Versagung der condictio ob turpem causam, wie zur Gewährung der condictio furtiva. Damit ist die Erteilung der condictio ob turpem causam im letzten Teil der Stelle festgestellt. Und zwar mufs turpis causa accipientis oder ein turpiter acceptum gegeben sein. Die Anzeige, für welche hier bezahlt wird, ist nichts, wozu der fur oder der socius furis vel fugitivi rechtlich verbunden ist. Hierin ist dieser Kontrakt von denen in Anm. 160 verschieden. Die Anzeige, für welche hier (unter c) bezahlt wird, ist aber auch nicht

etwas, wozu der fur oder der socius furis vel fugitivi moralisch verpflichtet ist; insofern spricht diese Stelle nicht gegen den zugehörigen Text (S. 47). Wohl aber ist es eine Immoralität des Schuldigen oder Mitschuldigen, wenn er sich einen Angeberlohn entrichten läfst vom Beschädigten. Denn entweder hat er vor, sei es diesen irre zu leiten, sei es ihm die Wahrheit vorzuenthalten, dann liegt auf der Hand, dafs er mit der Annahme des indicium eine Immoralität begeht; oder er hat vor, dem Beschädigten die Wahrheit kund zu geben, dann darf er als Schuldiger oder Mitschuldiger sich dies nicht noch entgelten lassen, d. h. noch Gewinn aus seiner Kenntnis einer den Zahler schädigenden Thatsache ziehen, die er selbst herbeigeführt oder mitherbeigeführt hat. Das wäre Ausbeutung einer von ihm selbst geschaffenen Notlage des Herrn. Pfersche, Bereicherungsklagen S. 182 sagt freilich: „Dafs nun das für die Anzeige eines Mitschuldigen genommene Entgelt gerade so anzusehen ist, wie das für die Anzeige eines beliebigen andern Verbrechers genommene, dürfte wohl einem Zweifel nicht unterliegen“. Allein aus unserer Argumentation soll das Gegenteil hervorgehen. — Dafs der furis vel fugitivi socius, indem er sich Angeberlohn zahlen läfst, den Verrat seines Genossen plant und somit im Hinblick auf diesen turpiter accipit (vgl. Knapp, Rechtsphilosophie § 113 a. E.), läfst sich nicht anführen, weil jener socius dem fur als Empfänger an die Seite gestellt ist; es wird daher eine und dieselbe Person als durch die Immoralität betroffen gedacht sein. — In 5 D 12, 5 (Si a servo meo pecuniam quis accepisset, ne furtum ab eo factum indicaret) wird für Unterlassung weder einer Rechts- noch einer Moralwidrigkeit gezahlt, wohl aber begeht, wer für Unterlassung der Indikation Geld annimmt, eine Immoralität. — Im prätorischen Edikt war eine Strafklage verheifsen in eum qui, ut calumniae causa negotium faceret vel non faceret pecuniam accepisse dicetur: 1 p D 3, 6 (Lenel, Edictum S. 86). S. auch 1 § 1. 3 § 1. 7 p. § 1. 8 eod. 5 p D 37, 15. Mit dieser Strafklage konkurrierte unter Umständen die Repetundenklage und die condictio ob turpem causam. Man darf wohl das calumniae causa negotium non facere als Erfüllung einer Rechtspflicht ansehen. Aber auch wenn man hierin die Erfüllung nur einer Moralpflicht erblickt, kann dieser Fall nicht gegen unseren Text verwandt werden, weil hier der Thatbestand eines Delikts gegeben ist.

167 (zu S. 48). Goldschmidt, Handbuch des Handelsrechts I^3 S. 83, wo auch angemerkt ist: „Nichts wäre verkehrter als die Behauptung, dafs im ganzen und grofsen das germanische oder spätere, etwa preufsische Recht einen höheren ethischen Standpunkt einnehme als das Recht der klassischen Römerzeit."

168 (zu S. 48). 22 § 3 D 19, 2. 16 § 4 D 4, 4 und dazu Loewenfeld, z. Lehre v. d. sog. entgeltl. u. unentgeltl. Rechtsgeschäften S. 29—32. Vgl. Steinbach, Erwerb und Beruf S. 2. 3. 12. 13. 54.

169 (zu S. 48). Hierüber sagt Friedrich Engels, damals selbst Kaufmann, in den deutsch-französischen Jahrbüchern von Ruge und Marx (1844) S. 90 mit antiker Unumwundenheit, doch ohne gewisse rechtliche Schranken vorzubehalten: „Die nächste Folge des Privateigentums ist der Handel, der Austausch der gegenseitigen Bedürfnisse, Kauf und Verkauf. Dieser Handel mufs unter der Herrschaft des Privateigentums, wie jede Thätigkeit, eine unmittelbare Erwerbsquelle für den Handeltreibenden werden; d. h. jeder mufs suchen, so teuer wie möglich zu verkaufen und so billig wie möglich zu kaufen. Bei jedem Kauf und Verkauf stehen sich also zwei Menschen mit absolut entgegengesetzten Interessen gegenüber: der Konflikt ist entschieden feindselig, denn jeder kennt die Intentionen des andern, weifs, dafs sie den seinigen entgegengesetzt sind. Die erste Folge ist also auf der einen Seite gegenseitiges Mifstrauen, auf der andern die Rechtfertigung dieses Mifstrauens, die Anwendung unsittlicher Mittel zu Durchsetzung eines unsittlichen Zweckes. So ist z. B. der erste Grundsatz im Handel die Verschwiegenheit, Verheimlichung alles dessen, was den Wert des fraglichen Artikels herabsetzen könnte. Die Konsequenz daraus: es ist im Handel erlaubt, von der Unkenntnis, von dem Vertrauen der Gegenpartei den möglichst grofsen Nutzen zu ziehen, und ebenso, seiner Ware Eigenschaften anzurühmen, die sie nicht besitzt. Mit einem Worte, der Handel ist der legale Betrug. Dafs die Praxis mit dieser Theorie übereinstimmt, kann mir jeder Kaufmann, wenn er der Wahrheit die Ehre geben will, bezeugen." Vgl. W. Sombart, Friedrich Engels (1895) S. 5. 6.

170 (zu S. 50). Wegen der Societät vgl. Jhering, Zweck im Recht I^2 S. 213—215. — Nach Bechmann, Kauf I S. 647 (mit Hin-

weis auf die Stellen in Anm. 168) „reagiert das Recht auch nicht um der Sittlichkeit willen gegen die positive Thätigkeit, die der eine oder der andere Teil zur Erzielung günstiger Bedingungen eintreten läfst, sofern dieselbe sich innerhalb der normalen Berechnung des Gegners befindet". Die Norm bei dieser „normalen Berechnung" ist die Moral der mit Privateigentum schaltenden bürgerlichen Gesellschaft, eine andere „Sittlichkeit" kann nicht in Frage kommen.

171 (zu S. 51). Von den Reaktionen des öffentlichen Rechts, wie infamia, und besonders von den strafrechtlichen Folgen der calumnia, des adulterium, der concussio, des crimen repetundarum u. s. w. (z. B. Prozefsverlust des Bestechers: 2 § 2 D 12, 5. 1 C 7, 49. 1 § 3 D 3, 6) wird im folgenden ganz abgesehen, nur das Privatrecht in Betracht gezogen.

172 (zu S. 51). In den Worten „cum omnia, quae contra bonos mores vel in pacto vel in stipulatione deducuntur, nullius momenti sint" (4 C 8, 38) begreift pactum jeden nicht in Stipulationsform geschlossenen Vertrag. Im heutigen römischen Recht gilt die stipulatio als Muster oder Repräsentant des Kontrakts. — Es ist nicht ersichtlich, aus welchem Grunde Bekker, System II S. 142 der „allgemeinen Regel", dafs der Inhalt der Rechtsgeschäfte nicht contra bonos mores verstofsen dürfe, „nur beschränkte Gültigkeit" beimifst.

173 (zu S. 52). Von actionis denegatio sprechen z.B. 26 D 45, 1. Consult. 4, 9. 1 § 5 D 4, 3 (Anm. 127), 5 C 4, 7 (Anm. 129), 71 § 1 D 35, 1 (Anm. 130), 97 § 2 D 45, 1 (Anm. 132), von exceptio z. B. 8 D 12, 5 (Anm. 128), 134 p D 45, 1 (Anm. 130).

174 (zu S. 52). Vgl. Brinz, Pand. IV § 588 Anm. 76.

175 (zu S. 52). 4 C 7, 75. 4 C 8, 55. S. auch Windscheid, Pand. § 586 Anm. 15 und E. A. Seuffert zu Seuffert, Pand. § 664 Anm. 5a.

176 (zu S. 52). So auch Urteil des O.L.G. zu Stuttgart bei Seuffert, Archiv Bd. 49 Nr. 83 vorletzter Absatz, Kohler, Arch. f. bürg. R. V S. 249 und Planck, Lehrb. d. deut. Civilprozefsr. I § 73 Anm. 31: „Selbstverständlich hat das Gericht zur Wahrung öffentlicher Interessen den vorgetragenen thatsächlichen Stoff

auch ohne Parteiantrag zu prüfen und in seiner Entscheidung zu verwerten. Beispiel: Zurückweisung der Klage auf eine vertragsmäfsig geschuldete Leistung, falls erhellt, dafs eine turpis causa zum Grunde liege, auch wenn Beklagter daher keine Vertheidigung entnommen hat."

177 (zu S. 53). Man kann den Rechtssatz selbst, dafs der unmoralische Vertrag nichtig ist (S. 52) für eine lex perfecta erklären, wenn man lex im weiteren Sinn nimmt. Vgl. Voigt, Condictiones Anm. 471.

178 (zu S. 53). Planck a. a. O. I S. 435 Nr. 2. — Wenn Ravit, Archiv f. civ. Pr. Bd. 58 S. 69 sagt: „Auf keinen Fall darf man es aber aufser acht lassen, dafs der Richter nicht etwa die Aufgabe hat, sich von der sittlichen Unverfänglichkeit der seiner Beurteilung unterliegenden Rechtsgeschäfte zu überzeugen . . ." so ist dies so allgemein gefafst, dafs dabei die Regel von der Nichtigkeit des unmoralischen Vertrags nicht bestehen kann. Der Richter, der sie befolgen will, mufs sich von jener Unverfänglichkeit überzeugen, und es kann nur fraglich sein, wie weit sich seine Erkundigung erstreckt.

179 (zu S. 53). Von diesem war in einer „peinlichen Geschichte" die Rede, welche im Februar d. J. durch die Zeitungen ging. In Budapest wurden Photographien von Briefen verbreitet, in denen ein als Politiker bekannter ungarischer Graf und sein Sohn einem Advokaten eine grofse Geldsumme für den Fall versprochen hatten, dafs es diesem gelinge, dem jungen Grafen „eine amerikanische Erbin mit einer Mitgift von mindestens drei Millionen Dollars zu verschaffen." Weiter war unter gräflichem Ehrenwort darauf verzichtet, „von dem Einwande der turpis causa im Falle einer gerichtlichen Klage Gebrauch zu machen". — Nach Planck a. a. O. S. 445 ist es „Sache des Richters, festzustellen, welcher Rechtssatz auf den vorgetragenen Thatbestand anzuwenden sei, selbst wenn die Partei keinen oder einen unrichtigen angeführt haben sollte, sofern nur nicht ersichtlich ist, dafs sie die Prüfung aus diesem rechtlichen Gesichtspunkt ausschliefsen, m. a. W. das ihr kraft desselben etwa zustehende Recht nicht geltend machen wollte." Diese Schranke wird wohl nicht gelten sollen für Rechtssätze des ius publicum, zu denen der von der Ungültigkeit unmoralischer Verträge zu zählen ist. Vgl. Anm. 176.

180 (zu S. 54). In 8 D 12, 5 (Anm. 128), 123 D 45, 1. 1 C 4, 7 und 5 eod. (Anm. 129) haben wir wahrscheinlich solche bloſse Summenversprechen in Stipulationsform vor uns. Nach Bechmann, Kauf I S. 640 Anm. 3 soll der Wechsel anders behandelt werden: „Der Wechsel, der nur auf Geld lauten kann und keine Bedingung zuläſst, ist selbst für dieses sittliche Postulat unempfänglich.“ So weit reicht nicht Art. 82 der deutschen Wechselordnung. S. Thöl, Wechselrecht § 186, I. Vgl. auch den Rechtsfall bei Stammler, Pandektenübungen § 81 Nr. 11, wo die turpis causa durch die simulierte Darlehenscausa verdeckt ist.

181 (zu S. 54). Weder die römischen Quellen noch das B.G.B. machen einen Unterschied oder Vorbehalt. Halbierung der Rechtswirkung (durch Annahme von Einseitigkeit der Nichtigkeit, oder von negotium claudicans) wegen Einseitigkeit der persönlichen Immoralität würde die Kompetenz der Auslegung überschreiten. Nach Kohler, Arch. f. bürg. R. V S. 205 al. ist die Nichtigkeit nur einseitig, falls ein Kontrahent beim Vertragsschluſs „keine Kenntnis von dem unsittlichen Zwecke hat“. Allein bei solcher Unkenntnis ist nicht auf den unsittlichen Zweck konsentiert, ist gar kein unmoralischer Vertrag vorhanden, so daſs auch keinerlei Nichtigkeit eintritt.

182 (zu S. 54). Das Gegenteil nimmt an das Urteil bei Seuffert, Archiv XXI Nr. 32: „Von einem pactum turpe kann schon aus dem Grunde keine Rede sein, weil dasselbe ohne Bewuſstsein der turpitudo nicht denkbar ist.“ Eine Begründung ist nicht gegeben. Es war wohl die Meinung, daſs bei Unwissentlichkeit die paciscierenden Personen kein Vorwurf trifft. Aber wenn das Recht seine Mitwirkung versagt, um einen moralwidrigen Erfolg nicht eintreten zu lassen, so braucht es sich nicht um die Personen und deren Moralkenntnis zu bekümmern. Vgl. auch Anm. 199.

183 (zu S. 54). Brinz in Anm. 68. Voigt, Jus naturale III S. 210. 211 vgl. XII Tafeln I S. 327. Andererseits braucht man dem Räuber gegenüber nicht die fides zu beobachten: Cic. de off. III, 29, 107. Vgl. 31 § 1 D 16, 3.

184 (zu S. 55). 1 § 10 D 38, 5 (Anm. 96 a. E.). 8 § 2 D 4, 2 (cum viris bonis iste metus (sc. stupri) maior quam mortis esse

debet) stellt das Gut der Geschlechtsehre über das des Lebens und zwar für den vir bonus, d. h. nach Vorschriften der Moral. Die stoische Ethik, für welche „das Leben ist der Güter höchstes nicht“, verweist auf die Möglichkeit, sich seiner zu entäufsern. Nach dem Grundsatz (Sen. Ep. I, 12, 10): „Malum est in necessitate vivere: sed in necessitate vivere necessitas nulla“ est kennt sie kein „die Not entschuldigt's“. Anders wohl die moderne Volksmoral. Auch entscheidet jene Ethik mit ihrem Hinweis auf den Lebensverzicht nicht die Konflikte, in denen fremdes Leben in Frage kommt, man denke z. B. an den meretricischen Vertrag, den das Mädchen schliefst, um die sonst nicht erlangbaren Mittel zur Erhaltung naher Angehöriger zu erwerben (Dostojewskij, Raskolnikow, deutsch von Henckel, I S. 26). — Zum „Konflikt der Normen“ s. Wundt, Ethik[2] S. 545—550.

185 (zu S. 56). Vgl. Seuffert, Archiv VIII, 25 g. E. und unten Anm. 229.

186 (zu S. 56). Vgl. Tuhr, Notstand im Civilrecht S. 6. 10—14.

187 (zu S. 57). Sintenis, Civilrecht II § 88 nach Anm. 8: „Soll nämlich die Konventionalstrafe gültig sein, so mufs die dadurch zu sichernde Hauptobligation zwischen den Kontrahenten selbst eine gültige und wirksame sein.“ Oben Anm. 130 und Seeler, Konventionalstrafe S. 27—38. B.G.B. § 344. Schweiz. OR. a. 181.

188 (zu S. 58). Nach Voigt, Condictiones S. 564. S 568 al. 1. S. 570 al. 2 ist die condictio indebiti unstatthaft und nur Raum für die condictio ob turpem causam (bei honestas dantis).

189 (zu S. 57). Vgl. Brinz, Pandekten[2] IV § 587 Anm. 62. Strenger das indische Recht: Pollock, Princ. of Contr. p. 686/7.

190 (zu S. 58). 21 § 11 D 4, 8 (Anm. 66), 52 § 17. 53 D 17, 2 (Anm. 122). Der Satz im Texte ist dem Hinweis von Ravit, Archiv f. civ. Pr. Bd. 58 S. 67 zu verdanken; der dortigen Begründung kann ich mich nicht anschliefsen.

191 (zu S. 58). Wenn z. B. A den B beauftragt hat, ihm eine Information zu beschaffen über die intimen persönlichen oder ökonomischen Verhältnisse eines Dritten, und B beschafft dieselbe, indem er einen Diener des Dritten besticht und zu In-

diskretionen verleitet, so kann B gegenüber A nicht die Rechtsfolgen der Mandatserfüllung geltend machen, d. h. Ersatz der Bestechungsauslagen verlangen. Das Vorgehen des B hätte nicht speciell zum Gegenstand eines Mandats gemacht, hierauf nicht eine mandati obligatio des A gerichtet werden können, denn rei turpis nullum mandatum. Vgl. oben Anm. 121 g. E. und Kohler, Archiv f. bürgerl. Recht V S. 178. 179.

192 (zu S. 58). Nicht gehört dahin der Fall von 17 § 5 D 19, 5 (Anm. 100), indem hier nur zur Vorbereitung der Vollziehung gegeben ist, daher rei vindicatio Platz greift.

193 (zu S. 59). 11 § 5 D 19, 1: Si quis virginem se emere putasset, cum mulier venisset, et sciens errare eum venditor passus sit, redhibitionem quidem ex hac causa non esse, verum tamen ex empto competere actionem ad resolvendam emptionem, et pretio restituto mulier reddatur.

194 (zu S. 59). 34 D 16, 3 (Anm. 150). 5 D 27, 3 (Anm. 153). 9 § 1 D 12, 5. Die actio bonae fidei ist zugleich incerta actio, sie kann daher auch das turpiter acceptum ergreifen. Nicht so die stricti iuris actio: wo daher die Haftung des Empfängers einer solchen actio unterstellt ist, mufs man wegen des turpiter acceptum zu einer eigenen Klage (der condictio ob turpem causam) greifen. 9 § 1 cit.: Si rem locatam tibi vel venditam a te vel mandatam ut redderes pecuniam acceperis, habebo tecum ex locato vel vendito vel mandati actionem: quod si, ut id quod ex testamento vel ex stipulatu debebas, redderes mihi pecuniam dederim, condictio dumtaxat pecuniae datae eo nomine erit —.

195 (zu S. 59). 9 p D 12, 5 (Anm. 160). Im generellen Traktat de repetitione, den Paulus in 65 D 12, 6 giebt, hat das ob turpem causam oder rem Geleistete seine Stelle beim datum ob rem in § 4 cf. 1 p D 12, 5.

196 (zu S. 59). Voigt, Condictiones S. 557. S. 570 al. 2. Vgl. oben Anm. 188. 159 und S. 57.

197 (zu S. 60). Eine Ausnahme, wenn man ihn als unmoralischen Vertrag behandelt, bildet der wucherische Vertrag nach Art. 3 des Wuchergesetzes v. 24. Mai 1880; denn danach ist auch der Gläubiger berechtigt, „das aus dem ungültigen Vertrage Ge-

leistete zurückzufordern“. Kohler, Arch. f. bürg. R. V S. 244 Anm. 93. Durch Einf. Ges. z. B.G.B. Art. 47 wird jener Art. 3 aufgehoben. Die durch B.G.B § 817 nicht ausgeschlossene Rückforderung kann auf § 812 gegründet werden.

198 (zu S. 60). 3 § 3 D 3, 6: — qui dedit pecuniam, ut negotium quis pateretur, non habebit ipse repetitionem: turpiter enim fecit: sed ei dabitur petitio, propter quem datum est ut calumnia ei fiat —. Als „Dritter“ erscheint nach Bayer. Landrecht v. 1756 Th. IV Kap. 12 § 8 der Fiscus, an den das Geleistete fällt, wenn utriusque turpitudo gegeben ist (Anm. 200). S. auch Kohler a. a. O. S. 241.

199 (zu S. 60). Es besteht nämlich kein Grund, das Bewufstsein von der Moralwidrigkeit hier bei der Rückforderung zu verlangen, da es doch für die Nichtigkeit gleichgültig ist: S. 54 und Anm. 182. Vgl. Voigt, Condictiones S. 570. Eine Verschiedenheit der Behandlung würde widerspruchsvoll sein. Das Recht, das den unmoralischen Vertrag reprobiert ohne Rücksicht auf die moralische Einsicht der Paciscenten, würde dem Zahler trotz seines Anteils an der Moralwidrigkeit die Rückforderung gestatten, weil ihm die Einsicht in diese Moralwidrigkeit gefehlt habe. Und andererseits würde der Empfänger, dem das Bewufstsein der Moralwidrigkeit seines Verhaltens fehlte, darum eine Leistung behalten können, auf die zu klagen ihm trotz seiner „Unschuld“ versagt gewesen wäre. Nirgends stellen die römischen Quellen (so wenig als das B.G.B. § 817) jenes Erfordernis auf, und wenn etwa der Ausdruck delictum in 5 p D 12, 7 und die Quellenbeispiele Bewufstsein voraussetzen sollten, so würde sich dies daraus erklären, dafs dasselbe meistens vorhanden und die Wahl der Beispiele oft auf Delikte gefallen ist. Vorstehendes bezieht sich nur auf die Rückforderung aus nichtigem Vertrag. Was die Rückforderung beim anfechtbaren unmoralischen Vertrag anlangt, so mag an die alienatio in fraudem creditorum oder patroni erinnert werden, bei der, wie der Name sagt, das fragliche Bewufstsein kaum fehlen kann. Und für die querela inofficiosae donationis oder dotis haben einige die Absicht der Verkürzung des Pflichtteils, damit wohl auch das Bewufstsein der Moralwidrigkeit als Erfordernis aufgestellt: Brinz, Pand. III § 405 Anm. 45, Dernburg, Pand. III § 156 Anm. 3.

199a (zu S. 61). Vgl. S. 54, Anm. 181. Beim zweiseitigen Vertrag darf der Kontrahent, den allein ein moralischer Vorwurf trifft, mit Bezug auf die Nichtigkeit des pactum turpe seine Leistung verweigern, und er darf dies auch wenn er von der vorwurfsfreien Gegenpartei deren Leistung empfangen hat. Dieselbe war wegen der Nichtigkeit des Vertrags nicht geschuldet und kann mit condictio indebiti oder ob turpem causam zurückgefordert werden; z. B. im Fall des ausbeuterischen Dienstvertrags (Anm. 213) der normale Lohn der geleisteten Arbeit: posse condici quanti operas essem conducturus (26 § 12 D 12, 6).

200 (zu S. 61). Turpitudo nur des Empfängers: 5 § 1. 7 p. § 1 D 3, 6. — 1 § 2. 2 p. § 1. 4 § 2. § 4. 5. 9 p. 9 § 1 D 12, 5. 36 D 12, 6. 34 D 16, 3. 5 D 27, 3. — 3. 4. 6. 7 C 4, 7. Turpitudo nur des Zahlers: 4 § 3 D 12, 5. 1 C. Th. 2, 29. Turpitudo beider: 3 § 3. 5 § 1 D 3, 6. 2 § 2. 3. 4 p. § 1. 8 D 12, 5. 5 p D 12, 7. 9 D 44, 4. 2. 5 C 4, 7. — Zu 2 § 2 D 12, 5 cit. s. 1 § 3 D 3, 6. 1 C 7, 49. Nach heutiger Moral würde 4 § 3 D 12, 5 cit. der dritten Gruppe angehören. Ihre nova ratio findet Voigt, Condictiones Anm. 477 in 5 C 4, 7 wieder aufgegeben. Unterholzner, Schuldverhältnisse II S. 23, g sagt von ihr: „Dafs gegen diese Ansicht gegründete Einwendungen möglich sind, liegt am Tage.“ Pfersche, Bereicherungsklagen S. 184 Anm. 3 nennt sie „Sophisterei“. — In 5 D 12, 5 cit. ist zwar auch dantis turpitudo, aber mit Brinz, Pand. II § 302 Anm. 14 zu sagen, dafs die condictio hier stattfindet nur „weil durch die Person des Gebers ein Dritter (Gewalthaber), der selbst an der turpitudo nicht teilgenommen, zu Verlust geraten ist“. Es bleibt also auch hier bei der Regel: nemo de improbitate sua consequitur actionem. — 1 C. Th. 2, 29 scheint mir nicht zur dritten Gruppe zu gehören, weil sie Wiedererstattung des dem Empfänger Abgenommenen an ihn vorschreibt. — Zur dritten Gruppe vgl. 4 § 13 D 44, 4. 126 § 2. 128 p D 50, 17.

201 (zu S. 62). Seuffert, Archiv Bd 4 Nr. 231. Bd. 50 Nr. 241 (Urteil des Reichsgerichts vom 2. IV. 1895).

202 (zu S. 66). Im wesentlichen schliefst sich an Dernburg, Pandekten II § 16 Anm. 15—17. Eigenartiger weifs Kohler, Arch. f. bürg. Recht V S. 204 al. 3 „die Grenzlinie zu markieren, wo die Berücksichtigung unsittlicher Bestrebungen bei Beurteilung

der Civilrechtsgeschäfte zu enden hat". Allein seine Definition oder sein Postulat — „das Civilrecht hat Geschäfte dann für nichtig zu erklären, wenn diese Geschäfte es zum Zwecke haben, die Werkzeuge der Unsittlichkeit zu bieten, sei es in Geld, sei es in andern Dingen" — erschöpft, wie sich zeigen wird, das geltende Recht nicht.

203 (zu S. 66). Bedenken hat schon Ravit, Archiv f. civ. Pr. Bd. 58 S. 49/50. 64—67 geltend gemacht; Windscheid hat ihnen nicht Rechnung getragen.

204 (zu S. 68). Wenn es in einem Urteil bei Seuffert, Archiv II Nr. 162 heifst, dafs wer einen gesetzlich verbotenen Vertrag wissentlich schliefse, damit im Rechtssinn schlecht, turpiter handle und schon darum keine Klage habe, so ist das Erstere den römischen Quellen fremd.

205 (zu S. 69). Seuffert, Archiv I, 195 Anm. 1 (im übrigen Divergenz in der moralischen Beurteilung), XX, 114 vgl. II, 19. XVI, 100 und Stammler oben in Anm. 180. Hingegen nicht unmoralisch die Verschweigung des unehelichen Vaters: Seuff. Arch. XXXIV, 190. XXXVIII, 306.

206 (zu S. 69). Seuffert, Archiv I, 196. XXXXIX, 83, gegen XXI, 32, fernere Citate bei Kohler, Arch. f. bürg. R. V S. 207 Anm. 39. Pollock, Princ. of Contr. p. 281/2. Gegenüber der Vergesellschaftung zum Spielen in verbotener auswärtiger Lotterie (Seuff. Arch. XXXXIII, 110) könnte man dabei stehen bleiben, dafs etwas Rechtswidriges vereinbart worden ist. Gegen die Ungültigkeit solcher Gesellschaft Endemann, Civilrechtliche Wirkung der Verbotsgesetze S. 119. 120.

207 (zu S. 69). Seuffert, Archiv XXXXVII, 264 („dafs der Wucher zu allen Zeiten von der Volksmeinung als unsittlich gebrandmarkt worden ist, und dafs insbesondere der Wucherbegriff, unabhängig von dem jeweiligen Bestehen positiver, das Zinsennehmen mehr oder weniger beschränkenden Wuchergesetze, im wesentlichen zu allen Zeiten der gleiche war"). S. auch XXXVIII, 333. Nach dem Urteil des Obersten LG. für Bayern (Seuff. LI, 101) kann beim Forderungskauf die Festsetzung eines den Umständen nach zu niedrigen Kaufpreises eine unmoralische Handlung sein.

208 (zu S. 69). Seuffert, Archiv XVIII, 126. XXIV, 245 (hier ist die Berufung auf 8 § 1 D 7, 8 und 5 C 6, 25 unpassend). — In dem Urteil bei Seuffert XIX, 100 wird als „wider die sittliche Natur der Ehe“ gehend der Vertrag für ungültig erklärt, der dahin geht, dafs der Ehemann das Gewerbe im Auftrag der Frau und für ihre Rechnung treibe, dafs der Verdienst der Frau zufalle, der Mann von ihr den Lebensunterhalt und ein Taschengeld erhalte. Mit diesem Urteil ward die Vereinbarung einer Handlung, Duldung oder Unterlassung angenommen, die unmoralisch sei. Daher gehört auch dieser Fall unter Nr. 1 des Textes.

209 (zu S. 69). Seuffert, Archiv XLIV, 106.

210 (zu S. 69). Opet, Archiv f. civ. Praxis Bd. 86 S. 179, b. S. 180. Dieser Autor berichtet S. 198, in den Engagements werde „nicht selten die Gewährung eines Benefizes zugesichert, jedoch mit der Mafsgabe, dafs der Schauspieler zu Gunsten des Direktors auf eine pekuniäre Beteiligung am Erfolge seiner Benefizvorstellung verzichtet. Eine derartige Vereinbarung wird von vielen Juristen, als contra bonos mores gerichtet, für nichtig gehalten —“, nicht von Opet (auch nicht Deutsches Theaterrecht S. 185 Anm. 40), aber mit Unrecht. Zur Gewährung eines Benefizes gehört die öffentliche Ankündigung der Vorstellung als Benefizvorstellung, und unter einer solchen versteht das Publikum eine, deren Reinertrag dem „Benefizianten“ zufällt. Gegenüber dem besagten Engagement enthält die Ankündigung eine bewufste Unwahrheit. Das Engagement vereinbart die Zulassung einer Lüge durch den Schauspieler, die Duldung einer unmoralischen Handlung.

211 (zu S. 70). Opet a. a. O. S. 189. 196. 212. Burckhard, Recht der Schauspieler S. 48—56. Pohle, B. Pollini, eine Beleuchtungsprobe und kulturhistorische Skizze (Hamburg 1896), 6. Aufl. S. 40—42. 50. 84 und sonst; in dieser Broschüre sind musterhafte pacta turpia in grofser Zahl zu finden.

212 (zu S. 70). Loewenfeld in Brauns Archiv für soziale Gesetzgebung III S. 395 Anm. 3.

213 (zu S. 71). Vgl. Stadthagen, Das Arbeiterrecht (1895) S. 36 (mit Bezug auf das Wuchergesetz): „Dies Gesetz den Unter-

nehmern gegenüber anzuwenden und auch dann Arbeitsverträge, in denen ein unverhältnismäfsig geringer Lohn für Arbeitsleistungen vereinbart ist, für nichtig zu erklären, wenn „beinahe“ strafbarer Wucher vorliegt, steht gesetzlich nichts im Wege. Wer allerdings aus seiner Lebenserfahrung heraus annimmt, dafs schmutziger Wucher nur Offizieren, Beamten u. dergl. gegenüber getrieben werden kann, wird nicht zu erkennen vermögen, dafs der den Arbeitern und deren Arbeitskraft gegenüber getriebene einen noch weit gröfseren Verstofs gegen die guten Sitten darstellt.“ Viele Beispiele in der neuesten Publikation der Kommission für Arbeiterstatistik. Verhandlungen Nr. 10 (Kleiderkonfektion). Juristisch betrachtet besteht ein erheblicher Theil der heutigen Warenproduktion in der Vollziehung nichtiger Dienstverträge.

214 (zu S. 71). Wohl die meisten und höchst interessante Angaben über Prefsbestechung finden sich bei Wuttke, Die deutschen Zeitschriften und die Entstehung der öffentlichen Meinung (3. Aufl. 1875), z. B. Reptilienfonds. Dafs Platens „Rubel auf Reisen“ noch in der Gegenwart vorkommt, ergiebt sich aus E. de Cyon, M. Witte et les finances russes (5me éd. 1895) z. B. p. X. 28. 29. 68. 171. 187. S. ferner Holtzendorff, Wesen und Wert der öffentl. Meinung S. 113. 114. Pohle (Anm. 211) S. 67—70. Wegen der sog. Prefsbeteiligung (Panamismus) s. z. B. Mandl, Die Wiener Prefskorruption (Neue Zeit 1884 S. 550—564) und die Aktenstücke bei Mehring, Kapital und Presse (1891) S. 92—107. Nunmehr s. (deutsches) Börsengesetz (v. 22. VI. 1896) § 76 (wonach aber der Käufer des Schweigens straflos ist). In der Gazette de Lausanne v. 10. Sept. d. J. giebt ein Eingeweihter ausführlich Nachricht über die Bestechung der europäischen Presse durch die türkische Regierung. Gegen den Verzug in der Leistung der Subventionen helfen sich die Stipendiaten durch kleine Angriffe auf die türkische Politik.

215 (zu S. 72). Vgl. B.G.B. §§ 443. 476. 479. 540. 637. Jacobi, Archiv f. civ. Prax. Bd. 86 S. 117. Börsengesetz (v. 22. VI. 1896) § 46.

216 (zu S. 72). Seuffert, Archiv XV, 134: „Nach r. R. sind alle die persönliche Freiheit der Menschen beschränkenden Verträge unsittlich, contra bonos mores.“ Des Weiteren wird als Grundsatz betont, „dafs es keinen rechtlichen Zwang zur Eingehung von

Familienverhältnissen giebt, ein solcher daher auch nicht durch Vertrag begründet werden kann."

217 (zu S. 72). Seuffert, Arch. I, 82. XXXI, 23 („der sittlichen Würde des Eltern- und Kindesverhältnisses widersprechend und demnach als rechtsungültig zu betrachten"). XXXVIII, 36 („das Erziehungsrecht der Eltern schliefst zugleich eine sittliche Pflicht in sich, über deren Ausübung nicht in rechtlich bindender Weise im voraus paktiert werden kann; zwar nicht der Abschlufs eines solchen Vertrags, wohl aber seine Durchführung mittels Rechtszwangs würde gegen die guten Sitten verstofsen"). Dernburg, Pandekten III § 36 Anm. 9. Nicht die Erziehung, aber die Ernährung wird übertragen im Vertrag mit der Amme, dessen Gültigkeit nicht bezweifelt wird. Wenn die Amme selber ein Kind hat, dem sie wegen des Ammendienstes die mütterliche Nahrung vorenthält, so sollte der mit ihr geschlossene Vertrag als ein unmoralischer betrachtet werden, der jedoch dem ersten Schema (S. 68) unterfallen würde. Vgl. die Kritik von Menger, D. bürgerl. R. u. d. besitzlosen Volksklassen Nr. XVIII (in Brauns Archiv f. soz. Gesetzgeb. II S. 35—39.

218 (zu S. 72). Seuffert, Arch. XIII, 38. XXXXIV, 189. XXXXVI, 198 vgl. 28.

219 (zu S. 72). Seuffert, Arch. XLIX, 4 am Ende.

220 (zu S. 72). Seuffert, Arch. XLVIII, 37.

221 (zu S. 72). Seuffert, Arch. XVI, 27.

222 (zu S. 72). Seuffert, Arch. XIII, 151 (S. 208). XXXVI, 135.

223 (zu S. 72). Seuffert, Arch. XII, 16. XVII, 201. XXXI, 193. 321 (scheint Immoralität anzunehmen nur bei Zusicherung eines Lohnes für das Abstehen vom Mitbieten). XXXIII, 115. XLIII, 102. 10 („Bei dieser Sachlage mufs das Reichsgericht Anstand nehmen, die sog. pacta de non licitando allgemein und principiell für sittlich verwerfliche Verträge zu erklären, vielmehr ist das Gericht der Meinung, dafs deren Unwirksamkeit nur dann anzunehmen sei, wenn die besondere Beschaffenheit des einzelnen Falles, sein Anlafs, Inhalt und Zweck, ihn zu einem sog. pactum turpe stempelt"). S. auch Regelsberger, Civilrechtl. Erörterungen S. 189. 190. Nachdrücklich, ohne Bezug auf Moral,

für Nichtigkeit Kohler, Archiv f. bürg. Recht V S. 225—227, im Gegensatz zu Reuling, Jher. Jahrb. X S. 358: „auch nicht der Schein eines Grundes“.

224 (zu S. 72). Jedoch berufen sich die Erkenntnisse in Seuffert, Arch. XXIX, 164. XXXI, 217. XXXIV, 105. XXXV, 196 nicht auf die Moral, sondern auf die durch die Gewerbeordnung gewährleistete Gewerbefreiheit. Das Reichsgerichtsurteil bei Seuffert, Arch. XLVI, 108 scheint einen Vertrag, der eines austretenden Handelsgesellschafters Konkurrenz für einen gewissen Bezirk ausschliefst, als gültig anzusehen. S. ferner Kohler a. a. O. S. 218—224.

225 (zu S. 73). Seuffert, Arch. XXXV, 106. Für Gültigkeit gegen die Vorinstanzen XXXXIX, 240, ebenso für Gültigkeit VII, 18. XXVI, 19. S. ferner Dernburg, Pand. II § 16 Anm. 16 und die dort citierten Urteile des R.O.H.G., ferner Kohler, Gesammelte Abhandlungen S. 62—74, sowie weiter greifend und mit vielen Hinweisen auf die Judicatur, besonders ausländische, im Arch. f. bürg. Recht V S. 209—218. M. Quarck in Sociale Praxis, V. Jahrg. 1896, Nr. 16 Sp. 417—424 gelangt auf Grund eines reichen, interessanten Thatsachenmaterials zu einer scharfen Verurteilung der Konkurrenzklauseln. J. Jastrow, der a. a. O. Nr. 12 den Zusammenhang der Konkurrenzklausel mit dem § 9 des Gesetzes über den unlautern Wettbewerb erörtert, verneint (Sp. 310), dafs jene Klausel eine allgemeine Einrichtung im Handelsleben sei: „Der gröfste Teil der ehrenwerten Firmen hält sich von diesen Bestrebungen fern“, plädiert jedoch in Nr. 19 Sp. 508 dafür, dafs man bei Regelung der Schweigepflicht „die Konkurrenzklauseln mit ausdrücklichen Worten für ungültig erkläre“. Dies ist bekanntlich nicht erfolgt. Man mufs vielmehr sagen, dafs die Poenalisierung der „unbefugten Verwertung“ von „Geschäfts- oder Betriebsgeheimnissen“, falls dazu auch die Branchekenntnisse gehören, den Konkurrenzklauseln, die jener Verwertung vorbeugen sollen, noch mehr rechtlichen Halt gegenüber ihrer Verwerfung aus dem Gesichtspunkt der Moral verliehen hat. Denn wie sollte ein Vertrag als unmoralisch nichtig sein, der die Schaffung einer Gelegenheit zur Begehung einer strafbaren Handlung hintanzuhalten bestimmt ist. Oder wenn die Unbefugtheit der Verwertung, welche eine Bedingung der Strafbarkeit ist,

gerade in der Übertretung einer Konkurrenzklausel bestehen sollte, so wäre damit ihre Rechtsgültigkeit im allgemeinen gesetzlich anerkannt, und nur im einzelnen Fall zu fragen, wie weit sie reichen kann, ohne wider die guten Sitten zu verstofsen. Nach Kohler S. 216 ist Ausbeutung eines Gewerbegeheimnisses nicht blofse Übertretung eines Konkurrenzverbotes.

226 (zu S. 73). Vgl. Stenogr. Bericht über die Reichstagsverhandlungen vom 22. Juni 1896 111. Sitzung.

227 (zu S. 73). Cic. de off. II, 6, 22: Male enim se res habet, cum, quod virtute effici debet, id temptatur pecunia. Sen. de benef. IV, 1—3 (Anm. 165). 1 C 7, 49 („pecuniae corruptela“).

228 (zu S. 74). Seuffert, Arch. V, 118 (Erk. des O.A.G. zu Oldenburg v. 10. Oktober 1850). Es heifst hier, der fragliche Thatbestand sei „insbesondere unter Kaufleuten, bei denen alles auf gegenseitigem Vertrauen beruht, als eine turpis causa, als contra bonos mores anzusehen“. Nunmehr ist nach der deutschen K.O. § 173 ein Zwangsvergleich der „in unlauterer Weise zu stande gebracht ist“, auf Antrag eines nicht bevorrechteten Konkursgläubigers zu verwerfen. Der in Rede stehende Stimmenkauf aber macht den erkauften Gläubiger strafbar nach K.O. § 213.

229 (zu S. 74). Seuffert, Arch. XLII, 290. („Es verstöfst jedoch auch gegen die guten Sitten, für die Aussage der Wahrheit sich einen Lohn versprechen zu lassen . . . Insbesondere noch ist es aber auch unsittlich, denjenigen, der das Zeugnis über Fragen, deren Beantwortung ihm zur Unehre gereichen oder die Gefahr strafgerichtlicher Verfolgung zuziehen würde, verweigern darf, durch ein Geldversprechen zur Aussage über solche Fragen zu bestimmen, und es verrät eine verwerfliche Gesinnung, sich durch ein Geldversprechen zur Aussage über Fragen, deren Beantwortung zur Unehre gereichen würde, bestimmen zu lassen.“ XLV, 81: „Es widerspricht dem Anstand und den guten Sitten in allen Lebenskreisen, wenn ein Ehegatte dafür, dafs er von dem ihm durch das Gesetz aus sittlichen Gründen gewährten Recht der Zeugnisverweigerung gegen den andern Ehegatten Gebrauch macht, sich Geld oder Geldeswert versprechen läfst und somit sein Verhalten vor Gericht zum Gegenstand eines Geld-

geschäfts macht.“ Vgl. auch Kohler, Arch. f. bürg. Recht V S. 192.

230 (zu S. 74). Urteil des Reichsgerichts vom 28. April 1896 (Jurist. Wochenschrift 36/37 S. 324).

231 (zu S. 75). Seuffert, Arch. VIII, 25.

232 (zu S. 75). Nach dem Urteil des Reichsgerichts bei Seuffert, Arch. XXXVII, 320 „erscheint es unsittlich und deshalb unstatthaft, wenn ein Ehegatte sich für den Fall einer durch ihn verschuldeten Ehescheidung von dem andern Ehegatten Vorteile zusichern läſst“. Vgl. Anm. 255.

233 (zu S. 75). Seuffert, Archiv XLII, 198. Hingegen ist nach dem Urteil bei Seuffert, Arch. VI, 18 nichts Unmoralisches, vielmehr Erfüllung einer moralischen Pflicht und gültig ein pekuniäres Versprechen des unehelichen Vaters an die Mutter zur Sicherstellung ihrer Zukunft. S. auch Kohler a. a. O. S. 198 und Pollock, Princ. of Contr. p. 262: „past cohabitation is not an unlawful consideration.“

234 (zu S. 75). Seuffert, Arch. LI, 260: nach der dortigen, gleich möglichen Auffassung würde dieser Fall unter Nr. 1 (S. 68) gehören, indem angenommen wird, daſs der Testator getäuscht werden sollte, was die zugesagte Handlung als unmoralische erscheinen läſst.

235 (zu S. 75). Kohler, der sich a. a. O. S. 166—186 mit ausgiebiger Heranziehung der Praxis, auch ausländischer, nachdrücklich gegen die Gültigkeit dieser Art des Maklergeschäfts ausspricht, läſst sich dabei von der Erwägung bestimmen, daſs bei Anerkennung ihrer Verbindlichkeit auf den Abschluſs der Ehe sehr leicht ihrem Wesen fremde oder schädliche Momente Einfluſs gewinnen können. Er bekämpft hierin einen der von ihm sog. Suggestionsverträge. Auf Seite 240 al. 2 erklärt er jedoch von diesen, daſs man sie „nicht direkt als Förderung der Unsittlichkeit bezeichnen kann.“ — Nach B.G.B. § 656 wird „durch das Versprechen eines Lohnes für den Nachweis der Gelegenheit zur Eingehung einer Ehe oder für die Vermittelung des Zustandekommens einer Ehe eine Verbindlichkeit nicht begründet“. Danach bleiben noch die Fragen offen, 1. ob die gegen Zahlung eines Lohnes vom Empfänger gegebene Zusage, eine Heirats-

gelegenheit nachzuweisen oder eine Heirat zu vermitteln, verbindlich ist, und 2. ob Rückforderung des gezahlten Lohnes zulässig ist nach den Rechtssätzen von der ungerechtfertigten Bereicherung, und nach welchen.

236 (zu S. 75). Wie man weifs, blüht diese wohlfeilere Form des „Eheschachers“ in den Zeitungen der besitzenden Klassen, woneben es auch noch Specialorgane für diesen Markt giebt. (F. Stürmer, Moderner Eheschacher, Leipzig 1894, kann ungelesen bleiben). Diese ernst gemeinten Heiratsgesuche sind von den übrigen zu unterscheiden. Ein Teil dieser übrigen, nämlich die auf Beförderung des aufserehelichen Verkehrs der Geschlechter gerichteten, gehören in Ansehung dessen, der sie veröffentlicht, zur Kuppelei im moralischen Sinne, und die entsprechenden Insertionsverträge fallen unter unsere erste Kategorie des unmoralischen Vertrags. „Unzweifelhaft läfst sich behaupten, dafs die Volksmeinung in allen gesitteten Staaten geschlechtlich und wirtschaftlich unsittliche Anzeigen, die Anempfehlung eines wucherischen Geschäftsbetriebes, die Ausbietung von schwindelhaften Geheimmitteln und ähnliches entschieden verwirft. Dieselben Blätter jedoch, die jederzeit bereit sind, ein strenges Sittengericht über politische Gegner abzuhalten, nehmen keinen Anstand, um des Geldgewinnes wegen Annoncen abzudrucken, die allgemein verwerflich sind, und sich damit zu entschuldigen, dafs solche Unsitte fast allgemein geübt wird. Dafs hier in jedem Lande ehrenvolle Ausnahmen vorkommen, versteht sich von selbst.“ Holtzendorff, Wesen und Wert der öffentl. Meinung, S. 107.

237 (zu S. 75). Es wird hiermit der unmoralische Vertrag definiert, nicht der rechtswidrige Vertrag. Die Form des rechtswidrigen Vertrags könnte einen gröfseren Umfang haben. Wir haben gesehen (S. 31 Anm. 105, S. 66/7), dafs das Darlehen zu einem unmoralischen Zweck nach römischem Recht nicht ein unmoralischer Vertrag, nicht ungültig ist. Ebenso verlautet nichts davon, dafs die Miete zu unmoralischem Zweck unmoralisch und ungültig ist. Eine solche fällt unter keine der drei im Text angeführten Kategorien. Hingegen bestimmt das deutsche St.G.B. § 49: „Als Gehülfe wird bestraft, wer dem Thäter zur Begehung des Verbrechens oder Vergehens durch Rat oder That wissentlich Hülfe geleistet hat.“ Zu dieser Hülfeleistung gehören z. B. Dar-

leihen (von Geld, Vermietung von Werkzeugen, z. B. Pistolen. Eine solche rechtsgeschäftliche Darreichung der Mittel zur Begehung des Vergehens oder Verbrechens ist, wissentlich geschehen, selbst ein Vergehen oder Verbrechen. Vgl. 7 D 48, 9 in Anm. 105. Es ist kaum anzunehmen, dafs ein solcher strafrechtlicher Thatbestand zugleich ein civilrechtlich gültiges Geschäft sei. Vgl. Kohler, Arch. f. bürg. Recht V S. 202 al. 3. S. 201: „Bei Wahlbestechungen in kleinen Kreisen kommt nicht selten die indirekte Form vor, dafs der Kandidat seine Wähler regaliert, ihnen freien Biergenufs u. dgl. verschafft: alles dies und alles, was zu diesem Zwecke geschieht, ist rechtlich nichtig; und der Wirt, der im Bewufstsein dessen das Bier verzapft hat, hat das Nachsehen, wenn der etwa durchgefallene Kandidat ihm nicht freiwillig zahlt.“ Die Ungültigkeit dieses Kaufvertrags wird von mir nicht bestritten, wohl aber angenommen, dafs sie nicht auf seiner Moralwidrigkeit beruhe. Der Bierkauf kann auch nicht nach Analogie des Giftkaufs (Anm 112) behandelt werden. Wegen des Verhältnisses von Nichtigkeit und Strafbarkeit s. Endemann, Civilrechtl. Wirkung der Verbotsgesetze S. 107—120; Dernburg, Pand. II, § 16 Anm. 16 a. E.

238 (zu S. 77). Blofs diese Moralfrage wird gestellt in den Worten: Utrum turpem talem stipulationem putes an non, quaero (107 D 45, 1 in Anm. 129 a. E.). Würde sie bejaht, so hätten wir einen unmoralischen Vertrag nach dem dritten Schema: S. 73 Nr. 3. Dafs der in 107 cit. behandelte Vertrag der Form nach oder soweit das Recht zu entscheiden hat, ein unmoralischer Vertrag sein kann, steht fest, danach braucht nicht gefragt zu werden. Es kann nur fraglich sein, ob von Moralwegen die Handlung der Emancipation in Kausalbeziehung zu der ökonomischen Leistung gesetzt werden darf, ob es moralisch ist, sich um der Emancipation willen Geld versprechen zu lassen.

239 (zu S. 77). Seuffert, Arch. XXXXIX, 83: „Freilich ist nicht jeder vom sittlichen Standpunkt aus verwerfliche Vertrag ungültig —.“ Ebenso Nr. 238: „Andererseits läfst sich nicht verkennen, dafs . . . nicht jedes vom Standpunkt der Sittlichkeit verwerfliche Rechtsgeschäft nichtig sein kann.“ So schon die Motive zum Entwurf des B.G.B. I S. 211.

240 (zu S. 77). Seuffert, Arch. XXXXVI, 178. Da es im Text nur ankommt auf die Konstruktion, auf die Frage, ob nach dieser ein pactum turpe gegeben ist, so konnte davon abgesehen werden, dafs der Verkäufer nicht blofs etwas Unmoralisches, sondern auch etwas Rechtswidriges beabsichtigt, nämlich eheliche Desertion und Kinderverwahrlosung.

241 (zu S. 78). Man darf allgemein mit Ravit, Arch. f. civ. Prax. Bd. 58 S. 66 sagen, „dafs bei einem Kaufvertrage . . . nur der Gegenstand des Vertrages in Betracht zu ziehen ist, und dafs, falls dieser ein zulässiger ist, jede Anfechtung des Vertrages als eines unsittlichen ausgeschlossen ist" — wenn man nur unter unsittlich nicht auch das Rechtswidrige begreift; vgl. Anm. 237 g. E. Ein von Ravit angeführtes Urteil des Lübecker Oberappellationsgerichts anerkennt die Gültigkeit des über das Inventar einer Bordellwirtschaft geschlossenen Kaufs, anerkennt sie aus Gründen, die dem Recht entlehnt sind, sich auf die Struktur des Vertrags beziehen. Aus solchen Gründen hätte auch im Fall bei Seuffert, Arch. L, 241 von den Vorinstanzen nicht die Nichtigkeit des Kaufgeschäfts angenommen werden können; aber sie wurde vielleicht darauf gegründet, dafs mit diesem Geschäft Beihülfe zur Kuppelei geleistet worden war.

242 (zu S. 79). Ähnliche Erwägungen bei Seuffert, Archiv XXXXIX, 238, wo schon das Berufungsgericht mit Bezug auf ein Darlehen erkannt hatte, dafs „die völlig freie, durch den Vertragsinhalt in keiner Weise geförderte Absicht eines Kontrahenten, die Vertragsleistung zu einem unsittlichen Zweck zu verwenden, und die Kenntnis dieser Absicht bei dem andern Kontrahenten den Kontrakt nicht zu einem unsittlichen mache." In gleichem Sinne äufsert sich das Reichsgericht bei Bolze, Praxis des Reichsgerichts VIII Nr. 359, welches Urteil von Kohler, Arch. f. bürg. Recht V S. 202 Anm. 35 für „unrichtig" erklärt wird. Die „Unrichtigkeit" mag vom moralischen Standpunkt zutreffen, vom juristischen d. h. römischrechtlichen kann sie nicht anerkannt werden.

243 (zu S. 79). Vgl. Schey, Obligationsverhältnisse des österr. allgem. Privatr. I S. 150 Anm. 74.

244 (zu S. 80). Vgl. Ravit, Arch. f. civ. Pr. LVIII, S. 3 und Nordau, Conventionelle Lügen S. 315. 323.

245 zu S. 80). Vgl. Anm. 15. Das Bedürfnis nach solcher Begrenzung ist um so gröfser, als die Fassung des Entwurfs I § 106 („ein Rechtsgeschäft, dessen Inhalt gegen die guten Sitten verstöfst“) in der Folge erweitert worden ist. Bei der früheren konnte nach den Motivverfassern „nicht jedes vom Standpunkte der Sittlichkeit verwerfliche Rechtsgeschäft nichtig sein“. Bei der jetzigen wäre dies möglich.

246 (zu S. 81). Im Gegensatz zu Ravit und den Motiven zum Entwurf des B.G.B., auch Seuffert, Arch. XXXXIX, 238 („nur den Leistungsinhalt selbst unter die Probe zu stellen“) und LI, 259 erklärt Dernburg, Pandekten II § 16 Anm. 17: „Bei der Frage der Unsittlichkeit eines Geschäftes sind die bestimmenden und offensichtlichen Motive desselben notwendig mit in Betracht zu ziehen. Gerade sie entscheiden vorzugsweise über die Lauterkeit oder die Unsittlichkeit des Geschäftes.“ Die hier ausgesprochene Notwendigkeit wird aber alsbald wieder eingeschränkt in den Worten: „Doch darf dies nicht übertrieben werden. Sonst wäre Vertragstreue und Rechtssicherheit gefährdet. Entferntere, blofs mögliche, vorübergehende Zwecke sind daher regelrecht nicht zu beachten.“ Dafs diese Schranke ungenau ist und die anfangs gegebene Vorschrift ins Wanken bringt, ist dem Verfasser selbst nicht entgangen, indem er fortfährt: „Eine feste Regel, welche die Grenze zieht, läfst sich schwerlich geben. Juristischer Takt mufs uns davor schützen, in Extreme zu verfallen.“ Allein es läfst sich aus den römischen Anwendungen des Princips der Nichtigkeit des pactum turpe eine feste Regel ableiten. Die Unsicherheit liegt nicht auf Seiten des Rechts, sondern auf Seiten der Moral (S. Nr. X—XII des Textes).

247 (zu S. 82). Vgl. 15 § 6 D 47, 10: — „adversus bonos mores“ ... generaliter accipiendum adversus bonos mores huius civitatis.

248 (zu S. 83). Ravit, Arch. f. civ. Prax. Bd. 58 S. 68: „Es sind daher im allgemeinen die Ansichten der römischen Juristen in dieser Beziehung als uns nicht bindend anzusehen, sondern haben wir uns hierin von den in unserer eigenen Zeit lebenden sittlichen Vorstellungen leiten zu lassen.“ Bekker, System d. heut. Pandektenrechts II S. 353: „An sich contra bonos mores, d. h. wiederum nicht wider die guten Sitten und Gebräuche der Römisch-Byzantini-

schen Gesellschaft, sondern wider die der Gegenwart . . .“ Regelsberger, Pand. I S. 540: „Das letztere Erfordernis (nämlich „nicht sittlich verwerflich“) bestimmt sich nach der heutigen sittlichen Anschauung. Es gilt bei uns nicht alles für unzulässig, was bei den Römern contra bonos mores verstiefs und umgekehrt.“ S. 565: „Was sittlich und was unsittlich ist, bestimmt sich nach der heutigen sittlichen Anschauung. Daher sind die Einzelentscheidungen in den Quellen für uns nicht schlechthin bindend.“ Sie sind es vielmehr gar nicht. Seuffert, Archiv L, 97: „Für die Entscheidung der Frage, was sittlich erlaubt sei, darf für den einzelnen Fall nicht immer eine ausdrückliche Gesetzesbestimmung in den römischen Rechtsbüchern gesucht, es müssen in dieser Hinsicht auch die sittlichen Grundsätze beachtet werden, die sich für die Gegenwart ausgebildet haben.“ Vielmehr darf ersteres nie und mufs letzteres ausschliefslich geschehen. Im Urteil des Reichsgerichts citirt in Anm. 230 heifst es, „dafs auch die Einzelentscheidungen in den römischen Rechtsquellen für uns nicht unbedingt bindend sind.“ Soweit diese Entscheidungen die Moralfrage beantworten, sind sie unbedingt nicht bindend.

249 (zu S. 85). Es ist hier und im folgenden nicht die Rede von der Rettung von Menschenleben in Seenot, für welche das deutsche H.G.B. Art. 750 Abs. 2 innerhalb des „Sonderrechts für den Seeverkehr“ einen gesetzlichen Anspruch auf Teilnahme am Berge- und am Hülfslohn gewährt, einen Anspruch, der, wie Pappenheim in Goldschm. Zeitschr. f. Handelsr. XLII, 427 fg. gründlich darlegt, in mehreren Hinsichten unzureichend ist. Dafs nach H.G.B. Art. 743 „noch während der Gefahr ein Vertrag über die Höhe des Berge- oder Hülfslohns geschlossen“ werden kann, bezieht sich nicht auf die Menschenrettung. In der Anfechtbarkeit solchen Vertrags „wegen erheblichen Übermafses“ giebt sich eine rechtliche Reprobation unmoralischer Ausbeutung einer Notlage kund. Vgl. Kohler, Jherings Jahrb. XXV S. 24—26. 131, auch S. 7. 8.

250 (zu S. 85). In 26 p D 38, 1 (Anm. 65) haben wir ein wahres Konkurrenzverbot; da jedoch zwischen patronus und libertus ein Offizialverhältnis besteht, so kann man jenes Verbot nur als Vorläufer der Fälle von Anm. 224 und 225 betrachten.

251 (zu S. 85). S. z. B. Die neue Zeit, 14. Jahrg. II, 659—664. 720—728 und wegen der Ziegeleiarbeiter S. 235—245 („ein entsetzliches Elend, das die Lage der Industriearbeiter noch in den Schatten stellt"). S. auch die Anm. 213 a. E. citierte Enquête.

252 (zu S. 85). Oben S. 33 und vgl. 16 p D 38, 1: operas debebit praestare . . . quae quandoque honeste et sine periculo vitae praestantur —. 26 p eod.: ut adquiescere eos meridiano tempore et valetudinis et honestatis suae rationem habere sineret. 38 p eod.: hae demum impositae operae intelliguntur, quae sine turpitudine praestari possunt et sine periculo vitae. „Eine andere wichtige Maſsregel, die aber nicht sowohl einem unsittlichen Beruf als dem unsittlichen Betrieb an sich berechtigter Erwerbs- und Berufsarten steuern kann, ist der Übergang der letzteren aus den Händen privater Unternehmer in die öffentlicher Körperschaften, insbesondere des Staates. Dieses Mittel wird namentlich überall da als ein letztes Radikalmittel anzusehen sein, wo die Berufsform — wie dies vielfach beim Fabrikarbeiter der Fall ist — den Unternehmer zu übermäſsiger und daher unsittlicher Ausbeutung fremder Arbeitskräfte anreizt, während zugleich eine öffentliche Überwachung und Sicherstellung nicht in zureichender Weise möglich ist. Berufsformen, die im individuellen Betrieb unvermeidlich unsittliche Folgen herbeiführen, sollten aufhören als individuelle Berufsarten zu existieren." Wundt, Ethik² S. 602/603. Wenn jedoch die „unsittliche Ausbeutung" auch in staatlichen Betrieben vorkommt, wie der Fall ist, dann ist jenes „letzte Radikalmittel", der Übergang in die Hände des Staates, wohl nicht ein radikales oder nicht das letzte Mittel.

253 (zu S. 86). „Aus Ersparungsrücksichten", sagt Teifen, Das soziale Elend und die besitzenden Klassen in Österreich (Wien 1894) S. 59, „zieht man es z. B. im Baugewerbe häufig vor, an gefährlichen Baustellen ohne entsprechendes Gerüst exponierten Arbeitern einen höheren Lohn zuzuerkennen". „Mit diesem Mittel", sagt der a. a. O. citierte österreichische Gewerbeinspektionsbericht von 1893 S. 364, „welches allerdings weniger Kosten verursacht, findet man, solange kein Unfall geschieht, scheinbar das Auslangen, und wurde die von einzelnen Unternehmern (geübte) weitergehende Vorsicht, welche sich in der Herstellung

zweckentsprechender Gerüste äufserte, von anderen Unternehmern noch verspottet“.

254 (zu S. 86). Loewenfeld in Brauns Archiv f. soziale Gesetzgebung III S. 398—403: „Es widerspricht der Menschlichkeit und den guten Sitten, aus Gründen des pekuniären Vorteils einen Menschen in einer sein Leben und seine Gesundheit gefährdenden Lage wider seinen Willen festzuhalten, auch wenn er sich ursprünglich freiwillig in die Gefahr begeben hat.“ Jedoch kann wohl im Hinblick auf B.G.B. Einf.Ges. Art. 32 Satz 2 gesagt werden, dafs die in Rede stehende Kündigungsschranke der Gewerbeordnung § 124 Ziff. 5 unter der Herrschaft des B.G.B. wegfällt, insofern dem gefährdeten Arbeiter nach der Analogie von B.G.B. § 544 der Rücktritt des § 626 freistehen mufs, auch wenn er die Gefahr bei Eingehung des Vertrags erkannte. Zum citierten § 626 (§ 565 Abs. 1 des 2. Entwurfs), vgl. Lotmar in Brauns Arch. f. soz. Gesetzgebung VIII S. 52—54.

255 (zu S. 88). Die Gültigkeit einer Konventionalstrafe auf den Fall, dafs der Promittent nicht in gewisser Art testiert, nimmt an das Reichsgericht bei Seuffert, Arch. XLIII, 277. Nach Seuffert, Archiv XII, 274, besteht die römische Freiheit der Ehescheidung nicht mehr, daher sei eine Konventionalstrafe für den Fall der vom Promittenten verschuldeten Herbeiführung der Ehescheidung nicht contra bonos mores und sei gültig. — Unmoralisch, ja strafbar war bei den Römern das pactum, durch das sich der Ehebrecher vom gekränkten Ehemann loskauft (z. B. 4 p D 12, 5. Anm. 153). Nach Seuffert, Archiv III, 20 ist es nicht unmoralisch und nicht ungültig, „wenn sich der beleidigte Ehegatte nach begangener That und nach Aufhebung des ehebrecherischen Verhältnisses, wegen der ihm widerfahrenen Rechtskränkung vom Ehebrecher eine Geldsumme zahlen oder versprechen und sich dadurch von gerichtlichen Schritten wegen des Ehebruchs abhalten läfst“. Dagegen Seuffert, Archiv VIII, 119, dafür Seuffert, Archiv X, 146. XVI, 28. — Verträge über das Vermögen eines lebenden Dritten ohne dessen Konsens sind nach römischem Recht als contra bonos mores nichtig (Anm. 139—141). Hingegen stimmen für ihre Gültigkeit (namentlich wenn der Dritte verschollen oder dispositionsunfähig ist) Seuffert, Arch. I, 252. XIII, 44. XIV, 216. XXXVIII, 37; für ihre Ungültigkeit Seuffert,

Arch. II, 313. VIII, 153. XIII, 151. XXXVI, 135. XXXVII, 44. XLI, 264. Auch die Litteratur ist geteilter Meinung, die Mehrheit ist für Ungültigkeit, und diese statuiert das B.G.B. § 312. — Vgl. auch noch Kohler, Arch. f. bürg. Recht V S. 170 Anm. 7 und Duncker, Arch. f. civ. Prax. Bd. 21 S. 226, wonach Pothier für das Verbot älterer Partikulargesetze, das Leben eines Menschen zu versichern, als Grund angiebt, „dafs es gegen die guten Sitten sei, das Leben eines freien Menschen zu Geld anzuschlagen“. Nach heutiger Moral kann der Abschlufs eines Lebensversicherungsvertrags geboten sein.

256 (zu S. 88). Seuffert, Archiv XXXVII, 44 al. 5. XLI, 262 al. 2 g. E., vgl. auch Ravit, Arch. f. civ. Prax. Bd. 58 S. 68 vv. „Dies mufs jedoch u. s. w.“ und Bekker, System II S. 353 zu II, a.

257 (zu S. 88). Gegen ihre absolute d. h. immer und überall zutreffende Gültigkeit G. Hartmann, Leibniz als Jurist und Rechtsphilosoph S. 93. Beispiel ihrer Nichtanwendung bei Köppen, Lehrbuch des heut. röm. Erbrechts S. 428 Anm. 3: „In c. 10 pr. § 1 C. h. t. (6, 22) bestimmte Justinian: 1. Der Taubstumm-Geborene ist testierunfähig; 2. . . . Die erste Vorschrift beruht auf der Annahme, dafs ein Taubstumm-Geborener weder schreiben noch artikuliert sprechen lernen könne; sie cessiert deshalb heute, nicht blofs, wenn er durch Unterricht der Sprache mächtig geworden, sondern auch, wenn er nur schreibensfähig ist . . .“

258 (zu S. 89). Wo dagegen das römische Recht einen Vertrag für ungültig erklärt, nicht als contra bonos mores gehenden — wie den Spielvertrag um Geld (Anm. 99) — obwohl vielleicht aus Gründen der Moral, da müfste selbst nach Wegfall dieser ratio die Ungültigkeit aufrecht bleiben, bis sie durch eine Rechtsquelle abgeschafft worden ist.

259 (zu S. 89). Dagegen Duncker, Arch. f. civ. Prax. XXI S. 225/226: „Die Entscheidung der Frage, ob etwas gegen die guten Sitten sei, ist nicht abhängig von den Ansichten, welche bei einem gewissen Volke, zu einer bestimmten Zeit, über diesen Gegenstand herrschen, sondern richtet sich nach den unwandelbaren Grundsätzen einer vernünftigen Moral.“ Dafs es solche Grundsätze gebe, hätte schon 1838 nicht mehr angenommen werden sollen.

260 (zu S. 90). Vgl. Zitelmann, Irrtum und Rechtsgeschäft S. 18. 22. — Bei der faktischen Frage, ob von den Voraussetzungen der interdictio prodigi die Verschwendungssucht vorhanden sei, ist nicht die römische Wirtschaftsmoral, sondern die heutige mafsgebend, und zwar die der Klasse, des Kreises, dem der zu Interdicierende angehört. Vgl. ferner Dernburg, Pand. III § 49 Anm. 8.

261 (zu S. 90). Schon Ravit, Arch. f. civ. Prax. Bd. 58 S. 68 hat bemerkt: „Dagegen hat die Frage, ob in concreto eine Unsittlichkeit vorliegt oder nicht, an sich keinen juristischen Charakter, sondern ist eine quaestio facti . . .“ Die Worte „an sich“ hätten wegbleiben können. Seuffert, Archiv LI, 102 a. E. („Thatfrage“).

262 (zu S. 90). Im Urteil bei Seuffert, Archiv XLIX, 240 heifst es: „Wird hienach der Vertrag zwischen den Parteien gewürdigt, was nicht ohne rechtliche Reflexionen über das, was unter den Anforderungen der guten Sitte zu verstehen sei, geschehen kann . . .“ Allein „rechtliche Reflexionen“ können niemals über Moralforderungen belehren. Im nämlichen Urteil werden weiterhin „gute Sitte“ und „Rechtsbewufstsein der beteiligten Kreise“ als gleichbedeutend behandelt, da doch Rechtsbewufstsein nur Recht oder Rechtliches, nicht Moral oder Moralisches zum Gegenstand hat.

263 (zu S. 91). Es ist danach unzutreffend, wenn oberstrichterliche Urteile (z. B. Entscheidungen des Reichsgerichts II S. 121, IV S. 126 und Seuffert, Archiv XLIV, 13) vom Berufungsrichter aussagen, er sei von „rechtsirrtümlichen“ Anschauungen nicht beeinflufst worden, habe keinen „Rechtsirrtum“ begangen.

264 (zu S. 91). C.P.O. §§ 511. 512. Planck, Lehrb. des deutschen Civilprozefsrechts II S. 516—519: „Eine Revision also, die auf etwas anderes, sei es auf die ohne Verletzung von Rechtsnormen begangene fehlerhafte Würdigung von Thatsachen oder auf die Verletzung einer nicht revisibelen Rechtsnorm gestützt wird, ist formell unzulässig. Nicht blofs die Begründung ist unzulässig, sondern die Revision.“

265 (zu S. 91). Mit der Rechtsfrage allein befassen sich die Entscheidungen des Reichsgerichts bei Seuffert, Arch. XLIX, 238,

Bolze, Praxis des R.G. VIII Nr. 359, indem sie verneinen, dafs es in den gegebenen Fällen auf die Moralität von Beweggründen und Zwecken ankomme. Das Urteil des Obersten L.G. für Bayern bei Seuffert, Arch. LI, 259 erörtert ebenso nur die Rechtsfrage; das Urteil Nr. 101 nimmt beide Fragen in Betracht, die Rechtsfrage, ob ein Kauf wegen Wertmifsverhältnisses von Gegenstand und Preis turpis sein könne, und die Moralfrage („die Thatfrage"), ob der gegebene in diesem Sinne turpis sei, bleibt aber richtig bei der thatsächlichen Feststellung des Berufungsrichters, der die turpitudo nach den Umständen verneint hatte. Unrichtig war es hingegen, dafs das nämliche Gericht (Seuffert, Arch. XLIX, 240) die Frage entschied, ob eine Konkurrenzklausel nach dem Mafse, in dem sie den aus dem Geschäft ausgetretenen Gehülfen beschränkte, gegen die gute Sitte verstofse, denn dies war moralische Würdigung, thatsächliche Feststellung. Ebenso halten wir es nicht für richtig, wenn das Reichsgericht in seinen Entscheidungen, XVIII S. 222/223, nach den faktischen Umständen einem pactum de non licitando die Eigenschaft eines turpe abspricht, indem sich hierbei das Revisionsgericht mit einer ihm nicht unterstehenden Frage befafst.

266 (zu S. 92). Die gegenwärtige, vorausgesetzt, dafs er Verträge seiner Gegenwart zu beurteilen hat. Es ist nach der Moral seiner Zeit, dafs Jhering, Kampf ums Recht S. 65, Shylocks Schein für nichtig erklärt wegen Unsittlichkeit. Richtiger beurteilt diesen Schein aus der Vergangenheit Kohler, Shakespeare S. 72. 73.

267 (zu S. 93). Nietzsche, Jenseits von Gut und Böse, und Zur Genealogie der Moral, Werke VII passim, z. B. S. 127, 130. 132—139. 185. 237—243. „Keins von allen diesen schwerfälligen, im Gewissen beunruhigten Heerdentieren (die die Sache des Egoismus als Sache der allgemeinen Wohlfahrt zu führen unternehmen —) will etwas davon wissen und riechen, dafs die „allgemeine Wohlfahrt" kein Ideal, kein Ziel, kein irgendwie fafsbarer Begriff, sondern nur ein Brechmittel ist, — dafs, was dem einen billig ist, durchaus noch nicht dem andern billig sein kann, dafs die Forderung einer Moral für alle die Beeinträchtigung gerade der höheren Menschen ist, kurz, dafs es eine Rangordnung zwischen Mensch und Mensch, folglich auch zwischen Moral und

Moral giebt.“ Mit weniger Witz und gleichem Behagen bekämpft „die von der Menge offiziell anerkannte Moral“, die „immer um ein Beträchtliches hinter dem thatsächlichen moralischen Bewufstsein, wenigstens der geistig Selbständigen zurückbleibt“, R. Hirschberg, Das Recht zu sündigen (1896). Plumper, rein anarchistisch, aber populärer gefafst und ohne Nietzsches litterarisches Prachtgewand ist „die Moral der Wurstigkeit“, für welche Propaganda machen die „Beiträge zu einem neuen Sitten-Codex von Epiktet dem Zweiten“ (1895).

268 (zu S. 94). Vgl. Pollock, Principles of Contract (4. ed.) p. 261.

269 (zu S. 95). Vgl. Nordau, Conventionelle Lügen S. 417 fg. Hilty, Glück I S. 26 Anm. 1.

270 (zu S. 95). Schon Justus Möser, Patriotische Phantasien (1786) IV S. 117 hat eine Lanze eingelegt für die „edle Leidenschaft des Menschen, dafs er für dasjenige, was ihm seiner Meinung nach zukömmt, Gut und Blut aufsetzet, und sich gegen alles, was ihn seiner Einsicht nach, unterdrücken will, aus allen Kräften wehret“. Anders als Jhering meint Ulpian (4 § 1 D 4, 7): haec verecunda cogitatio eius, qui lites exsecratur, non est vituperanda. Ist der Kampf ums Recht ein Moralgebot, so läuft der Vergleich, der diesem Kampf vorbeugen oder ihn abschneiden soll, Gefahr, zum unmoralischen Vertrag zu werden. Allein es hat Boas, Der Kampf ums Recht ein Pflichtgebot? (1876) mit triftigen Gründen gegen Jhering geltend gemacht, dafs dieser mit vielem Aufwand namens der Moral nur verlangt, wozu den Berechtigten in den meisten Fällen schon die Natur, sein Selbsterhaltungstrieb, drängt, dafs von einer allgemeinen Moralpflicht des Rechtsverletzten, zu prozefsieren, nicht die Rede sein könne. Dernburg, Pand. I § 21 Anm. 5.

271 (zu S. 95). Vgl. Cic. in Anm. 23. Seneca, de benef. III, 16, 1: pudorem enim rei tollet multitudo peccantium et desinet esse probri loco commune maledictum. Ep. 4, 11, 6: est consummata infelicitas, ubi turpia non solum delectant, sed etiam placent, et desinit esse remedio locus, ubi quae fuerant vitia, mores sunt. Seuffert, Archiv XIII, 14 (unten). XLIX, 240 („derartig oft wiederkehrende Erscheinung im heutigen Geschäftsleben, dafs sie an sich betrachtet unmöglich als der guten Sitte . . . widerstreitend

angesehen werden können“). Nr. 83: Jedenfalls aber kann eine etwaige in diesem Punkt laxe Moral nicht den Mafsstab abgeben, wonach der Richter zu beurteilen hat, ob ein Vertrag als gegen die guten Sitten verstofsend ungültig sei“). Teifen (Anm. 253) S. 123: „in der kapitalistischen Gesellschaft, wo Millionen Menschen an Überanstrengung und Unterernährung hinsiechen müssen, kann von einer allgemeinen Anerkennung dieses Grundsatzes (der Sicherung der Person) in der Praxis keine Rede sein“.

272 (zu S. 96). Knapp, Rechtsphilosophie S. 165/166: „Dafs das Enthalten oder Suchen von Duell oder Prügelei, von Spiel und Trunk, von Herzens- und Ehebruch, von Sparen oder von Schuldenmachen, nicht blofs entgegengesetzt geübt, sondern auch durch grade entgegengesetzte sittliche Reaktionen vor- oder rückgetrieben wird, je nachdem man einen Junker der Parade oder Wissenschaft, oder aber einen Buchhalter, oder — was die einzige Erfüllung des allgemeinen Katechismus ist — eine alte Jungfer in Beobachtung und Beirat zieht —.“

273 (zu S. 96). Jhering, Kampf ums Recht S. 36—38; jedoch stellt Jhering, Zweck im Recht II² S. 265. 266 das Dasein von Standesmoral in Abrede. — Die Erhebungen, welche die deutschen Sittlichkeitsvereine über „die geschlechtlich-sittlichen Verhältnisse der evangelischen Landbewohner im deutschen Reiche“ in den letzten Jahren gemacht und deren Ergebnisse sie veröffentlicht haben, deuten auf eine in den untersuchten Kreisen geltende, von der Lebensweise bestimmte Moral, welche nicht eine gemeindeutsche ist. — Ein das Bestehende beleuchtendes Postulat spricht aus: „Il n'y a pas deux morales, l'une à d'usage de l'homme et l'autre à l'usage de la femme, dans le domaine des rapports intersexuels, ce qui est permis ou interdit à l'un doit l'être pareillement à l'autre“: Bridel, Les deux morales in Questions féministes (1896) p. 13. 18. — Was nicht blofs Marx und die Seinigen gelehrt haben, sondern auch z. B. Wundt an vielen Stellen seiner Ethik zeigt (z. B. S. 238—240. 251. 252), dafs nämlich die sittlichen Ansichten von der wirtschaftlichen Beschaffenheit und der Produktionsweise der Gesellschaften abhängen, das gilt nicht blofs für die Geschichte, d. h. die sich in der Zeit folgenden Völker, sondern auch für die verschiedenen gleichzeitig lebenden Klassen einer Gesellschaft. Engels, Dührings Um-

wälzung der Wissenschaft S. 71—73: „Eine über den Klassengegensätzen und über der Erinnerung an sie stehende, wirklich menschliche Moral wird erst möglich auf einer Gesellschaftsstufe, die den Klassengegensatz nicht nur überwunden, sondern auch für die Praxis des Lebens vergessen hat.“ Gizycki, Vorlesungen über sociale Ethik (1895) S. 1. 2: „In den Moralanschauungen, welche gegenwärtig in den civilisierten Gesellschaften herrschen, wird gar oft nur das Wohl der eigenen Klassengenossen berücksichtigt, und das Resultat ist daher eine Klassenmoral.“ Die nach Klassen divergirende Moral birgt Konflikte, die zu dichterischer Behandlung auffordern. Aus neuerer Zeit gehören dahin die Dramen „Die Ehre“ und „Heimat“ von Sudermann.

274 (zu S. 97). Nach Planck, Lehrb. d. deut. Civilpr. II S. 269. 270 würde der Moralexperte wohl als „Zeuge und urteilender Sachverständiger zugleich“ zu betrachten sein. Ersteres, weil er die Wahrnehmungen, die er als Grundlage seines Moralurteils über den vorliegenden Vertrag benutzt, zufällig in der Vergangenheit bereits gemacht hat; z. B. die Wahrnehmung, dafs ein Handel wie der vorliegende verheimlicht oder verabscheut zu werden pflegt. Letzteres, weil er aussagt über „Material, welches ihm im Prozefs selbst vom Richter zum Zweck der Beobachtung und Prüfung und Vorbereitung seiner Aussage angewiesen wird“.

275 (zu S. 98). Nach Hellmann, Lehrb. d. deut. Civilpr. S. 561 geschieht die Zuziehung und Vernehmung von Sachverständigen nicht, „wenn die Parteibehauptungen notorisch oder zugestanden sind, auch nicht, wenn das Gericht selbst diejenige Fachkenntnis besitzt, die zur Beurteilung der Thatsachen notwendig“ ist. S. auch Planck a. a. O. S. 268. 269. Der deutsche Ärztetag hat am 27. Juni d. J. einstimmig beschlossen, dafs die Abgabe ärztlicher Gutachten über Handelsartikel, wie kosmetische, diätetische Erzeugnisse u. dgl., soweit sie der gewinnsüchtigen Reklame dient, „der Ehre des ärztlichen Standes widerstrebt“. Eine solche Einzelheit der Moral kann sehr wohl einem Richter unbekannt sein.

276 (zu S. 98). „Wenn der gröfste Teil der heutigen Juristen schon jetzt aus dem kleinen Kreise der sog. höheren Stände stammt, ... so ist es dringend geboten, organische Veranstal-

tungen zu treffen, welche auch den Armen und Niedriggeborenen den Zutritt zum Studium im allgemeinen und zum Richteramt im besonderen erleichtert, wenn nicht die Entscheidung streitiger Rechtsfragen und damit oft genug das Urteil über sociale Gegensätze ganz einseitig den höheren Ständen überlassen werden soll": Huckert in Sociale Praxis, V. Jahrg. Sp. 968.

277 (zu S. 98). Auf diese vertrauen und verweisen die Motive zum B.G.B. I S. 211/212. Aber dafs einer gewissenhaft ist, d. h. in ihm der Gewissenszwang prompt funktioniert, ist mit jedem Moralinhalt, auch mit der borniertesten Standes- oder Klassenmoral vereinbar. — Hölder, Arch. f. civ. Pr. Bd. 73 S. 102 unten, meint, dafs der Richter „weder seine eigene Auffassung, wenn sie der herrschenden widerspricht, als mafsgebend zu behandeln berechtigt ist, noch die herrschende Auffassung, wenn ihr sein Gewissen widerspricht, als mafsgebend zu behandeln verpflichtet ist". Mit dem Ersteren einverstanden, wüfsten wir dagegen nicht, was den Richter rechtlich der Pflicht entledigt sein Urteil einer erkannten Thatsache gemäfs zu fällen, und suchten S. 92—94 geltend zu machen, dafs auf des Richters Billigung der herrschenden Moral nichts ankommt.

278 (zu S. 99). Unter diesen kann man nicht den Mangel eines Moralcodex oder der Kodifiziertheit der Moral im Gegensatz zum Recht hervorheben. Denn einmal ist auch dem Recht die Kodifizierung nicht wesentlich und namentlich dem Gewohnheitsrecht ist sie oft oder grofsenteils nicht zu teil geworden. Und ferner besteht auch die Moral keineswegs ausschliefslich in der Übung, indem nicht wenige Teile oder Sätze der Moral, auch solche, die nicht ins Recht recipiert sind oder rechtlich sanktioniert sind, schriftliche Befestigung oder Buchung erfahren haben. Derartige schriftliche Erkenntnisquellen der Moral haben teils ein mehr als privates Ansehen, eine Art offiziellen Charakters, indem sie vielen als verbindlich erscheinen, wie Religionsbücher und Moralkatechismen. Teils haben sie nur das Gewicht, das ihnen die Urheber kraft ihrer moralischen Persönlichkeit oder ihrer Erfahrung in Moraldingen zu verleihen vermögen.

279 (zu S. 99). S. die in Anm. 205. 206. 223. 225. 235. 255 direkt oder mittelbar citierten Urteile.

280 (zu S. 99). „Wenn z. B. das Gesetz die Handlungen, welche den guten Sitten widersprechen, von den Vertragsgegenständen . . . ausschliefst, so beruft es sich mit diesen einfachen Worten auf Regelsysteme, die verwickelter als das ganze Gesetzbuch . .“ Knapp, Rechtsphilosophie S. 227.

281 (zu S. 100). Dies scheint geschehen zu sein im preufsischen A.L.R., wo der Bestimmung in Teil I, 4 § 7, dafs niemand durch Willenserklärungen verpflichtet oder berechtigt werden kann zu „Handlungen, welche die Ehrbarkeit beleidigen“, in den §§ 8, 10, 11, 13 Bestimmungen folgen, die Thatbeständen gelten, welche wohl auch von § 7 getroffen werden. Ebenso folgt im österreichischen B.G.B. der Bestimmung des § 878, dafs was unerlaubt ist, nicht Gegenstand eines gültigen Vertrags sein könne, in § 879 mit der Anknüpfung „insbesondere“ die Aufzählung mehrerer Verträge, die ungültig sein sollen, die als Species des wegen Unerlaubtheit des Gegenstandes generell für ungültig erklärten Vertrages dargestellt sind, und von denen auch ohnedies mehrere so behandelt werden würden. Gerade so steht es beim deutschen B.G.B. § 138, wo dem ersten Absatz, der allgemein die Nichtigkeit des gegen die guten Sitten verstofsenden Rechtsgeschäfts verordnet, im zweiten eine durch „insbesondere“ als Art gekennzeichnete Art des unmoralischen Geschäfts folgt (oben S. 70). Der im Text angegebene Sachverhalt, dafs nämlich der Gesetzgeber einzelne Vertragsarten als unmoralische herausgreife und wegen dieser Eigenschaft für ungültig erkläre, tritt in den angeführten Beispielen darin hervor, dafs der generellen Reprobation unmittelbar specielle folgen, deren Angabe überdies (im österreichischen und deutschen B.G.B.) durch „insbesondere“ eingeleitet ist. Es ist nun denkbar, dafs der Gesetzgeber noch in anderen Verträgen, die er für ungültig erklärte, unmoralische Verträge erblickte, z. B. B.G.B. § 544 a. E. § 619. § 656 und vgl. Anm. 215. 228. Aber wenn er dies nicht im Gesetz selbst zum Ausdruck gebracht hat, so sind wir nicht autorisiert, solche Verträge als unmoralische zu betrachten. Für das praktische Ergebnis oder die Wirkung solcher Bestimmungen ist dies gleichgültig, nicht dagegen auch, welche ratio, welches Motiv ihnen zu Grunde liegt.

282 (zu S. 100). Eine praktische Folge solcher Gesetzgebung ist bei der zweiten Beratung des B.G.B. in der Reichstagssitzung

vom 22. Juni d. J. durch einen socialdemokratischen Abgeordneten angedeutet worden. Nach einem von seiner Partei gestellten Antrag sollten beim Dienstvertrag Vereinbarungen ungültig sein, die zum Gegenstand des Vertrags Arbeitsleistungen machen, die gegen die guten Sitten verstofsen, und dem waren „insbesondere“ beigefügt Vereinbarungen, durch welche Arbeitern die Verpflichtung auferlegt wird, gewissen Vereinen nicht anzugehören. Diese Hervorhebung begründete der Redner damit, dafs seine Partei „nicht auf die Anschauung eines königl. preufsischen Amtsrichters über die guten Sitten vertrauen“ könne.

283 (zu S. 103). Wie etwa das nordgermanische nach Amira, Nordgerman. Obligationenrecht Bd. I § 52 Nr. II und Bd. II § 39 Nr. II, wo unter den wegen ihres Inhalts unerlaubten oder den verbotswidrigen Verträgen nur gegen einen verbietenden Rechtssatz verstofsende vorkommen. Der Verkauf einer erwarteten Erbschaft (a. a. O. II S. 380) und die Bestechung eines Gutsverwalters zum Verpachten eines Grundstücks seines Herrn (a. a. O. II S. 381. 938) würden bei den Römern pacta turpia sein.

284 (zu S. 104). Knapp, System der Rechtsphilosophie § 133 S. 192. Wegen des Buches und seines Verfassers s. die Notizen bei Lotmar, Vom Rechte, das mit uns geboren ist. Die Gerechtigkeit. Zwei Vorträge (1893) S. 43. 44, wo nachzutragen wäre die Anzeige von Warnkönig in Schletters Jahrbüchern VII, 196—200.

285 (zu S. 104). Einstimmend Merkel, Jur. Encyklopädie § 47 Anm. und Wundt, Ethik² S. 591 al.

Pierer'sche Hofbuchdruckerei Stephan Geibel & Co. in Altenburg.

FSC
www.fsc.org
MIX
Papier | Fördert
gute Waldnutzung
FSC® C083411

Kolibri 360 GmbH
Ferdinand-Jühlke-Straße 7
99095 Erfurt, Deutschland
produktsicherheit@kolibri360.de

Druck:
CPI Druckdienstleistungen GmbH
im Auftrag der
Kolibri 360 GmbH
Ferdinand-Jühlke-Str. 7
99095 Erfurt